PUTONGHUA YUYINXUE JIAOCHENG

普通话
语音学教程
（第三版）

杜　青◎著

中国广播影视出版社

P

T

H

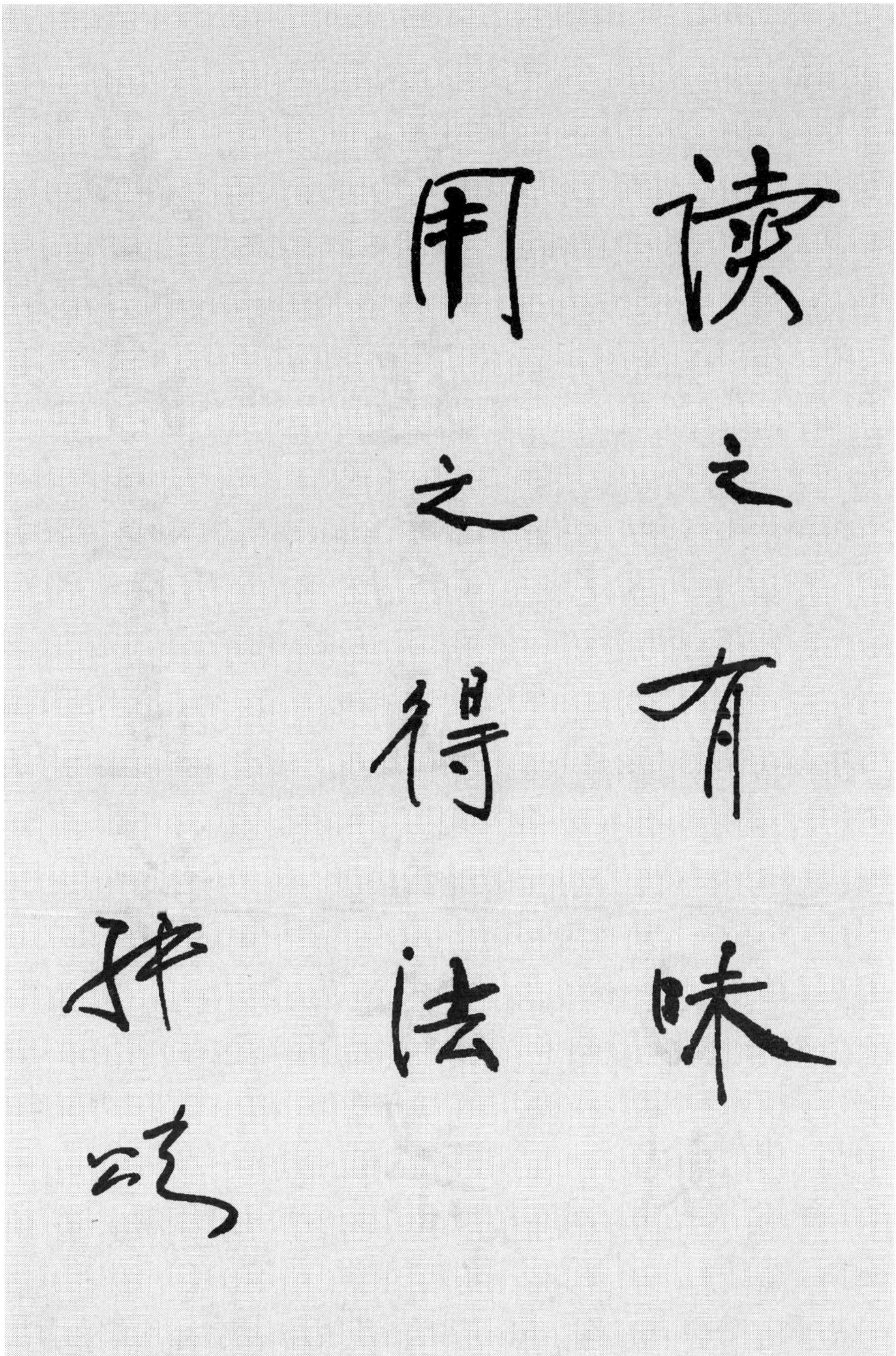
读之有味
用之得法

学好普通话

架起沟通的桥梁

方明

第三版修订说明

《普通话语音学教程》自1999年出版，至今已有二十年。这二十年，受到了内地及香港的许多专家、教学单位和广大读者的喜爱和好评，在此向你们致以真诚的谢意！

此次第三版，依然意在更加强化语音的实用性。全书融知识性、实用性、趣味性为一体。此次修订，更换了一些基础练习，在理论的阐述上，更加力求言简意赅，通俗易懂，更便于体会和理解；例证力求更贴近生活，切合实际，风趣幽默。让读者更深切地感受到正确的语音在词义、语意的表达中的重要性，以及它在口语中的细微变化，从而更准确、更灵活地运用语音知识，清楚明了地表达思想和情感。

为了强化口语练习，也为了传承经典，弘扬中国文化，在课文中安排了一诗一文，希望在诵读的过程中，能够体会和感受到语音的音乐性和韵律之美。同时也在诵读和欣赏的过程中，陶冶情操，净化心灵，使自己成为一个有修养、有品质、有鉴赏能力的人。

希望新的版本，能够得到专家学者和广大师生以及读者一如既往的喜爱和支持，谢谢！

杜青

2018年6月8日

序

王 均

北京广播学院播音主持学院副教授杜青女士完成了她的新著《普通话语音学教程》，送来给我一读，要我写几句话。我知道她是一位在普通话播音主持艺术和教学方面有长期实践经验的专家：她从北京广播学院新闻系播音专业毕业后在电台、电视台做播音员和节目主持人，1979 年回校在播音主持艺术学院任教至今，出版过《语言艺术发声教材》（北京广播学院出版社，1980 年）等多部论著。她当然有能力写出一本合用的普通话语音教材。这方面的教材其实也不少了，而且不乏佳作。总之，新著贵乎要有自己的特点。作者跟我谈了她对编写此书的指导思想：本着理论性、实用性、趣味性为一体的原则，力求此书能成为一本好的、生动的教材和参考书。当然，这样的书稿我很乐意先读为快。我一口气读完全稿，觉得确有特点。在实用性方面她确实用力甚勤，而且我认为是有成效的。表现在：对概念的表述力求通俗准确，对发音理论和方法的阐述比较全面、细致，系统性也较强。正确的发音方法与语音的辨正紧密配合，使人容易理解和体会。好懂，好学，而不枯燥。

在趣味性方面所下的力气更是突出。这同她在长期教学实践中深知各个阶段学习的难点何在，并又积攒了大量资料是分不开的。表现在：几乎贯穿全书始终，在每一章，后来是每一节讲课以后，她都不会忽略给你来一段“小幽默”。幽默会激发学习的兴趣和学习的热情。然后，再来一篇精选的课文，让你在轻松欢快的气息中获得教益，受到启发。我相信，这种方式肯定会受欢迎。显然，掌握语言表达技巧，不仅靠听课，更重要的是靠多听、多练、多说。当然，必要的理论指导能使学习事半功倍。总之，得给读者提供有效且又生动有趣的材料，使人乐此不疲。

本书各个章节提供的有关词汇是十分丰富的，但更重要的，不是通过死板材料，而是通过鲜活的整篇材料，把要求你分辨掌握的语音在具体、实用、翔实、丰富的材料中让你掌握；然后给你提几条思考与练习，并不失时机地进行小结，巩固所学。我真惊叹作者能给本书提供那么多的绕口令，这就让你轻松愉快地掌握了需加区辨的语音，学员们一定喜欢，老师们也省力，无需到处另找了。同时，也只有在篇章句子里，才能体会正确的语流音变和字调语调。本书选文大多是从时人时文中挑选出来的，因此富有时代气息，这也是本书选材的一个明显特色。

作者撰写过艺术语言吐字发声和表达技巧的系列论文，论及文学语言的朗诵处理，有声语言的传情与审美等种种方面。在此基础上，本书写进了有关吐字发声的专门章节，在讲普通话语音规范性的基础上，又着重讲了用悦耳得体的语音传情达意的重要性，以及如何做到这一点，即掌握吐字发声的艺术性。作者强调，语音规范是为了更好地传情达意，而后者尤其重要，这也是本书体现自己特色的一个专章。除了语音自测练习以外，还编入了大量古今诗词和短篇选文。总的来说，全书提供的材料是生动而丰富的。

作者同我提出若干有关技术和理论上的问题，比如词汇和语句中的变调，是不是标本调的问题，关于 ong、iong 韵的归类问题等，这都是长期以来争论不休的问题。我同意她的想法。例如，作为语音培训教材，至少可将标变调作为一种变通办法。拘守本调，总是要加重学习者一些负担的。又如 ong、iong 韵，把它们作为开口韵和齐齿韵，虽然并不影响声韵母配合关系，但是按汉语拼音方案处理更好，省得学习者绕不过弯子。从这些细微处可以看出作者的理论修养和审音的严谨。

祝愿本书受到使用者的欢迎。

1998 年 11 月 1 日

（作者系原国家语委副主任）

目录

第1章 绪论

第一节 什么是普通话

普通话是“以北京语音为标准音，以北方话为基础方言，以典范的现代白话文著作为语法规范”的现代汉民族共同语。普通话是我国最为规范、最为标准的各族人民普遍通用的共同语，也是我国对外进行国际交流的标准话。

中国是世界上人口最多的国家，有14亿人口，民族众多，语言纷繁复杂。为了科学技术的发展，为了文化的繁荣和社会的进步，14亿人口必须有一种普遍通用的共同语来进行交流，进行沟通，这就必须要推广普通话。

1994年10月30日，原国家语言文字委员会、原国家教育委员会、原广播电影电视部为了加快普及进程联合作出决定，对教师、播音员、节目主持人、演员等专业人员及国家公务员进行普通话水平测试，并逐步实行持证上岗制度。这对在职的相关人员来说，无疑是迫在眉睫的职业需要。

同时，随着中国与世界各国之间友好往来的日益频繁与广泛，汉语热也日渐在世界各国兴起。因此大力普及汉语语音知识，积极推广普通话，是每个语言工作者义不容辞的责任。

第二节 如何学好普通话

学说普通话，不但要标准规范，而且要悦耳好听，这绝非一件容易的事情。从某种程度上讲，学好普通话并不亚于学好一门外语，尤其是对那些方音土语较重的人来说更是如此。

一、学说普通话的主要障碍

学说普通话会遇到各种困难，主要表现在三个方面：一是方音土语，二是生理缺陷，三是不良的发声习惯。

1. 方音土语

一个人方音土语的形成是和他的语言环境分不开的。比如一个陕西出生的人，当他开始呀呀学语的时候，妈妈就指着馒头告诉他说："这叫馍！"上学后，老师指着黑板上的"人民"(rén mín)两个字说："跟厄(è)(我)读'仍明'(réng míng)。"同学找他玩时又说："咱出去刷(shuà)(玩)。"可以说，在他成长的环境里，从来就没听过标准的普通话，因此，他的语音必定是地道的陕西话。如此根深蒂固的方音土语改正起来是很困难的。

2. 生理缺陷

有的人发音不准确可能和发声器官上的生理疾病和生理缺陷有关。比如过重的鼻炎、鼻窦炎、鼻息肉及鼻中隔弯曲等，都会使鼻腔共鸣不畅通而形成过重的鼻音。有的人由于舌头过大、过宽、过窄或过长，或者舌系带过短，或者舌尖畸形等，都会形成发音上的不标准、不正确。

3. 不良发声习惯

还有一些人发音器官没有毛病，而是思想认识上出了毛病。比如有的人喜欢嗲声嗲气地说话，好像只有这样说话才亲切、娇甜，容易讨人喜欢。"谢谢"(xiè xiè)非要说成"(siè siè)"。还有的人，认为自己的声音不宽厚，便故意压低喉咙说话。有的人认为自己的声音不明亮、不清脆就捏着嗓子说话，还有的人习惯咧着嘴角说话。这些由于主观原因造成的种种不良发声习惯，不但会造成语音上的错误，还容易伤及声带，引起发声器官上的疾病。

再有一种情况是由于嘴懒而造成语音上的错误或缺陷。比如把"玉渊潭"(yù yuān tán)说成"易淹潭"(yì yān tán)，就是因为嘴懒，该圆唇的时候没有圆唇造成的。由于平时说话图省劲儿、图省事儿，因而造成了语音上的似是而非、模糊不清。

二、学好普通话的方法和途径

1. 语音知识做基础

学习和了解普通话语音知识是学好普通话的前提，如果没有语音知识做基础，就很难对自己的语音问题进行科学的分析和判断。掌握了语音知识就能知道每个音、每个字的正确发音，音与音、字与字之间的发音差别是什么，它们之间又是怎样的一种正误关系，从而提高辨别和判断语音的能力，掌握正确的发音方法。

2. 多听多想多练

语音学，从某种意义上讲是口耳之学。听得多了，听得准了，自然也就容易说得对了。听，是人们认识声音的唯一渠道。人们常说："十聋九哑。"其原因就在于此。如果一个人从小就丧失了听的能力，那也就意味着他同时也失去了说话的可能。因为人学说话都是从模仿开始的，如果没有了听力，那也就没有了模仿的可能。所以说，听力是学好语言的重要前提和基础。好的听力，可以加快学习的速度，提高学习的效率。而多听，又是提高听辨能力的好办法。

多听。可以多听电台、电视台标准普通话播音，多听多看普通话电影、话剧，也可以拿自己的录音与正确的普通话对照着听。如果再有普通话语音老师适时地给予正确的指点，那就更好了。

多想。想一想哪些字音发得对，哪些字音发得不对？是声母、韵母错了，还是声调不对？是把 zh、ch、sh 读成了 z、c、s，还是把 in 读成了 ing？通过总结，清晰地归纳出自己发音的错误所在，做到心中有数，纠正起来才能有的放矢，从而避免盲目性。

多练，从量变求质变。普通话语音学是一个实践性很强的学科，只有认真刻苦地练习，才能学有成效。有人曾问："学说普通话有什么捷径可走？"回答是肯定的："没有。"只有勤学苦练，坚持不懈，持之以恒，才能熟能生巧，才能达到从量变到质变的飞跃，除此，别无他法。

练，可不是一件轻松愉快的事情。那种企盼一朝一夕、一蹴而就马上说好一口流利的普通话的想法是极不现实的。因为你的嘴巴并不一定能乖乖地听你的支配。比如明明知道 z、c、s 是平舌音，zh、ch、sh 是翘舌音，但是在说的时候，舌头却往往不能随心所欲地将它们区别开来。所以说，练，非有决心、恒心不可。

练，不能盲目地傻练、瞎练，而应有针对性地练。发音对的，把它们放过去，不对的，要集中力量打歼灭战。在练的过程中要细心体会，认真琢磨，只有这样，才不会事倍功半，劳而无功。

下面介绍几种练习方法。

(1) 跟读

跟着普通话老师或普通话录音、录像带读，并且一定要听准后再读。

(2) 对比练习

对于分辨不清的音，可以把它们放在一起，进行一对一的对比练习。比如：zh、ch、sh–z、c、s，in–ing，n–l 等，一对一地体会它们发音位置和发音方法上的不同。

(3) 先找准位置后发音

当唇舌不听使唤的时候，先不要急于发音。可以先把唇舌固定在正确的发音位置上，然后再发音。比如发"r"时，可以先把舌尖卷上去，然后再发"r"音。这种方法是一个比较容易成功的小窍门。

(4) 先小声后大声

先小声地读，仔细体会它们的发音位置和发音方法，体会准确以后再放大声音读。

(5) 心不急躁，唇舌放松

由于急于求成，往往心情急躁，致使唇舌紧张、动作僵硬，结果适得其反。所以，练习时要心平气和，唇舌放松，动作要轻巧自如。

(6) 用手势带动发声

初学者在遇到难发准的语音时，可以借助手势来带动发声，比如可以用手代表舌。指尖为舌尖，指根为舌面，手掌后部为舌根。发 z、c、s 和 zh、ch、sh 时，可以用手指的平翘动作来带动舌头的平翘动作。发四声时，也可以用手势画出调型来带动声音的高低变化。这样可以帮助你体会，便于尽快发准。但是手势毕竟是辅助手段，一旦能比较熟练地发准后，就不要再打手势了，不要养成离开手势就不能发音的毛病。

第三节 普通话水平测试的几点提示

怎样才能在测试中取得好成绩？以下是测试中容易出现的一些问题，谈几点提示以供借鉴。

一、沉着、冷静、平常心

面对决定自己工作命运的考试，心情紧张是人之常情，也是一种普遍的、正常的心理状态。究其原因不外有两点：一是怕考不好，二是对未知的考试内容心存恐惧。

其实，普通话水平测试并不是一试定终身，所以不要怕考不好。一次没考好，经过努力还可以再考第二次、第三次。考试的内容也并不可怕。试卷中的字与词语多是常见字、常用词，即使有不认识的字词也是极个别的现象。因此，大可不必对考试心存恐惧。

恐惧与紧张虽然是一种正常的心理状态，但它也是考试的大敌，它会使呼吸加快，心跳加速。有的人一进考场就手发抖，声发颤，脑子一片空白。这种状态极易出错，甚至会信口胡说，连认识的字也会念错。

要减轻这种紧张的心理压力，首先要端正认识、树立信心，相信考试内容绝对不难。同时在考前还可以做一下自我心理调节或暗示，把心态放平和，以一种“成也萧何，败也萧何”的平常心对待考试。还可以大喘一口气，把悬起来的心和气沉下去，然后不慌不忙地从容应试。

二、要注重平时积累

考前认真准备，仔细阅读测试大纲是十分重要和必要的，但更多的是要凭借平时对普通话语音的重视和积累。如果平时说话南腔北调，读音随意，事到临头才抱佛脚，临阵突击，那是很难取得好成绩的。要知道语言的习惯不是一朝一夕就能改变得了的。只有平时养成良好的读音、说话习惯，考试时才能胸有成竹，应付自如。

三、单音节尤易出错

从考试内容看，单音节字词要比双音节词语及课文的难度大一些。因为人们阅读的习惯和对文字的记忆多是以词和句子为基本单位的，很少有人会把一个词拆开来记忆。例如“吝啬”两个字，一看便会顺口念出（lìn sè）的读音来。但是如果单给一个“吝”字或者单给一个“啬”字，就很容易发蒙念错。另外还有些多音字，例如“便”有两个读音（pián）和（biàn），往往也会因为一刹那的犹豫而念错。所以对单音节字词要给予充分的重视和准备。

四、看准了再念，想音不想意

对有些形似的字词要特别小心，千万看准了再念。比如有的人就把“免”错读成“兔”，把“醋”错读成“蜡”，把“洒”错读成“酒”，把“搭”错读成“抬”，“烤”错读成“铐”，把“满腔”读成“满腹”，等等，如此丢掉分数实在可惜。

有些字词容易使人产生想象和联想。例如有的人看到“耍”字，竟脱口读出“玩儿”，看到“尿素”两个字，竟脱口读出“尿肥”（suī féi）。足见想音不想意是很重要的。

另外对字词不要过多过久地端详，越端详有时越会感到陌生，甚至连极熟悉的字也不认识了。比如有的人走出考场竟急切地问别人：“一个单立人，一个‘尔’字念什么？”端详得连“你”字都不认识了。所以看准了之后，要立即凭着对字音的直觉记忆，读出它的正确读音。

五、注意音变现象

在测试中，轻声、儿化、“啊”的音变，“一”、“不”、上声的变调，常会被人们不经意地忽略掉。例如该轻声的没轻声，该儿化的没儿化，该变调的没变调。所以要提醒人们注意，不要忘记语流音变，因为这些语音错误也会使你的成绩受到影响。

六、把握速度，注意时间

有的人读字词时，由于极力想把字音的声韵调念准，所以读得很慢，结果超时扣分。有的人由于过度紧张，念得又太快，也容易丢分。所以要匀速进行，既念清楚又不容易出错。

即兴话题要说够 3 分钟，不足 3 分钟的要扣分。曾发生过这种情况，应试者其他几项考得都很好，到了即兴话题时只说了 1 分多钟就无话可说了，结果痛失一级甲等。另外在这项口语表达中，方音语调问题也很容易暴露，因此要特别小心。

小幽默

“美国来的也不行！”

山西 / 王溪田

三个乡下人进城游玩。上车后甲统一买了车票。

售票员：“上车的请买票。”

乙看见售票员盯着自己，心里便慌乱起来，手指丙和甲，说：“我们是一搭哩（方言：一块儿）来的。”

售票员：“意大利来的——美国来的也不行，买票！”

课文

1. 诗　　挡不住的青春

汪国真

曾经有过那么多的憧憬和幻想，
也有过不少失落和惆怅，
但我仍然在寻找，在跋涉。
我的追求在何方？道路在何方？
问风问雨问大地，
却没有一点儿回响。
岁月无声地流淌，
可有谁甘心总是这样惆怅，
有谁愿意总是这样迷茫？
我要飞翔，
哪怕没有坚硬的翅膀。
我要歌唱，
哪怕没有人为我鼓掌。
我要用生命和热血铺路，
相信没有一个季节能把青春阻挡！

2. 文　　宇宙的边疆（节选）

卡尔·萨根

宇宙现在是这样，过去是这样，将来也永远是这样。只要一想起宇宙，我们就难以平静——我们心情激动，感叹不已，如同回忆起许久以前的一次悬崖失足那样令人晕眩战栗。我们知道我们在探索最深奥的秘密。

宇宙的大小和年龄不是一般人所能理解的，我们的小小行星只不过是无限永恒的时空中的一个有限世界。从宏观来看，人类所关心的大多数问题都可以说是无关紧要的，甚至是微不足道的，但是，我们人类朝气蓬勃、勇敢好学、前途无量。几千年来，我们对宇宙及我们在宇宙中所处的地位作出了最惊人的和出乎意料的发现。人类对宇宙的探索，回想起来是很令人兴奋的。这些探索活动提醒我们：好奇是人类的天性，理解是一种乐趣，知识是生存的先决条件。因为我们在这个宇宙中只不过是晨空中飞扬的一粒尘埃，所以，我们认为，人类的未来取决于我们对这个宇宙的了解程度。

我们探索宇宙的时候，既要勇于怀疑，又要富于想象。想象经常能够把我们带领到崭新的境界，没有想象，我们就到处碰壁。怀疑可以使我们摆脱幻想，还可以检验我们的推测。宇宙神奇非常，它有典雅的事实，错综的关系，微妙的机制。

思考与练习

1. 叙述并解释普通话的基本概念。

2. 怎样才能学好普通话？

3. 小幽默中售票员为什么会对乙说的话产生误解？用普通话该如何说？

4. 练习下面易读错的字词：

洒 酒 晒 练 拣 线 钱 饯 崩 蹦 绷 犬 吠 卒 率 拔 拨
孤 狐 跨 垮 肋 胁 撵 攒 框 筐 浈 钡 柴 紫 拆 折 瓜
爪 炕 坑 烤 铐 渴 喝 酷 醋 恋 蛮 恨 狠 料 抖 茶 荼
飘 瓢 漂 扑 朴 税 锐 塌 蹋 兔 免 踹 喘 凑 揍 醋 酷
蹿 窜 戳 戮 荤 晕 怒 恕 稍 潲 御 卸 渴 喝 缫 剿 馨
罄 纂 攥 垧 晌 栗 粟 乖 乘 拾 抬 铀 轴 端 瑞

恶劣	算盘	快乐	僻静	戳穿	磐石	绷紧	黯淡	职务	缫丝
揩油	吹奏	炯炯	创伤	针灸	逃窜	打蔫	颌骨	允许	违章
漂白	玫瑰	摔伤	篡改	年成	面积	讹诈	蹩脚	盎然	铡草
帛画	褶皱	一瞥	门槛	卖弄	瓜子	渣滓	瞄准	风靡	传令
供给	惋惜	一个	维护	粗粮	假期	不对	发难	留念	绒衣
广播	疏忽	菲薄	所累	粽子	褴褛	裤兜儿	脖颈儿	溜边儿	

5. 朗诵下面小诗：

今　天

朋友，莫感慨失去的年华，
快套住这四蹄生风的好马！
与其追悔过去，
不如从现在出发。
在时间的茫茫草原上，
你停滞不前，
别人就要跃马天涯。

心里美

你的外表绿得像翡翠，
你的内心红得如玫瑰！
你不是水果，比水果更实惠，
请尝一口品品味啊，
人哪，更要心里美！

第 2 章　语音概念

第一节　音素及其分类

一、音素

音素是从语音中划分出来的最小的语音单位，每个音素具有不同的音色。

不同民族、不同国家可以用不同的声音来表述语义，但是不管是哪一种语言，音素都是语音中最小的单位。例如普通话中的 a、o、z、zh、i；英语中的 e、o、t、ch；俄语中的 э 、й 、щ 、ж 等都是语音中的最小单位——音素。

多数情况下是一个字母表示一个音素，如 a、o、p、d, 也有两个字母表示一个音素的，如 ng、zh、ch、er 等。

二、音素分类

音素分为两类：元音和辅音。

1. 元音

元音也叫母音。发音时，声带颤动；气流在口腔中不受任何阻碍；声音响亮，可唱，可延长。例如普通话中的 a、o、e、i、u、ü。

2. 辅音

辅音也叫子音。发音时，有的声带颤动，有的声带不颤动；气流在口腔中会受到一定程度的阻碍；有的辅音响亮，可唱，能延长，有的则不行。普通话中的辅音有 b、p、m、f、d、zh、ch、n、ng 等。

3. 元音与辅音的区别

元音和辅音的主要区别，主要可归纳为五点：

(1) 发元音时，气流不受阻碍；发辅音时，气流会受到不同形式的阻碍。

(2) 发元音时，发音器官均衡地保持紧张；发辅音时，只有克服阻碍的那一部分是紧张的。

(3) 发元音时，气流较弱；发辅音时，气流较强。

(4) 发元音时，声带颤动；发辅音时，有的声带颤动，有的声带不颤动。声带颤动的辅音叫浊音，声带不颤动的辅音叫清音。

(5) 元音响亮，可唱，能延长；辅音有的可以，有的则不行。

三、音位

音位是语言中能够区别词义的最小的语音单位，也就是不同的语音类型。

例如“把”(bǎ)、“比”(bǐ)、“补”(bǔ) 三个不同词里，b 的实际发音并不完全相同。第一个“b”较松，第二个“b”较紧，第三个“b”带圆唇。但是这些细微的差别在语言的交际中并没有造成区别意义的作用，因此也就可以把这三个“b”归纳为同一个语音类型，这就是“b”音位。

而其中的“a”“I”“u”是构成“把”“比”“补”这三个字不同意义的要素，它们又有区别词义的作用，因此是三个不同的音位，即三个不同的语音类型。音素实际上就是根据音位学的理论研究出来的结果。从这个意义上讲，一个音素，一般的也就是一个音位。

第二节　音节及其构成

一、音节

音节是由一个或几个音素组成的，在听觉上是最容易分辨出来的最自然的语音单位。例如“飘”(piāo)，一听便知是一个音节，而“皮袄”(pí'ǎo)虽然与“飘”的音素完全相同，但一听便知是两个音节。再比如“鲜”(xiān)与“西安”(xī'ān)；“换”(huàn)与“忽暗”(hū'àn)等音节都是凭听觉来加以区分的，所以说，音节是在听觉上最容易分辨出来的最自然的语音单位。

汉语普通话除儿化韵的词，像“花儿”、“球儿”等是两个汉字一个读音外，一般都是一个汉字就是一个音节。这也是汉语普通话区别于其他语言的一个显著特点。比如英语、俄语中的单词，一个单词可以是一个音节，也可以是两个、三个甚至更多的音节构成。

普通话有400多个音节，常用汉字3500个，通用汉字7000个左右。《新华字典》收字1万多个，区分声调的也就是1300多个音节。

二、音节的构成

普通话音节的构成比较简单，也比较整齐。对汉语音节的分析，至今仍沿袭着传统的分析方法，即把音节分解为：声母、韵母、声调三个组成部分。

1. 声母

汉语音节中开头的那个辅音就称之为声母。每个音节中的声母只由一个辅音充当。例如“中国”(zhōng guó)中的“zh”和“g”就是这两个音节中的声母。

如果音节开头的音素不是辅音而是元音，我们就称这样的音节为“零声母”音节。例如“语言”(yǔ yán)这两个音节都是零声母音节。但是以i、u、ü开头的音节，我们把音节前面的i、ü改成或加写y，把u改成或加写成w，也可以称y、w是声母。事实上i、u、ü开头的音节，开头的i、u、ü发音也偏紧，也可以称之为半元音。

汉语普通话里的辅音除“ng”不能充当声母外，其余的辅音都可以充当声母。

普通话共有21个声母，它们是b、p、m、f、d、t、n、l、g、k、h、j、q、x、zh、ch、sh、r、z、c、s。

2. 韵母

在汉语音节中，声母后面的部分叫作韵母。韵母有的由一个、两个或三个元音组成，有的韵母中也有辅音成分。例如(n)和(ng)两个鼻辅音就常在韵尾中出现。

普通话韵母共有39个，其中单韵母10个：a、o、e、i、u、ü、-i（前）、-i（后）、ê、er；二合韵母9个：ai、ei、ao、ou、ia、ie、ua、uo、üe；三合韵母4个：iao、iou、uai、uei；鼻韵母16个，其中前鼻音尾韵母8个：an、en、ian、uan、üan、in、uen、ün，后鼻音尾韵母8个：ang、iang、uang、eng、ing、ueng、ong、iong。

韵母内部按着传统的分析方法，又可以切分为韵头、韵腹、韵尾三部分。韵母中开口度最大、声音最响亮的元音为韵腹，韵腹前面的元音为韵头，也称为介音。韵腹后面的为韵尾。汉语并非每一个音节中的韵母都具有头、腹、尾三部分。有的音节可能没有韵头，有的音节可能没有韵尾，但是绝不可能没有韵腹，因为韵腹是音节中的主干，是不可缺少的主要组成部分。见下表：

韵母成分表

音节	韵头	韵腹	韵尾
啊 ā		a	
今 jīn		i	n
瓜 guā	u	a	
笑 xiào	i	a	o
强 qiáng	i	a	ng

3. 声调

汉语属汉藏语系，是有声调的语言。声调就是音节中固有的、能区别意义的声音的高低、升降、曲直变化的发音过程。由于一个音节就是一个汉字，所以也可以称为“字调”。声调的变化主要体现在韵腹上，所以声调标写在主要元音上。

声调具有区别意义的作用，所以它是汉语音节中不可缺少的组成部分。这也是汉语区别于其他语言的又一个显著特点。像英语、俄语、日语等只有重读之说，没有声调之别，所以声调是许多外国人学习汉语的难点之一。况且声调还会在词语和语流中发生一些变化，这就更增加了外国人学习汉语的难度，但是只要认真地听，刻苦地练，还是可以学好，说好的。

三、汉语普通话音节的特点

1. 音节中通畅响亮的元音占优势，乐音成分比较多。

2. 清声母多，发音清脆。

3. 声母和韵母相互间隔，形成了分明的音节界限，使语言富于节律美。

4. 声调的变化鲜明，具有高低抑扬的音乐色彩。

5. 词汇的双音节化以及双声、叠韵、叠音等形式也都显示了汉语音节的音乐性。

双声指声母相同的双音节词。例如：仿佛、忐忑、蒙昧、伶俐、恍惚、玲珑。

叠韵指韵母相同的双音节词。例如：叮咛、汹涌、窈窕、从容、黑煤、荟萃。

叠音指两个相同的音节重叠而成的双音节词。例如：纷纷、潺潺、孜孜、轻轻、高高。

现在许多小孩子的名字也多用叠音词以表示可爱或亲昵。例如：圆圆、兰兰、丹丹。

总之，汉语普通话，声音悦耳、音调柔和、节奏明朗、韵律协调。所以有些外国人说，听汉语普通话就像听音乐一样好听。

第三节　汉语拼音方案

1958 年 2 月 11 日，第一届全国人民代表大会第五次会议通过的《汉语拼音方案》是以拼音字母和拼写方式为内容的一整套拼写汉语语音的中华人民共和国法定的拼音方案，同时，它也是世界各国拼写有关中国专用名词及词语的国际标准。

《汉语拼音方案》共有五个组成部分：

一、字母表

字母名称	Aa ㄚ	Bb ㄅㄝ	Cc ㄘㄝ	Dd ㄉ	Ee ㄝㄜ	Ff ㄝㄈ	Gg ㄍㄝ
	Hh ㄏㄚ	Ii ㄧ	Jj ㄐㄧㄝ	Kk ㄎㄝ	Ll ㄝㄌ	Mm ㄝㄇ	Nn ㄋㄝ
	Oo ㄛ	Pp ㄆㄝ	Qq ㄑㄧㄡ	Rr ㄚㄦ	Ss ㄝ	Tt ㄊㄝ	Uu ㄨ
		Vü ㄝ	Ww ㄨㄚ	Xx ㄒㄧ	Yy ㄧㄚ	Zz ㄗㄝ	

和英语一样采用的是拉丁字母，共 26 个字母，其中“V”只用来拼写外来语、少数民族语和方言，普通话里不用。采用拉丁字母较之过去的注音字母更便于国际文化交流和学习。背熟字母顺序表可以帮助查阅按音序排列的字典和拼音索引等工具书。

V 只用来拼写外来语、少数民族语言和方言。

字母的手写体依照拉丁字母的一般书写习惯。

二、声母表

普通话共有 21 个声母。

声母表

b	p	m	f	d	t	n	l
ㄅ玻	ㄆ坡	ㄇ摸	ㄈ佛	ㄉ得	ㄊ特	ㄋ讷	ㄌ勒
g	k	h	j	q	x		
ㄍ哥	ㄎ科	ㄏ喝	ㄐ基	ㄑ欺	ㄒ希		
zh	ch	sh	r	z	c	s	
ㄓ知	ㄔ蚩	ㄕ诗	ㄖ日	ㄗ资	ㄘ雌	ㄙ思	

在给汉字注音的时候，为了使拼式简短，zh ch sh 可以省作 ẑ ĉ ŝ。

三、韵母表

普通话音节中的韵母除表中的35个以外，还有4个特殊韵母：-i（前）、-i（后）、er、ê。

韵母表

	i 丨　衣	u ㄨ　乌	ü ㄩ　迂
a ㄚ　啊	a 丨ㄚ　呀	iua ㄨㄚ　蛙	
o ㄛ　喔		uo ㄨㄛ　窝	
e ㄜ　鹅	e 丨ㄝ　耶		iüe ㄩㄝ　约
ai ㄞ　哀		uai ㄨㄞ　歪	
ei ㄟ　欸		uei ㄨㄟ　威	
ao ㄠ　熬	iao 丨ㄠ　腰		
ou ㄡ　欧	iou 丨ㄡ　忧		
an ㄢ安	ian 丨ㄢ　烟	uan ㄨㄢ　弯	üan ㄩㄢ　冤
en ㄣ　恩	in 丨ㄣ　因	uen ㄨㄣ　温	ün ㄩㄣ　晕
ang ㄤ　昂	iang 丨ㄤ　央	uang ㄨㄤ　汪	
eng ㄥ　亨的韵母	iang 丨ㄥ　英	ueng ㄨㄥ　翁	
ong （ㄨㄥ）轰的韵母	iong ㄩㄥ　雍		

(1)“知、蚩、诗、日、资、雌、思”等七个音节的韵母用 i，即：知、蚩、诗、日、资、雌、思等字拼作 zhi、chi、shi、ri、zi、ci、si。

(2) 韵母儿写成 er，用作韵尾的时候写成 r。例如：“儿童”拼作 ertong，“花儿”拼作 huar。

(3) 韵母ㄝ单用的时候写成 ê。

(4) i 行的韵母，前面没有声母的时候，写成 yi（衣），ya（呀），ye（耶），yao（腰），you（忧），yan（烟），yin（因），yang（央），ying（英），yong（雍）。

u 行的韵母，前面没有声母的时候，写成 wu（乌），wa（蛙），wo（窝），wai（歪），wei（威），wan（弯），wen（温），wang（汪），weng（翁）。

ü 行的韵母，前面没有声母的时候，写成 yu（迂），yue（约），yuan（冤），yun（晕）；ü 上两点省略。

ü 行的韵母跟声母 j，q，x 拼的时候，写成 ju（居），qu（区），xu（虚），ü 上两点也省略；但是跟声母 n，l 拼的时候，仍然写成 nü（女），lü（吕）。

(5) iou，uei，uen 前面加声母的时候，写成 iu，ui，un，例如 niu（牛），gui（归），lun（论）。

(6) 在给汉字注音的时候，为了使拼式简短，ng 可以省作 ŋ 。

四、声调符号

阴平	阳平	上声	去声
ˉ	ˊ	ˇ	ˋ

声调符号标在音节的主要母音上，轻声不标。例如：

妈 mā	麻 má	马 mǎ	骂 mà	吗 ma
（阴平）	（阳平）	（上声）	（去声）	（轻声）

五、隔音符号

a、o、e 开头的音节连接在其他音节后面的时候，如果音节的界限发生混淆，用隔音符号（'）隔开，例如：pi'ao（皮袄）。

小幽默

李鸿章讲俄语

观　生

李鸿章虽是外交官，却不懂外语。一次，他要出使沙俄，少不了要学几句寒暄话。灵机一动，请人把常用的几句俄语读音“译”成中文的近似音，写在扇子上。于是，便有了几句“独创”的中国式“俄语”：“请坐——洒鸡洁细”，“谢谢——四爸戏爸”，“冷——好冷得哪”，“好——好老少”，“再见——打死伟大你呀”。

课文

1. 诗

九月问答

烟雨苍茫

学生：您还记得我吗？我是小霞，
那年也是九月，路上开满黄花。
您在校园门前，披着山风朝霞，
领着六七岁的我们入校，可那时您也不大。

老师：记得啊！记得！你们这群山里的娃，
你是靠窗的第二张课桌，你的同桌叫小华。
你们总在悄悄说话，知道你们说什么，
是在猜吧，猜这老师有多大。

学生：那时师生问答，无论课上课下，
多少新鲜好奇，盼着老师解答。
一加一得数叫和，五减二得数叫差，
那乘法呢，还有除法，他们叫什么？
好难学的算术啊，老师，您的本领真大！
老师：我的本领很小，你们的提问难答，
蚂蚁为什么这样小，宇宙为什么那样大，
为什么阿婆白头发，为什么长大要成家。
你们这群调皮鬼啊，哪里来的这许多的问话！
学生：一声声简单的问话，要答对，要答准，对您该有多么复杂。
答案要翻山越岭，到省城灯下的图书馆去查，
求索要披星戴月，放弃您盼望已久的暑假寒假。
老师：不说那些老话，那都不算个啥，
我喜欢那些爱提问的学生，能答的我尽量解答。
有一天啊，你们上了高中、大学，再问我可能也不会了。
还记得你高考时的困惑吗，再次请老师解答，
心里急啊，也只能一句话，我对自己的学生有信心。
拼吧，别怕！
学生：老师，又是家乡九月，又是遍山黄花，
同学们三十年聚会，明天相约一起回家。
后天也是您的生日，其实我们一直都记得，
您的年龄到底有多大。
老师：好的，知道了，你还记得上学的路吗，
沿路，有岁岁年年的黄花。
校园门我等，领你们一起入校回家，
老了，满头的白发，只怕同学们不认识我了。
学生：我们也已长大，不是当年小霞。
走过千山万水，见惯秋月春花。
学生一生在问，老师一生在答。

老师年龄不大，早早白了头发。
老师可曾后悔，老师怎样回答。
老师：学生一生在问，老师一生在答。
我是小小蜡烛，点燃光亮不大。
我愿两头燃烧，给你更多光华。

2. 文

把性命和质量拴在一起

张小平

二战时期，巴顿将军通过一份来自前线的战事报告了解到，在牺牲的盟军战士中，竟有一半是在跳伞时摔死的。这令他十分恼火，立刻赶到兵工厂。

当时负责生产降落伞的是商人考文垂，见到前来兴师问罪的巴顿，他赶忙汇报说："这些年我一直在狠抓产品质量，降落伞的合格率已达到百分之99.9，创造了当今世界的最高水平。"巴顿怒斥道："每个降落伞都关系到一个士兵的生命，你就不能做到百分之百合格吗？"考文垂苦笑说："我已经尽力了，百分之99.9是最高极限，再没有提升的空间了。"

巴顿怒不可遏。他走进车间，忽然从流水线上随意抓起一只降落伞包，大声地对考文垂说："这是你制造的产品，我现在命令你抱上它上飞机！"这个降落伞刚刚下线，根本未经过任何检验，万一是次品，自己就将粉身碎骨呀！考文垂吓得要命，可是迫于将军的权威，只能胆战心惊地拿着伞包，上了飞机……

还算有运气，考文垂有惊无险地回到地面。望着一脸狼狈、吓得几乎快要尿裤子的考文垂，巴顿大笑一声，随即严厉地说："从今天起，我将不定期来这里，命令你背着新做好的降落伞从飞机上跳下去。"

从那以后，巴顿再没有去兵工厂，盟军也再未发生跳伞伤亡事故。多年以后，当年的下属疑惑地问他："您是怎么想到那个主意的？"巴顿慢悠悠地答道："考文垂他们并非不具备制造完全合格产品的能力，只是他惯于惰性思维，按一般标准行事，只有把他和前线士兵的性命拴在一起，他才会竭尽全力。”做天下事，尽力而为还不够，而是应该全力以赴，成功的奥秘就在于此。

思考与练习

1. 什么是音素？音素分为几类？举例说明。

2. 元音与辅音的发音特点是什么？它们的主要区别是什么？

3. 汉语普通话音节是由哪几部分构成的？

4. 叙述音节、声母、韵母、声调的基本概念。

5. 请记住《汉语拼音方案》第三部分中的6条书写及拼写规则。

6. 什么时候用“y”，什么时候用“w”？举例说明。

7. “ü”什么时候可以去掉上面的两点儿，什么时候不能去掉上面的两点儿？举例说明。

8. 哪几个韵母，在什么情况下可以简写？

9. 读下列词组：

语言学	播音员	国务院	天安门	玉渊潭
解放军	蒙太奇	暖融融	女驸马	伦理学
雕虫小技	犄角旮旯	老骥伏枥	狐假虎威	
良知良能	两袖清风	梦寐以求	忍俊不禁	

10. 朗诵下面小诗：

未 必

尖形的未必是塔，
弓形的未必是桥。
水里游的未必是鱼，
天上飞的未必是鸟。

动听的未必是肺腑言，
耐看的未必是媚俏眼。
并肩的未必是战友，
点头的未必是至交。

想爱的未必能相爱，
盼望的未必能盼到。
获得了的未必是幸运，
而失去了的未必是烦恼！

第3章　声母

第一节　发声器官

人的发声器官主要包括三大部分：一、口腔和鼻腔；二、喉头和声带；三、肺和气管。见下面示意图。

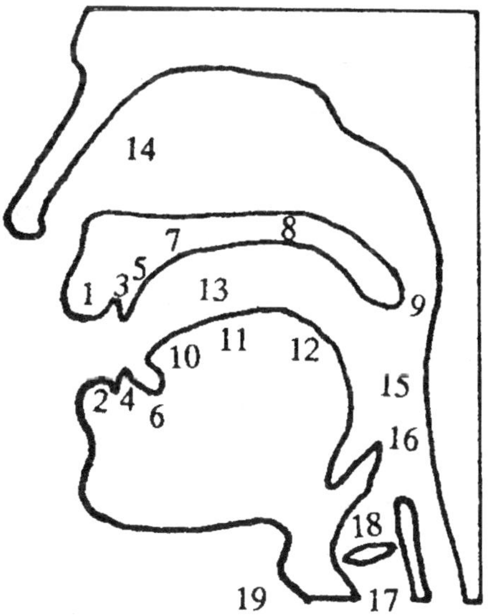

1 上唇	2 下唇
3 上齿	4 下齿
5 上齿龈	6 下齿龈
7 硬腭	8 软腭
9 小舌	10 舌尖
11 舌面	12 舌根
13 口腔	14 鼻腔
15 咽腔	16 会厌
17 气管	18 声带
19 喉头	

在这些众多的发声器官中，有的发声器官是固定不变的，比如齿、齿龈、硬腭等。有的发声器官的形状、位置是可变的、能动的，比如唇、舌和连着小舌的软腭、声带等。这些能活动的发声器官在发声过程中最积极、最活跃，是吐字发声的主角，因此要给予它们特别的关注。

第二节　发音部位及发音方法

声母是汉语音节中开头的辅音部分。普通话声母共有 21 个，它们的发音部位和发音方法是不尽相同的。

一、发音部位

发音部位是指发辅音时，发声器官形成阻碍的那一部位。比如发 b、p、m 时，是上下唇之间形成阻碍，就称它们为双唇音或双唇阻。j、q、x 是舌面与硬腭形成阻碍，就称之为舌面音或舌面阻。z、c、s 是舌尖与上齿龈形成阻碍，就称之为舌尖前音或舌尖前阻。

根据 21 个声母发音部位的不同，大致可归纳为七类，列表如下：

类别	发音部位	举例
双唇音	上唇与下唇中部形成阻碍	b、p、m
唇齿音	上齿与下唇内侧形成阻碍	f
舌尖前音	舌尖与上齿龈形成阻碍	z、c、s
舌尖中音	舌尖与上齿龈形成阻碍	d、t、n、l
舌尖后音	舌尖与硬腭前端形成阻碍	zh、ch、sh、r
舌面音	舌面中前部与硬腭形成阻碍	j、q、x
舌根音	舌面后部与硬腭后部形成阻碍	g、k、h

z、c、s；d、t、n、l；zh、ch、sh、r 三组音均为舌尖音，由于它们的发音部位，

一组比一组靠后，所以称为舌尖前音、舌尖中音、舌尖后音。

二、发音方法

发音方法是指发音时，形成阻碍和克服阻碍的方式以及气流的强弱、声带的颤动与否等情况。

根据声母形成阻碍和克服阻碍的方式普通话声母可以分为塞音、擦音、塞擦音、鼻音、边音五类。

1. 塞音

形成阻碍的部位完全闭合，气流积蓄在受阻部位，发音时，阻塞部位突然打开，气流冲破阻碍，发出爆破音的为塞音。普通话声母塞音有：b、p、d、t、g、k。

2. 擦音

成阻部位靠近，形成缝隙，气流从缝隙中挤出，发出摩擦声的为擦音。普通话声母擦音有：f、s、sh、r、x、h。

3. 塞擦音

成阻部位开始时完全闭合，当发音时，成阻部位立刻微微打开一条窄缝，让气流从窄缝隙中摩擦挤出，由于这中间有塞和擦的过程，故称之为塞擦音。普通话声母塞擦音有：z、c、zh、ch、j、q。

4. 鼻音

成阻部位完全闭合堵住气流，发音时，软腭下垂，鼻腔通路打开，让气流向上从鼻腔中通过，发出鼻音。普通话声母鼻音有：m、n。

5. 边音

舌尖抬起和上齿龈接触形成阻碍，阻塞气流。发音时，气流沿舌的两边流出，同时舌尖自然落下形成边音。普通话声母边音只有一个：l。

根据除阻时，气流强弱的不同，普通话声母的发音又可分为送气音和不送气音两种。

1. 送气音

发音时，呼出的气流较强的为送气音。普通声母中送气音有：p、t、k、q、ch、c。

2. 不送气音

发音时，呼出的气流较弱的为不送气音。普通话声母中不送气音有：b、d、g、j、zh、z。

根据声母发音时，声带颤动的情况又有清音与浊音之分。

1. 清音

发音时，声带不颤动的为清音。

2. 浊音

发音时，声带颤动的为浊音。

普通话声母中，只有 m、n、l、r 为浊音，其余的均为清音。

综合以上普通话声母七种发音部位和三种发音方法的不同，可以列表纵观如下：

发音方法 发音部位	塞音		塞擦音		擦音		鼻音	边音
	清音					浊音		
	不送气	送气	不送气	送气				
双唇音	b（玻）	p（坡）					m（摸）	
唇齿音					f（佛）			
舌尖前音			z（资）	c（雌）	s（思）			
舌尖中音	d（得）	t（特）					n（讷）	l（勒）
舌尖后音			zh（知）	ch（吃）	sh（诗）	r（日）		
舌面音			j（基）	q（欺）	x（希）			
舌根音	g（哥）	k（科）			h（喝）			

为了更加简单明了地记住每个声母的发音情况，也可参照下表记忆：

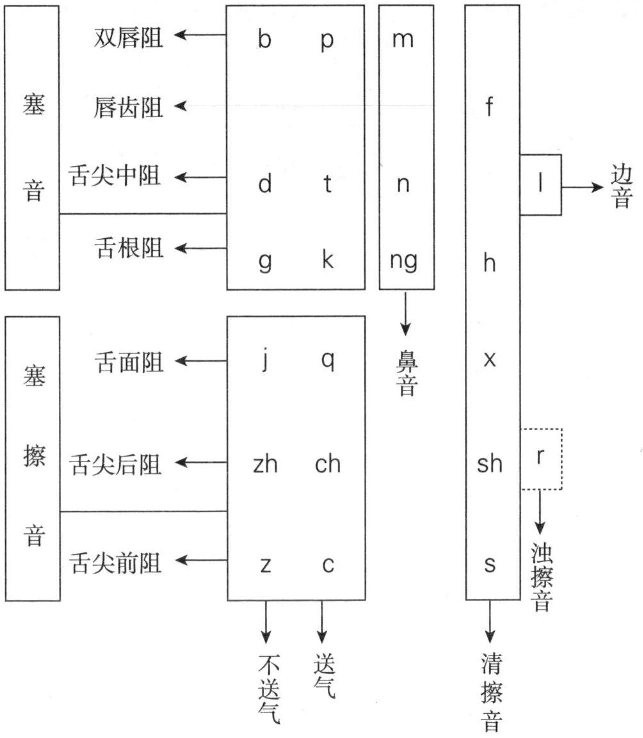

三、普通话声母的发音过程

声母发音的全过程可以划分为成阻、持阻、除阻三个阶段。

1. 成阻

形成阻碍，也就是成阻的两个部位先形成阻碍，为发音做好准备的阶段。例如 b、p、m, 在发音时，双唇先闭拢形成阻碍的过程。

2. 持阻

成阻部位保持成阻状态，并蓄积一定的力量和阻力，同时让气息积聚在发音部位的后面并保持住，为发音做好最后的准备。

3. 除阻

气流冲破阻碍，最后发出声音的过程。例如双唇音 b、p、m，双唇中部打开，气流冲出，发出 b、p、m 的音。

小幽默

笔 误

斯大林曾在高尔基的《姑娘与死神》一书的最后一页留下轰动一时的批示："这本书写得比歌德的《浮士德》还要强有力，爱情战胜死亡。"然而，批示上"爱情"一词的俄文拼写有误：少了末尾一个字母。

一时间，大家手足无措：谁也不能更改领袖的手迹，谁也不敢去问他本人。

当时，竟然真冒出两名教授为《真理报》专栏撰文论证："世界上存在着腐朽没落的资产阶级爱情以及新生健康的无产阶级爱情，两种爱情截然不同，拼写岂能一样？"文章清样出来后，编辑为防万一，决定还是让斯大林过目一下。没想到，领袖读后，又作了一个新批示："笨蛋，此系笔误！"

课文

1. 诗

走向远方

汪国真

是男儿总要走向远方，
走向远方是为了让生命更辉煌。
走在崎岖不平的路上，
年轻的眼眸里装着梦，更装着思想。

不论是孤独地走着，还是结伴同行，
让每一个脚印都坚实而有力量。

我们学着承受痛苦，
学着把眼泪像珍珠一样珍藏。
把眼泪都储存在成功的那一天流，
那一天哪怕流个大海汪洋。

我们学着对待误解，
学着把生活的苦酒当成饮料一样慢慢品尝，
不论生命经过多少委屈和艰辛，
我们总是以一个朝气蓬勃的面孔，
醒来在每一个早上。

我们学着对待流言，
学着从容而冷静地面对世事沧桑。
猝然临之而不惊，无故加之而不怒，
这便是我们的大勇、我们的修养。

我们学着只争朝夕，人生苦短，道路漫长，
我们走向并珍爱每一处风光。
我们不停地走着，不停地走着的我们，
也成了一处风光。

走向远方，
从少年走向青年，
从青年走向老年，
我们从星星，走成了夕阳。

2. 文

联合国小学

斐　秀

位于伦敦西郊的赫能小学有两大特点：第一是学生们的种族多元化，有白色人种、棕色人种、深褐色人种和棕黄色人种等；第二是学生们交谈的言语简直是百花齐放，南腔北调共冶一炉，使人骤耳听来，准是丈八金刚，摸不着头脑。

原来该校的学生都是来自世界各地移民的后裔，如果他们各操自己的母语，那么该校流行的语言可多达50多种！学生中讲得最多的是孟加拉语，其次为阿拉伯语、土耳其语、汉语、越南语等。因而进入该校，便犹如进入联合国的会议厅，各种陌生语言不绝于耳。幸好该校以英语为主要的授课语言，否则真是鸡同鸭讲了。

由于该校这种独特的“国际语言环境”，学生们朝夕相处，一般都能听懂四五种语言。有一个来自中国的小学生，竟在3年内学会了18种外语，确实令人叹为观止！

思考与练习

1. 什么叫声母的发音部位和发音方法？

2. 普通话声母共有多少个？它们可归纳为几类？

3. 列表表示声母的发音部位和发音方法。

4. 叙述普通话声母的发音过程。

5. 学好一种语言很不容易，请根据你学习普通话或学习外语的体会，分析一下课文《联合国小学》中的孩子们为什么能同时学好多种外语？

6. 朗诵下面小诗。

野 草

树，
有时孤零零的一棵，
直挺挺把胳膊伸缩；
花，
有时单个个的一朵，
静默默把微香散播。
唯独草，
总是拥拥挤挤，
长到哪儿，
哪儿就蓬蓬勃勃；
一片片，
一丛丛，
有着烧不尽的气魄。

让青春和生命放射光彩

青春不是云彩，
飘去不会再来；
生命不是花朵，
谢去不能重开。
啊，朋友，
你若真知青春宝贵，
你若真懂生命可爱，
就焕发那战斗激情，
让青春和生命放射光彩！

青春虽然短暂，
也可永远不衰；
生命虽然有限，
却可光照万代。
呵，朋友，
你若真有远大理想，
你若真有崇高情怀，
就快快加入新征程的行列，
和祖国一起奔向未来！

第三节 b、p、m、f的发音及辨正

一、b、p、m、f的发音

声母b、p、m属双唇音，它们的发音部位相同，但是发音方法略有不同。

b（玻）

上下唇自然闭拢，嘴角不要用力，力量只集中在双唇的中部，且双唇不要向内裹。发音时，双唇中部迅速而有力地突然打开，气流冲破阻碍发出双唇不送气爆破音 b。

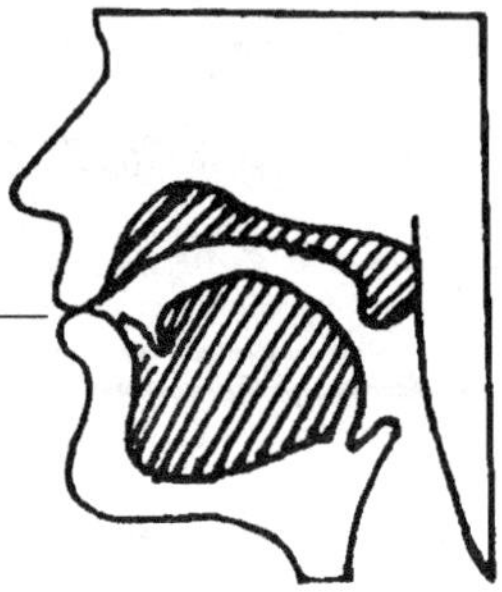

示意图

例字：

玻　博　跛　簸　逼　鼻　比　蔽
掰　白　百　拜　包　雹　饱　抱
崩　甭　绷　迸　边　扁　遍　奔
本　笨　帮　榜　棒

例词：

八宝　把柄　罢笔　白斑　白板　百般　百倍　摆布　败北　败笔　败兵
拜拜　斑白　斑驳　颁布　搬兵　板报　半百　半壁　帮办　臂膀　包办
背包　包庇　褒贬　薄饼　报表　抱病　卑鄙　奔波　遍布　标兵　冰雹
兵变　不必　蚌埠　标榜　禀报　辨别　版本　宝贝

p（坡）

上下唇自然闭拢，嘴角不要用力，力量集中在双唇的中间部分，双唇不要向内裹。发音时，双唇中部迅速而有力地突然打开并有一股明显的气流从唇的中部冲出，发出双唇送气爆破音 p。

例字：

趴　爬　怕　泼　婆　笸　破　批　皮　痞　譬　扑　仆　谱　铺　拍
牌　派　胚　赔　配　抛　袍　跑　泡　飘　瓢　漂　票　潘　盘　判
拼　贫　品　聘　烹　朋　捧　碰

例词：

枇杷　爬坡　排炮　澎湃　乒乓　品牌　批判　劈啪　琵琶　匹配　偏僻
偏颇　偏偏　瓢泼　翩翩　拼盘　频谱　频频　婆婆　铺平　平盆　皮袍
品评　偏旁　评判　平平　砰砰

m（摸）

上下唇自然闭拢，不要向内裹唇，嘴角不要用力。发音时，声音和气息向上送入鼻腔，双唇打开，气流同时从鼻腔、口腔而出，声带颤动，发出带有鼻音色彩的双唇浊辅音 m。

例字：

妈 麻 马 骂 摸 摩 抹 末 眯 迷 米 蜜 猫 毛 卯 帽
喵 苗 秒 妙 朦 萌 猛 孟 明 酩 命 嫚 蛮 满 慢 门
闷 煤 美 妹 埋 买 卖

例词：

麻木 骂名 埋没 埋名 买卖 麦芒
麦苗 卖命 满门 满目 满面 谩骂
盲目 茫茫 莽莽 茂密 冒昧 冒名
没命 眉目 眉毛 美满 美貌 美梦
美妙 美名 门楣 门面 蒙昧 梦寐
弥漫 秘密 密谋 渺茫 明媚 明眸
牧民 慕名 磨灭 木棉 名模 命脉

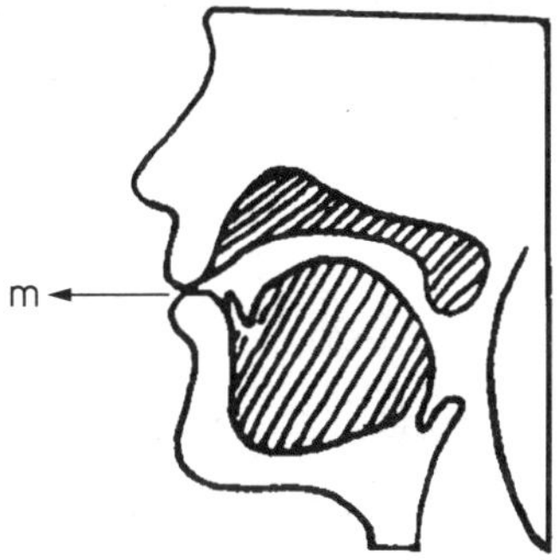

示意图

f（佛）

f 是唇齿音，上齿抵在下唇内侧，而不要抵在下唇的唇面或唇的外侧，气息蓄积在成阻部位之后。发音时，唇齿间先打开一条缝隙，让气流从缝隙中摩擦通过，发出唇齿清擦音 f。

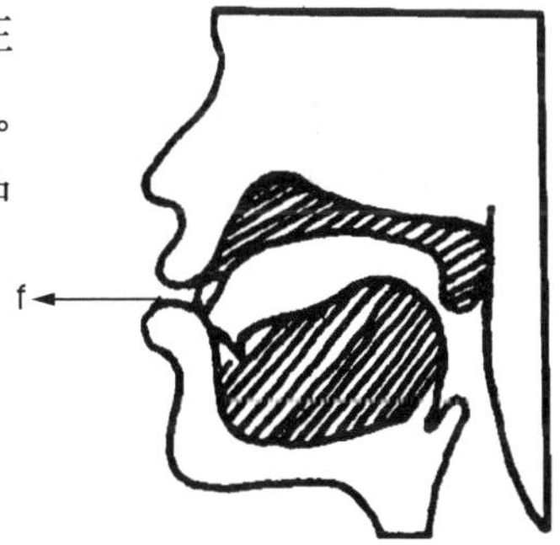

示意图

例字：

发 罚 法 发 夫 扶 府 富
飞 肥 匪 费 翻 凡 反 贩
纷 坟 粉 奋 方 防 仿 放
丰 冯 讽 奉

例词：

发放 发奋 发疯 发福 翻番 凡夫 反方 反复 泛泛 仿佛 放风
霏霏 肺腑 纷繁 纷飞 粉坊 佛法 夫妇 伏法 付方 放飞 防风
芬芳 非凡 方法 奋发 犯法 防范 防腐 非法 丰富 蜂房 福分
分发 纷纷

二、语音辨正

1. b–p 的辨正

b 是不送气音，p 是送气音，送气与不送气是这两个声母的根本区别。但是有些方言区的人，常把不送气音发成送气音，有些外国人也常把不送气音 b 发成送气音 p。例如他们常把“包子”说成“泡子”(pāo zi)，把“吃饱了”说成“说跑了”。所以必须区别送气与不送气才能不会闹笑话。

例字：b–p

捌(bā)—趴(pā)　　掰(bāi)—拍(pāi)
搬(bān)—攀(pān)　　播(bō)—坡(pō)
包(bāo)—抛(pāo)　　杯(bēi)—胚(pēi)
奔(bēn)—喷(pēn)　　拜(bài)—派(pài)
兵(bīng)—乒(pīng)　　饱(bǎo)—跑(pǎo)
被(bèi)—佩(pèi)　　白(bái)—排(pái)
边(biān)—偏(piān)　　标(biāo)—飘(piāo)
布(bù)—铺(pù)　　棒(bàng)—胖(pàng)

例词：

发报(fā bào)—发炮(fā pào)　　掰开(bāi kāi)—拍开(pāi kāi)
鼻子(bí zi)—皮子(pí zi)　　步子(bù zi)—铺子(pù zi)
爆破(bào pò)—泡破(pào pò)　　饱了(bǎo le)—跑了(pǎo le)
表白(biǎo bái)—漂白(piǎo bái)　　不平(bù píng)—铺平(pū píng)
白开(bái kāi)—排开(pái kāi)　　被服(bèi fú)—佩服(pèi fú)
包头(bāo tóu)—抛头(pāo tóu)　　辈出(bèi chū)—配出(pèi chū)
毕竟(bì jìng)—僻静(pì jìng)　　变形(biàn xíng)—片形(piàn xíng)
真棒(zhēn bàng)—真胖(zhēn pàng)　　辫子(biàn zi)—骗子(piàn zi)

薄片(báo piàn)　　逼迫(bī pò)　　布铺(bù pù)
背叛(bèi pàn)　　奔跑(bēn pǎo)　　补票(bǔ piào)
编排(biān pái)　　鞭炮(biān pào)　　表盘(biǎo pán)
宾朋(bīn péng)　　并排(bìng pái)　　不怕(bú pà)

跑遍（pǎo biàn）	批驳（pī bó）	瀑布（pù bù）
陪伴（péi bàn）	排版（pái bǎn）	疲惫（pí bèi）
旁边（páng biān）	评比（píng bǐ）	拼搏（pīn bó）
破败（pò bài）	漂泊（piāo bó）	普遍（pǔ biàn）

2. b、p、m、f和o与e的辨正

声母b、p、m、f只和韵母o相拼。东北人常把“o”错读成“e”。纠正的方法是在读“播”(bō)、“泼”(pō)、“摸”(mō)、“佛”(fó)时，要做一个圆唇动作，不能咧着嘴角读成(bē、pē、mē、fé)。

例词：

播音（bō yīn）	拨弄（bō nòng）	波浪（bō làng）
玻璃（bō li）	菠菜（bō cài）	批驳（pī bó）
勃勃（bó bó）	脖子（bó zi）	簸箕（bò ji）
搏斗（bó dòu）	婆婆（pó po）	笸箩（pǒ luo）
迫害（pò hài）	破浪（pò làng）	活泼（huó•po）
泼墨（pō mò）	魄力（pò li）	破涕（pò tì）
模范（mó fàn）	摩擦（mó cā）	磨损（mó sǔn）
蘑菇（mó gu）	魔鬼（mó guǐ）	抹杀（mǒ shā）
末日（mò rì）	没收（mò shōu）	陌生（mò shēng）
墨宝（mò bǎo）	摸索（mō suǒ）	抹黑（mǒ hēi）
活佛（huó fó）	佛手（fó shǒu）	佛祖（fó zǔ）

小幽默

拍马屁

有一个人喜欢拍马屁。一次，他送枇杷给他的上级，他在字条儿上把

“枇杷”两个字错写成“琵琶”。他的上级见了有点好笑，就编了两句顺口溜：“‘枇杷’不是此‘琵琶’，只恨当年识字差！”恰巧有个客人坐在旁边，接上去说：“若是琵琶能结果，满城箫笛尽开花。”

课文

1. 诗

大漠敦煌

秋酿醇酒

我多想带上装满梦的行囊，
牵一只骆驼去那风沙弥漫的远方。
我多想沿着遥远又遥远的古道，
寻找我梦中的大漠敦煌。

穿过祁连山的六月飞雪，
走进炎风吹砂的大漠。
我望见张骞出使西域归来的马队，
马踏飞燕的嘶鸣声扬四方，
我望见汉武的狼烟扬起旌旗遮日的豪壮。

飘逝在风萧萧路漫漫的边关，
那鸣沙山千年不绝的鸣响，
每一声的吟唱，
都是英雄泯血长笑的悲壮。

那月牙泉甘洌清澈的水塘，
每一个眼神，
都曾凝视过扬鞭的牧人拓荒的农夫。

玉门关的残垣断壁，
望断多少远行的商队往来的使者。
阳关三叠的千古绝唱，
又有多少故人更饮一杯酒，
从此不见返故乡！

几度春秋风与火，
东来西往的驼队穿过大漠莽莽。
曾经几载云和月，
边城要塞通向了海纳百川的大唐。

我的大漠，我的敦煌啊！
你已不是金戈铁马厮杀遍野的战场，
你是丝绸之路，你名声远扬！

2. 文

儿子来电话了

青霉素

老太太站在屋门口向院里喊：“老头子，儿子来电话了！”

老头耳朵一支棱，磕磕烟袋锅就往屋里跑。

“爸，过几天我要回家。”“好！”老头应着。

“爸，小丽一起回。”“好，好！”老头忙应着。

“爸，我们想回去结婚。”“好好好！”老头连连应着。

站在一旁的老太太不解地问：“老头子，你怎么结巴了？”老头子一推老太太说：“你一边去。”

“爸，你说什么？”“我说你妈呢，你接着说！”老头忙说。

“小丽说要住新房。”“早给你盖好了，在村里数一数二的宽敞。”老头说着紧紧地握了一下老太太的手又说：“老子办事你放心！”

“小丽说不要农村的房子，要在城里买。”“嗯？”老头皱皱眉。

“小丽说不买城里的房子就不结婚。”“嗯，大声点，老子听不清！”老头说着就放下电话。老太太关切地问：“老头子，你耳聋的毛病又犯了？”

老太太站在屋门口向院里大声喊：“老头子，儿子又来电话了！”老头蹲在院里吸烟没抬头。老太太颠颠地跑过来，“你真聋了？儿子又来电话了！”

“爸，这月的房贷又还不上了！”“噢。”老头应着。

“爸，小丽又要和我离婚！”“噢，噢。”老头漫不经心地应着。

“爸，救救你儿子吧！”“唉！”老头叹口气放下电话。

老头转身问老太太：“家里还有什么能卖钱的？”

老太太四下看看说：“就剩下我这把老骨头了，把我卖了吧，还能熬二两油呢！”

老头伸手拂拂老太太的白发说：“卖也没人要啊！要不，买一赠一，把我这老骨头白送！”

两个老人说着，说着就笑起来，笑着，笑着，眼泪就下来了。

思考与练习

1. 熟记 b、p、m、f 的发音部位与发音方法。
2. b 与 p 的发音区别在哪里？
3. b、p、m、f 不能和哪个韵母相拼？
4. 请把小幽默和课文中声母为b、p、m、f的字词写下来，并体会它们的发音。
5. 练习下列绕口令：

八百标兵

八百标兵奔北坡，
炮兵并排北边跑。
炮兵怕把标兵碰，
标兵怕碰炮兵炮。

b.p

一平盆面

一平盆面，
烙一平盆饼；
饼碰盆，盆碰饼。

b.p

上刺儿山

上刺儿山，
砍刺儿树，
刺儿树扯破我皮裤。
皮裤破，
补皮裤，
皮裤不破不补裤。

b.p

炮兵和步兵

炮兵攻打八面坡，
炮兵排排炮弹齐发射。
步兵逼近八面坡，
歼敌八千八百八十多。

b.p.m

买饽饽

白伯伯，彭伯伯，
饽饽铺里买饽饽。
白伯伯买的饽饽大，
彭伯伯买的大饽饽，
拿到家里喂婆婆。
婆婆又去比饽饽，
不知白伯伯买的饽饽大，
还是彭伯伯买的大饽饽？

b.p.m

两只猫

白猫黑鼻子，黑猫白鼻子。
黑猫的白鼻子，
碰破了白猫的黑鼻子。
白猫的黑鼻子碰破了，
剥个秕谷壳儿补鼻子；
黑猫的白鼻子没破，
就不剥秕谷壳儿补鼻子。

b.p.m

爸爸抱宝宝

爸爸抱宝宝，
跑到布铺买布做长袍。
宝宝穿了长袍不会跑，
跑了八步就拉破了布长袍。
布长袍破了还要用布补，
再跑到布铺买布补长袍。

b.p.m

白庙和白猫

白庙外蹲一只白猫，
白庙里有一顶白帽。
白庙外的白猫看见了白帽，
叼着白庙里的白帽跑出了白庙。

b.m

八斤鸡和八斤狗

我家有只肥净白净八斤鸡，

飞到张家后院里；
张家后院有条肥净白净八斤狗，
咬了我家的肥净白净八斤鸡。
我要张家卖了他家的肥净白净八斤狗，
来赔我家的肥净白净八斤鸡；
张家不卖他家的肥净白净八斤狗，
不赔我家的肥净白净八斤鸡。

b.p.m.f

一座棚

一座棚傍峭壁旁，
峰边喷泻瀑布长，
不怕暴雨瓢泼冰雹落，
不怕寒风扑面雪抛扬，
并排分班翻山攀坡把宝找，
聚宝盆里松柏飘香百宝藏，
背宝奔跑报矿炮劈山，
篇篇捷报飞伴金凤凰。

b.p.f

长扁担和短扁担

长扁担，短扁担，
长扁担比短扁担长半扁担；
短扁担比长扁担短半扁担。
长扁担捆在短板凳上，
短扁担捆在长板凳上。
长板凳不能捆比短扁担长半扁担的长扁担，
短板凳也不能捆比长扁担短半扁担的短扁担。

b.d

第四节　d、t、n、l的发音及辨正

一、d、t、n、l的发音

d、t、n、l均为舌尖中阻音，但发音方法略有不同。

d（得）

嘴微张，舌尖抵在上齿龈处。持阻时，将气息蓄积在舌与硬腭之间。除阻时，舌尖用力从上齿龈处弹开，发出不送气清塞音 d。

例字：

搭　达　打　大　多　夺　朵　垛　低　笛　底　弟　嘟　毒　睹　度

呆 逮 戴 堆 对 刀 捣 到 刁
吊 兜 抖 豆 丹 胆 旦 颠 典
店 端 短 缎 当 党 荡 灯 等
瞪 丁 顶 定 东 懂 冻

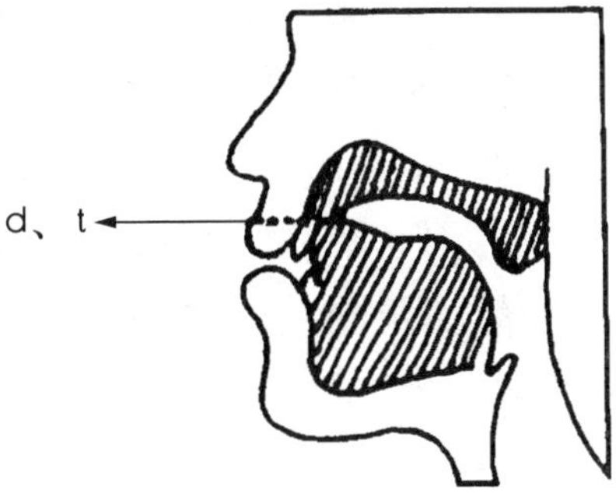

示意图

例词：

搭档 达旦 带电 带动 担待 单独
单调 胆大 弹道 当道 荡涤 导弹
得当 捣蛋 等待 低档 嘀嗒 敌对
抵达 抵挡 弟弟 颠倒 典当 奠定 吊灯 掉队 跌宕 叮当 顶端
订单 丢掉 东道 动荡 抖动 蹲点 咄咄 调动 当代 断定 当地
地点 担当

t（特）

嘴微张，舌尖抵在上齿龈处。持阻时，气息蓄积在舌与硬腭之间。除阻时，舌尖用力从上齿龈处弹开，有一股较为明显的气流随之而出，发出送气清塞音 t。

例字：

他 塔 踏 拖 驼 妥 拓 贴 铁 帖 踢 题 体 剃 秃 徒
土 兔 胎 抬 太 推 颓 腿 退 滔 逃 讨 套 挑 条 挑
跳 偷 头 透 滩 谭 坦 炭 天 甜 舔 添 湍 团 吞 屯
汤 糖 淌 烫 听 亭 挺 通 铜 统 痛

例词：

抬头 坍塌 贪图 滩头 谈吐 弹跳 坦途 探讨 探听 汤团 烫头
滔天 逃脱 淘汰 特体 疼痛 体坛 体态 体贴 体统 天堂 天庭
挑剔 调停 跳台 铁蹄 听筒 头套 投胎 秃头 图腾 涂炭 团体
推托 退庭 吞吐 屯田 拖沓 脱胎 妥帖 通天

n（讷）

嘴微张，舌尖抬起贴在上齿龈处。除阻时，舌尖从上齿龈处弹开，声带颤动，气流和声音随着舌的动作向上从鼻腔而出，发出鼻音 n。

例字：

拿 哪 纳 挪 糯 捏 孽 虐 泥
你 腻 奴 努 恕 女 乃 耐 馁
内 挠 恼 闹 鸟 尿 妞 牛 扭
囝 难 蔫 年 碾 念 暖 嫩 您
娘 酿 能 宁 拧 佞 农 弄 奶
昵 喃 蝻

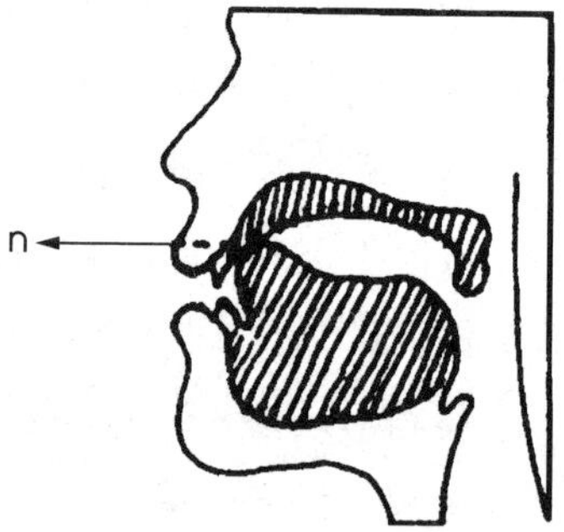

示意图

例词：

奶奶 奶娘 奶牛 男女 难能 喃喃
能耐 泥淖 泥泞 泥牛 袅袅 袅娜
捏弄 妞妞 牛腩 农奴 忸怩 恼怒
牛奶 念念 女奴

l（勒）

嘴微张，舌尖抬起抵在上齿龈中部。除阻时，舌尖从上向前下方落下，声带颤动，气息和声音从舌的两边通过，发出边音 l。

例字：

拉 旯 喇 辣 罗 裸 洛 勒 乐 咧
烈 略 梨 礼 利 卢 鲁 路 驴 旅
绿 来 赖 雷 儡 累 捞 牢 老 涝
撩 聊 了 料 搂 楼 篓 漏 溜 流
柳 拦 懒 烂 联 脸 炼 鸾 卵 乱
林 吝 郎 朗 浪 良 两 辆 棱 冷
愣 零 领 令

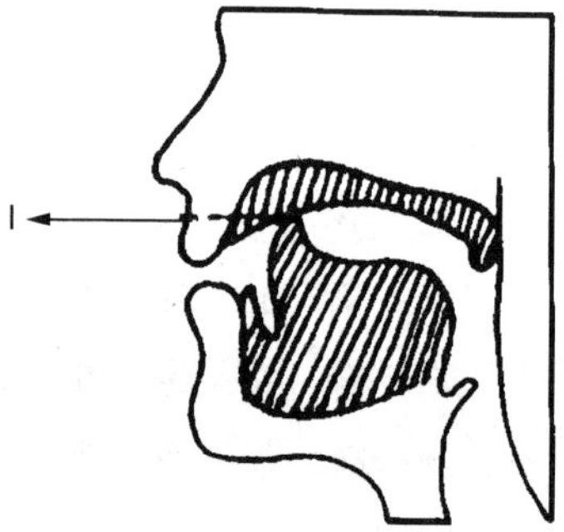

示意图

例词：

拉拢 拉链 来临 来历 拦路 褴褛 琅琅 牢笼 老练 老龄 笼络
磊落 冷落 离乱 辘轳 理疗 理论 力量 历来 立论 连累 连理
联络 量力 寥寥 嘹亮 料理 林立 淋漓 淋淋 琳琅 凛冽 伶俐
玲珑 凌乱 零落 领略 令郎 留恋 流浪 流离 流利 流露 琉璃
露脸 伦理 沦落 罗列 勒令 邻里 轮流 柳林 蜡疗 履历 劳累
陆路 烂梨 绿浪 蓝领 裸露 利率 老楼 论理

二、语音辨正

1.n—l 的辨正

有些方言中 n 和 l 不分，尤其是四川等地的南方人最为明显。他们常把“女人”说成“吕人”，把“您”说成“林”。凤凰卫视中文台一位多年旅居海外的嘉宾主持人在一次节目中说：“我是荷兰（河南）人。”并解释说：“我是三点水的辣（那）个荷兰（河南）人。”让人笑声不止。

n 和 l 的主要差别在于：n 是鼻音，l 是边音，发音方法有所不同。“n”是舌尖贴在上齿龈处，接触面比 l 略大，声带颤动，声音从鼻腔通过，发出的是鼻音。而“l”是舌尖抬起，抵在上齿龈中部，接触面比 n 小且位置比 n 稍后。发音时，舌尖有一个从上往下落的过程，气息从舌的两侧通过，声带颤动，发出的是边音。

例字：

拿（ná）—拉（lá）
挪（nuó）—箩（luó）
捏（niē）—咧（liē）
虐（nüè）—略（lüè）
你（nǐ）—李（lǐ）
奴（nú）—卢（lú）
怒（nù）—路（lù）
耐（nài）—赖（lài）
内（nèi）—类（lèi）
脑（nǎo）—老（lǎo）
妞（niū）—溜（liū）
难（nán）—兰（lán）
碾（niǎn）—脸（liǎn）
暖（nuǎn）—卵（luǎn）
娘（niáng）—粮（liáng）
能（néng）—棱（léng）
拧（nǐng）—领（lǐng）

那（nà）—辣（là）
糯（nuò）—落（luò）
孽（niè）—列（liè）
泥（ní）—梨（lí）
腻（nì）—利（lì）
努（nǔ）—鲁（lǔ）
女（nǚ）—吕（lǚ）
馁（něi）—儡（lěi）
挠（náo）—劳（láo）
闹（nào）—涝（lào）
牛（niú）—刘（liú）
年（nián）—连（lián）
念（niàn）—练（liàn）
您（nín）—林（lín）
酿（niàng）—晾（liàng）
宁（níng）—零（líng）
泞（nìng）—令（lìng）

农（nóng）—龙（lóng）	鸟（niǎo）—了（liǎo）

例词：

拿开（ná kāi）—拉开（lá kāi）	那么（nà me）—辣么（là me）
难挡（nán dǎng）—拦挡（lán dǎng）	男方（nán fāng）—蓝方（lán fāng）
逆境（nì jìng）—立镜（lì jìng）	蝻虫（nǎn chóng）—懒虫（lǎn chóng）
男女（nán nǚ）—褴褛（lán lǚ）	难包（nán bāo）—蓝包（lán bāo）
囊肿（náng zhǒng）—狼种（láng zhǒng）	孬种（nāo zhǒng）—捞种（lāo zhǒng）
泥巴（ní ba）—篱笆（lí ba）	恼怒（nǎo nù）—老路（lǎo lù）
脑筋（nǎo jīn）—老筋（lǎo jīn）	闹灾（nào zāi）—涝灾（lào zāi）
内部（nèi bù）—肋部（lèi bù）	内外（nèi wài）—类外（lèi wài）
内心（nèi xīn）—累心（lèi xīn）	泥土（ní tǔ）—离土（lí tǔ）
拟议（nǐ yì）—理义（lǐ yì）	念旧（niàn jiù）—恋旧（liàn jiù）
娘家（niáng jiā）—梁家（liáng jiā）	黏着（nián zhe）—连着（lián zhe）
年代（nián dài）—连带（lián dài）	年夜（nián yè）—连夜（lián yè）
年息（nián xī）—怜惜（lián xī）	浓浓（nóng nóng）—隆隆（lóng lóng）
南宁（nán níng）—兰陵（lán líng）	牛年（niú nián）—流连（liú lián）
油泥（yóu ní）—游离（yóu lí）	年年（nián nián）—连连（lián lián）
年内（nián nèi）—连累（lián lèi）	袅袅（niǎo niǎo）—了了（liǎo liǎo）
娘舅（niáng jiù）—良久（liáng jiǔ）	女郎（nǚ láng）—吕郎（lǚ láng）
难求（nán qiú）—篮球（lán qiú）	鸟市（niǎo shì）—了事（liǎo shì）
暖房（nuǎn fáng）—卵房（luǎn fáng）	挠动（náo dòng）—劳动（láo dòng）
蹑手（niè shǒu）—猎手（liè shǒu）	牛气（niú qì）—流气（liú qì）
那月（nà yuè）—腊月（là yuè）	脑病（nǎo bìng）—老病（lǎo bìng）
内膜（nèi mó）—肋膜（lèi mó）	浓重（nóng zhòng）—隆重（lóng zhòng）
腻子（nì zi）—栗子（lì zi）	扭腰（niǔ yāo）—柳腰（liǔ yāo）
脓肿（nóng zhǒng）—龙种（lóng zhǒng）	努力（nǔ lì）—鲁丽（lǔ lì）
农工（nóng gōng）—龙宫（lóng gōng）	怒放（nù fàng）—录放（lù fàng）
女客（nǚ kè）—旅客（lǚ kè）	怒容（nù róng）—鹿茸（lù róng）
楠木（nán mù）—栏目（lán mù）	鸟雀（niǎo què）—了却（liǎo què）

女伴（nǚ bàn）—旅伴（lǚ bàn）

2.d—t 的辨正

d 与 t 的根本区别在于 d 是不送气音，t 是送气音。外国人学汉语往往在此感到困难。例如他们往往把“对了”说成“退了”。把不送气音发成了送气音。

例字：

搭（dā）—他（tā）
打（dǎ）—塔（tǎ）
大（dà）—踏（tà）
多（duō）—拖（tuō）
夺（duó）—驼（tuó）
朵（duǒ）—妥（tuǒ）
惰（duò）—拓（tuò）
爹（diē）—贴（tiē）
低（dī）—梯（tī）
敌（dí）—题（tí）
底（dǐ）—体（tǐ）
地（dì）—替（tì）
督（dū）—突（tū）
独（dú）—徒（tú）
堵（dǔ）—吐（tǔ）
度（dù）—兔（tù）
呆（dāi）—胎（tāi）
带（dài）—太（tài）
兑（duì）—退（tuì）
刀（dāo）—涛（tāo）
到（dào）—套（tào）
吊（diào）—跳（tiào）
逗（dòu）—透（tòu）
单（dān）—摊（tān）
颠（diān）—天（tiān）
吨（dūn）—吞（tūn）
当（dāng）—汤（tāng）
钉（dīng）—厅（tīng）
东（dōng）—通（tōng）
冻（dòng）—痛（tòng）

例词：

大步（dà bù）—踏步（tà bù）
打架（dǎ jià）—塔架（tǎ jià）
怠慢（dài màn）—太慢（tài màn）
单独（dān dú）—贪图（tān tú）
掸子（dǎn zi）—毯子（tǎn zi）
淡化（dàn huà）—炭化（tàn huà）
氮气（dàn qì）—叹气（tàn qì）
稻子（dào zi）—套子（tào zi）
低橱（dī chú）—剔除（tī chú）
笛声（dí shēng）—啼声（tí shēng）
敌视（dí shì）—提示（tí shì）
抵制（dǐ zhì）—体制（tǐ zhì）
地下（dì xià）—替下（tì xià）
颠覆（diān fù）—天赋（tiān fù）
刁夫（diāo fū）—挑夫（tiāo fū）
叼食（diāo shí）—挑食（tiāo shí）

掉下（diào xià）—跳下（tiào xià）
跌进（diē jìn）—贴近（tiē jìn）
鼎力（dǐng lì）—挺立（tǐng lì）
兜走（dōu zǒu）—偷走（tōu zǒu）
对话（duì huà）—蜕化（tuì huà）
调离（diào lí）—跳离（tiào lí）
小丁（xiǎo dīng）—小厅（xiǎo tīng）
东风（dōng fēng）—通风（tōng fēng）
读书（dú shū）—图书（tú shū）
嘟噜（dū lu）—秃噜（tū lu）

小幽默

跌出妙语

李定国

一次，里根总统在白宫钢琴演奏会上讲话时，夫人南希不小心，连人带椅跌落在台下地毯上，观众发出惊叫。但是南希却灵活地爬起来，在200多名宾客的热烈掌声中回到自己的座位上。正在讲话的里根看到夫人并没有受伤，便插入一句俏皮话："亲爱的，我告诉过你，只有在我没有获得掌声的时候，你才应该这样表演。"

课文

1. 诗

美（节选）

纪　宇

今夜，微风轻吹，月光如水，
无边的苍穹是那样深邃；

窗外，海潮阵阵，波涌浪推，
浩瀚的大海已经酣睡。
年轻的朋友，你在做什么？
是灯前学习，还是月下聚会？
如果你不忙，就请来吧，
让咱们倾心交谈，评丑论美。
……当我们看到大海奔流，高山巍巍，
怎能不感到天地广阔，祖国娇美？
当我们听到琴声悠扬，山歌答对，
怎能不觉得心旷神怡，情溢心肺？
当我们看到红日东升，云蒸霞蔚，
怎能不斗志猛增，乘风欲飞？
呵！宇宙万物的形体、声音和色彩，
都引起我关于美的思维……

美啊，真的美用什么做基础？
美啊，美与丑以什么来分水？
我没有从美学教科书上寻求定义，
却记住了生活给我的启示和教诲：
世有百花，我敬重傲雪红梅，
清香固应赞扬，品行尤为可贵；
众芳争艳，我喜爱莲花出水，
出污泥而不染，花鲜藕肥。
营营的苍蝇和嗡嗡的蜜蜂，
形体相似，但绝非一类；
吐丝的春蚕和捕虫的蜘蛛，
贡献不同，却同受赞美。
醉生梦死——可憎可鄙，
剥削者从中寻到空虚的快慰；
艰难创业——又忙又累，

无产者却把它看作最美的行为。
啊，劳动创造了美，发展着美，
美的形式包含着美的精髓。

雪压青松啊，使我发现刚强的美，
好战士迎风挺立，身姿魁伟；
巨轮飞驰啊，使我想起前进的美，
好舵手指点航道，胸有经纬。
繁花满枝啊，使我感到青春的美，
好年华千金难买，一去不复归；
鸳鸯成对啊，使我看见爱情的美，
好夫妻各在天涯也似形影相随……
没有茁壮的须根，花朵再美也要枯萎，
没有正确的内容，形式再美也是累赘。
荒山野岭水落坡固然不美，
改天换地却使它成为农业的丰碑；
荒原盐碱蓬蒿草固然不美，
石油会战却把它变作黑色的金柜。
亲不够的山啊，爱不够的水，
祖国的每颗沙粒都是那样珍贵！
而今啊，我向世界大声宣告：
党缔造了美的中国，人民保卫了中国的美！

我赞美，天安门前十月的礼花，
五彩缤纷，胜过一万只孔雀的屏尾。
那是理想的结晶，希望的花卉啊，
不是在土壤，而是在人心上栽培……
我赞美，纪念碑下雪松的苍翠，
朝朝夕夕，把先烈的英魂守卫；
那是丹心的寄托，思念的聚会啊，

时时刻刻，把老一代革命家伴陪。
朋友啊，前辈昨天的流血和牺牲，
不就是为今日的歌声又甜又脆？
同志啊，我们现在的劳动和战斗，
不就是为明天的生活更新更美？
美是创造，美是进步，美是革命啊，
美是民主的新生，美是专制的崩溃！
美啊，美是在废墟上建起的大厦，
美啊，美是在弹坑里开出的玫瑰！
美啊，美是锻打地球的铁砧上溅出的火花，
美啊，美是改造世界的风暴中育出的稻穗，
美啊，关于美的诗应该写得很美，
但第一支美歌，我只能写出肤浅的体会……

2. 文

胡适的白话电报

周简段

胡适在“五四”时期，提倡白话文，说“文言是半死文学”，“可读而听不懂”，一生以白话文的布道者自居，始终关注白话文的发展和命运，还特意编著了一部《白话文学史》。

记得1934年秋天，胡适在北大讲课时又对白话文的优点大加颂扬。这时，有些醉心文言文的同学，听不入耳，心中厌烦，不免萌生了抵触情绪。正当胡适讲得得意之时，一位姓魏的同学，突然站起来，声色俱厉地提出抗议道：“胡先生，难道说白话文就没有丝毫的缺点吗？”胡适冲着他微笑着说：“没有的。”那位同学更加激愤地反驳道：“肯定是有的！白话文语言不精练，打电报用字多，花钱多。”胡适扶扶眼镜透露出沉思的目光，然后柔声细气地解释道：“不一定吧！前几天行政院有位朋友给我打来电报，邀我去做行政院秘书，我不愿从政，决定不去，为这件事我复电拒绝。复电是用白话文写的，看来也很省字。请同学们根据我这一意愿，用文言文编写一则复电，看看究竟是白话文省字，还是文言文省字？”胡教授说完这段话后，只听得课堂内“嚓、嚓”的取纸声，顿时整个教室呈现出紧张沉寂的气氛，每个同学都在开动脑筋，认真地编写电文。

15分钟过后，胡适让同学们自动举手，报告用字数目，然后从中挑选一份用字最少的文言电稿，电文是这样写的：

“才疏学浅，恐难胜任，不能从命。”

胡适说，这份写得确实简练，仅用了12个字。但我的白话电报却只用了5个字：

“干不了，谢谢。”

胡适又解释说：“干不了”就含有才疏学浅、恐难胜任之意，“谢谢”既对友人费心介绍表示感谢，又暗示拒绝之意。由此看来，语言的精练与否，不在白话与文言的差别。客观事物是曲折复杂的，必须反复研究，才能恰当地反映。所谓研究，就是细心琢磨问题的中心所在，恰如其分地选用字词，白话文较文言文是更可省字的。

经胡先生这一精辟阐述和热情的鼓励，那些对白话文不感兴趣的同学，连笔者在内都受到了启迪和教育。

思考与练习

1. 说出 d、t、n、l 的发音部位与发音方法。
2. 体会并比较 n 与 l 发音的不同。
3. 请从小幽默和课文中找出以 d、t、n、l 为声母的字词，并体会它们的发音。
4. 熟读下列词汇：

答题	褡裢	达到	打扮	打雷	打愣	打猎	打量
打铁	打听	打挺儿	打通	大理	大牢	大梁	大料
大龄	大拿	大脑	大娘	歹徒	代劳	代理	代替
带路	单列	胆略	胆量	当年	党团	当头	叨唠

捣乱	倒塌	倒腾	倒好儿	倒立	悼念	道路	登台
等同	低劣	低廉	敌特	涤纶	抵赖	地垄	地图
电疗	电钮	佃农	惦念	殿堂	凋零	调令	顶牛儿
顶替	鼎立	定律	丢脸	动乱	动怒	动弹	洞天
斗笠	抖擞	豆绿	逗留	嘟噜	嘟哝	毒辣	独揽
渡轮	端倪	端量	短路	段落	断粮	断奶	锻炼
队礼	对垒	对联	对流	对头	堕落	塔林	抬头
坍塌	贪婪	贪图	滩头	谈吐	坦荡	袒露	汤团
糖弹	螳螂	韬略	逃难	逃匿	逃脱	桃李	讨论
套路	特定	腾达	腾挪	藤萝	剔透	提炼	体贴
体统	体坛	体态	剃度	涕泪	涕零	天敌	天籁
天伦	添堵	添乱	田垄	田螺	恬淡	条例	挑逗
挑弄	跳梁	铁路	停顿	通牒	通令	通栏	同僚
同类	童年	统领	偷盗	偷懒	头颅	头脑	投递
透露	凸轮	秃噜	透亮儿	荼毒	徒劳	涂料	屠刀
推断	拖累	脱落	脱离	陀螺	驼铃	妥当	拿糖
纳凉	奶酪	耐劳	难当	难题	难听	脑袋	闹腾
内弟	内胎	嫩绿	泥潭	拟定	逆流	年轮	黏度
念叨	凝练	牛犊	牛顿	牛郎	扭搭	纽带	浓淡
浓烈	奴隶	女伶	暖流	虐待	拉倒	蜡台	来历
来临	来年	拦挡	蓝图	懒惰	烂泥	滥调	朗读
浪荡	劳动	劳顿	劳碌	牢笼	老旦	老道	老辣
老练	老脸	雷动	雷霆	雷同	老蔫儿	老衲	烙铁
类推	冷冻	冷暖	冷碟儿	冷淡	离题	罹难	礼单
理短	力图	历代	立冬	利导	利尿	例题	连通
脸膛儿	练达	凉台	粮农	两难	亮堂	聊天儿	料定
料理	撂地	列队	劣等	烈女	林涛	临帖	伶仃
伶俐	灵通	铃铛	零担	领导	领土	溜达	留待
零头儿	流毒	流年	流淌	柳条	龙套	笼屉	楼梯

漏洞　炉膛　路段　路途　露天　旅店　旅途　律条
绿灯　乱套　乱腾　掠夺　轮渡　轮胎　论调　论坛
裸体　落地　落难　骆驼

5. 读下面绕口令，舌的动作要灵活有力。

打特盗

调到敌岛打特盗，
特盗太刁投短刀，
挡推顶打短刀掉，
踏盗得刀盗打倒。

d.t

谭老汉买蛋和炭

谭家谭老汉，
挑担到蛋摊，
买了半担蛋，
挑蛋到炭摊，
买了半担炭，
满担是蛋炭。
老汉忙回赶，
回家炒蛋饭，
进门跨门槛，
脚下绊一绊，
跌了谭老汉，
破了半担蛋，
翻了半担炭，
脏了木门槛。
老汉看一看，
急得满头汗，
连说怎么办，
蛋炭完了蛋，
老汉怎吃蛋炒饭。

d.t

颠倒歌

太阳从西往东落，
听我唱个颠倒歌。
天上打雷没有响，
地下石头滚上坡；
江里骆驼会下蛋，
山上鲤鱼搭成窝；
腊月苦热直流汗，
六月爆冷打哆嗦；
姐在房中头梳手，
门外口袋把驴驮。

d.t.l

短刀

断头台吊短刀，
歹徒登台偷短刀，
断头台塌盗跌倒，
对对短刀叮当掉。

d.t

牛郎恋刘娘

牛郎年年恋刘娘，
刘娘连连念牛郎；
牛郎恋刘娘，
刘娘念牛郎，
郎恋娘来娘念郎。

n—l

老农闹老龙

老龙恼怒闹老农，
老农怒恼闹老龙，
农怒龙恼农更怒，
龙恼农怒龙怕农。

n—l

牛和柳

河边有棵柳，
柳下一头牛。
牛要去顶柳，
柳条缠住了牛的头。

n—l

满、懒、难

学习就怕满、懒、难，
心里有了满、懒、难，
不看不钻，就不前。
心里丢掉满、懒、难，
永不自满边学边干，
蚂蚁也能搬泰山。

n—l

伊犁马

大门外有四匹伊犁马，
你爱拉哪俩拉哪俩。
门外有四辆四轮大马车，
你爱拉哪两辆，
你就拉哪两辆。

n—l

第五节　g、k、h的发音及辨正

一、g、k、h的发音

g、k、h是舌根音，位置比较靠后，因此容易产生喉音过重和声音不够明亮的缺陷。为了使声音清晰悦耳，根据宽音窄发，窄音宽发，前音后发，后音前发的基本原则，舌根音g、k、h的发音位置应当向前移，移至舌面后部为宜，即比 j、q、x 稍后的位置上，而不能真的在舌根位置上。

g（哥）

嘴微张，舌面后部隆起抵在硬腭的后部，形成阻碍。除阻时，舌面后部用力弹开，发出不送气清塞音 g。

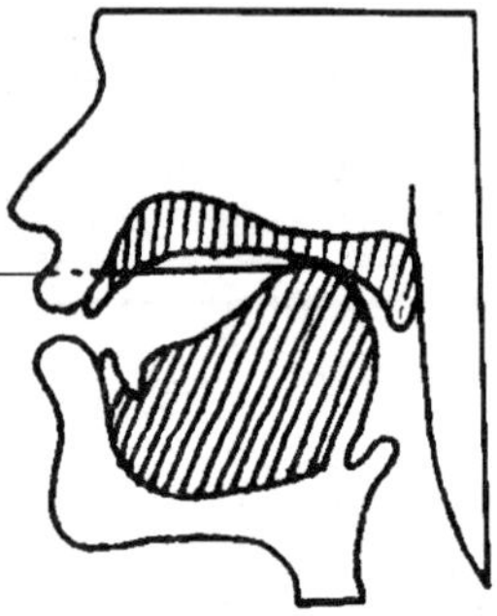

示意图

例字：

郭 国 果 过 歌 革 葛 个 估
骨 鼓 故 该 改 盖 乖 拐 怪
给 规 鬼 桂 糕 稿 告 勾 狗
购 甘 敢 干 关 管 贯 根 哏
艮 亘 滚 棍 钢 岗 杠 光 广
逛 庚 梗 更 工 汞 供

例词：

改革 改观 改过 盖棺 干戈 干股 感官 感光 刚刚 钢管 杠杆
杠杠 高歌 高阁 高贵 搞鬼 歌功 各个 更改 耿耿 梗概 公干
公告 公共 公关 公馆 供稿 巩固 共管 勾股 姑姑 孤寡 古怪
古国 股骨 骨干 骨骼 故宫 故国 瓜葛 瓜果 挂钩 观感 观光
灌溉 光顾 广告 归根 归功 规格 闺阁 鬼怪 贵干 贵庚 桂冠
国歌 国格 果敢 过关 尴尬

k（科）

嘴微张，舌面后部抬起抵在硬腭后部形成阻碍。除阻时，舌面后部用力弹开，有一股较强气流随之冲破阻碍，发出送气清塞音 k。

例字：

夸 垮 跨 科 咳 渴 客 枯 苦 酷 开 凯 忾 亏 葵 傀
愧 拷 靠 抠 口 叩 刊 砍 看 宽 款 昆 捆 困 糠 扛
炕 筐 狂 况 空 孔 控

例词：

开课 开垦 开矿 开阔 开口 坎坷 侃侃 看开 看客 慷慨 苛刻
可靠 可口 克扣 刻苦 空口 空旷 苦口 夸口 宽阔 旷课 矿坑
框框 亏空 困苦

h（喝）

嘴微张，舌面后部隆起与硬腭后部靠近形成缝隙。除阻时，舌基本不动，气流从缝隙间摩擦通过，发出清擦音 h。

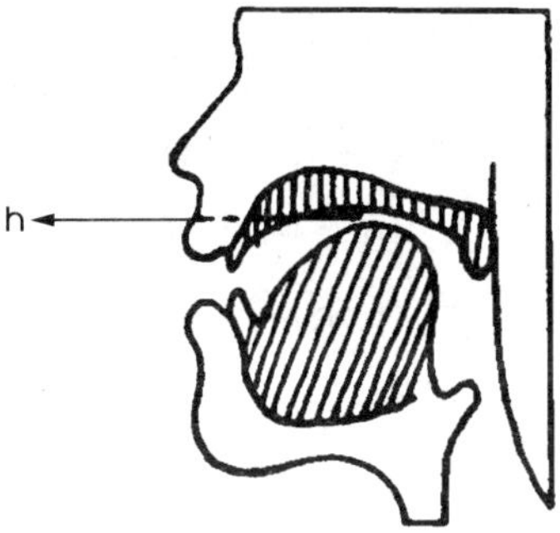

示意图

例字：

嗨　孩　海　亥　酣　邯　罕　旱　蒿
豪　郝　昊　喝　禾　贺　痕　狠　恨
哼　恒　轰　弘　哄　讧　喉　吼　逅
忽　弧　浒　沪　花　滑　桦　欢　环
缓　宦　荒　皇　谎　晃　挥　蛔　悔
诲　荤　浑　诨　豁　活　伙　货

例词：

海涵　海货　海魂　憨厚　含恨　含糊　含混　行话　行会　航海
豪华　好汉　浩瀚　呵护　合乎　合欢　合伙　和好　和缓　河口
荷花　贺函　黑户　黑话　哼哈　恒河　横祸　红火　鸿鹄　后话
后患　后悔　后会　呼喊　呼号　呼唤　胡话　糊口　互惠　护航
花卉　花环　花会　花好　化合　画虎　怀恨　淮海　坏话　欢呼
缓和　幻化　宦海　皇后　黄花　黄昏　惶惑　恍惚　谎话　挥毫
挥霍　恢弘　辉煌　徽号　回环　回话　回合　悔恨　毁害　毁坏
汇合　会徽　绘画　昏黑　昏花　昏黄　浑厚　诨号　混合　火海
火候　火红　火花　祸害

二、语音辨正

f—h 的辨正

有些方言地区的人常把舌根音 h 发成唇齿音 f，造成 f 和 h 不分。例如一位领导在视察工作时说："我们一定要倾听群众的夫声（呼声）。"就属于 f 和 h 不分。其原因是发 h 时，位置过于偏前，口腔开度小，造成上齿与下唇相接触，发出近似于 f 的音。因此发 h 时，舌面后部一定要抬起与硬腭后部相靠近，使上齿也随之抬起，避免上齿与下唇接触发出 f 的音。

例字：

哈（hā）—发（fā）
蛤（há）—乏（fá）
呼（hū）—夫（fū）
壶（hú）—福（fú）
虎（hǔ）—府（fǔ）
户（hù）—富（fù）
黑（hēi）—非（fēi）
吼（hǒu）—否（fǒu）
酣（hān）—翻（fān）
寒（hán）—凡（fán）
喊（hǎn）—反（fǎn）
汉（hàn）—饭（fàn）
痕（hén）—焚（fén）
狠（hěn）—粉（fěn）
恨（hèn）—奋（fèn）
夯（hāng）—方（fāng）
航（háng）—房（fáng）
亨（hēng）—风（fēng）
横（héng）—逢（féng）
还（huán ）—凡（fán）

例词：

开花（kāi huā）—开发（kāi fā）
工会（gōng huì）—公费（gōng fèi）
荒地（huāng dì）—方地（fāng dì）
花生（huā shēng）—发生（fā shēng）
湖水（hú shuǐ）—浮水（fú shuǐ）
呼机（hū jī）—孵鸡（fū jī）
虎门（hǔ mén）—府门（fǔ mén）
护士（hù shi）—富士（fù shì）
黑夜（hēi yè）—扉页（fēi yè）
吼声（hǒu shēng）—缶声（fǒu shēng）
酣然（hān rán）—翻然（fān rán）
寒室（hán shì）—凡是（fán shì）
汉人（hàn rén）—犯人（fàn rén）
狠毒（hěn dú）—粉毒（fěn dú）
夯实（hāng shí）—方石（fāng shí）
导航（dǎo háng）—倒房（dǎo fáng）
大亨（dà hēng）—大风（dà fēng）
华丽（huá lì）—乏力（fá lì）
画廊（huà láng）—发廊（fà láng）
欢腾（huān téng）—翻腾（fān téng）
环视（huán shì）—凡事（fán shì）
缓冲（huǎn chōng）—反冲（fǎn chōng）
汉代（hàn dài）—饭袋（fàn dài）
荒凉（huāng liáng）—方梁（fāng liáng）
皇帝（huáng dì）—房地（fáng dì）
晃荡（huàng•dang）—放荡（fàng dàng）
挥舞（huī wǔ）—飞舞（fēi wǔ）
回廊（huí láng）—肥狼（féi láng）
毁谤（huǐ bàng）—诽谤（fěi bàng）
汇报（huì bào）—废报（fèi bào）
秽气（huì qì）—废气（fèi qì）
活力（huó lì）—佛力（fó lì）
互利（hù lì）—富丽（fù lì）
荒原（huāng yuán）—方圆（fāng yuán）

传呼（chuán hū）—船夫（chuán fū）
湖州（hú zhōu）—福州（fú zhōu）
婚前（hūn qián）—分钱（fēn qián）
花展（huā zhǎn）—发展（fā zhǎn）
横生（héng shēng）—逢生（féng shēng）
一户（yí hù）—姨父（yí fù）
黄蜂（huáng fēng）—防风（fáng fēng）
回家（huí jiā）—肥家（féi jiā）
飞机（fēi jī）—灰鸡（huī jī）
反动（fǎn dòng）—缓动（huǎn dòng）
纷纷（fēn fēn）—昏昏（hūn hūn）
肥料（féi liào）—回料（huí liào）
昏头（hūn tóu）—分头（fēn tóu）

小幽默

信口开河也

著名科学家、教育家竺可桢，民国年间任浙江大学校长，深受学生爱戴。一次，师生联欢会节目单上有“校长训话10分钟”一项。竺可桢感到联欢会上训话实在煞风景，遂“训话”时就解“训”曰：“训字从言从川，信口开河也。”师生大笑。

课文

1. 诗

老师，您最美

林芳兵

也许，您并非如火爆的明那般声名远扬，
但却像磁石一样
吸引着无数求知若渴的目光。

也许，您并非当红的歌手那般一鸣八方，
但却像和风细雨
让知识的清泉在稚嫩的心底叮咚欢唱。

也许，您并非如著名雕塑家
那般巧夺天工，但却把理想和信念
镌刻在每一个登攀者的心房。

也许，您并非像风流人物
那般千古流芳，但却用坚实的足迹
在生命的航程上留下了一颗颗闪光的标桩。

您看那绚丽的绽放是源自您汗水的浇灌，
您看那茂盛的葱绿是源自您辛勤的护养，
您用智慧激发了我青春的梦想，
您用双手托起了我们心灵的太阳！

有人说，教书犹如一场单恋，
你深爱的那一群人总会走向四面八方。
有人说，育人犹如一场苦恋，
你点燃的片片篝火却总是在别处闪光。

师恩就是这样伟大，细腻如丝又深厚宽广，
容得下苦痛艰辛，受得了起伏跌宕。
您比母亲还要挂肚牵肠，您比亲人还要日思夜想。
孩子们，你若不离不弃，我便点灯相依，
纵然相距遥远，也会终身守望。

亲爱的老师，
牡丹比不了您的高贵端庄
幽兰比不了您的优雅清香
相夫教子您不愧为人师表

尊老爱幼您彰显人格魅力。

虽然您鬓发增添了雪霜，
虽然您脸庞改变了模样，
但您依然青春永驻
并在我们身上加倍延长。

亲爱的老师，使您引领我们
徜徉于知识的海洋
鼓舞我们扬帆远航，
是您点亮我们智慧的灯塔
拨开了心灵的雾障。

是您播撒下希望的种子
哺育了幼苗的成长，
是您谱写生命的奇迹
创造了艺术的辉煌，
您用爱的阳光普照
筑起了一个个未来的栋梁。
有您，就会有满园春色，
有您，就会有遍野花香！

2. 文

什么是自由

什么是自由？很多人的理解就是：自由就是由着自己，无拘无束地做自己想做的事。但是这样想的人，还不懂得什么是真正的自由。

美籍华人作家林达写过一本《历史深处的忧虑》，这本书呈现了一个事实：美国既是世界上最自由的国家，同时也是世界上最不自由的国家。

有一次，他陪中国朋友游览美国大峡谷。朋友拿起可乐罐，就想扔进大峡谷："这么深的峡谷，不干点什么多可惜呀！"林达吓了一跳，赶紧制止："这是违法的。"世界上最自由的美国，其实处处充满了不自由：在大街上拿着打开的酒瓶是违法的；孩子哭闹，家长上去就一巴掌，是违法的；连在办公室讲黄段子，也是违法的；……很多中国人不理解，美国为何有如此多的约束？其实正是因为这么多约束，才造就了美国的自由。

哲学家穆勒说："约束是自由之母。个人的自由，须以不侵犯他人的自由为自由。"什么是文化？这就是文化。文化就是以约束为前提的自由。

思考与练习

1. 叙述 g、k、h 的发音部位、发音方法及应注意的问题。
2. 体会 f 与 h 发音的不同之处。
3. 请从小幽默和课文中找出以 g、k、h 为声母的字词，并体会它们的发音。
4. 熟读下列词组：

概括　改行　改换　改悔　改口　概况　干旱　干号　干货　干咳　干枯
干涸　甘苦　肝火　赶海　赶考　赶快　感化　感慨　刚好　钢花　钢盔
港口　高寒　高亢　高考　膏肓　搞活　歌喉　隔阂　隔行　更换　工科
工矿　公海　公害　公函　公开　公款　功课　攻克　恭贺　勾画　勾魂
沟壑　苟活　孤苦　蛊惑　顾客　寡欢　挂号　挂花　挂靠　怪话　关怀
关口　观看　官宦　管窥　贯口　光滑　光辉　光环　归还　归口　规划
鬼混　贵客　桂花　锅盔　国画　国徽　国魂　国货　国会　国库　过火
过户　过后　过客　海涵　海况　函告　函购　涵盖　寒光　寒苦　焊工
行规　航空　好感　好汉　好客　合格　合股　何故　何苦　何况　河沟
河谷　黑锅　横贯　红火　宏观　鸿沟　鸿鹄　后宫　后顾　后果　后患
后悔　虎口　花梗　花鼓　花冠　华贵　怀古　欢快　环顾　皇宫　皇冠
黄瓜　惶恐　挥戈　回顾　回锅　悔改　悔过　会馆　惠顾　活该　火锅
火光　火坑　火炕　货款　祸根　开关　开锅　开户　开伙　凯歌　看管
看护　看好　抗旱　抗婚　抗衡　抗洪　考古　考官　考核　烤火　科幻

可观 可贵 可恨 可好 刻画 刻骨 客观 客户 垦荒 坑害 空喊
空耗 空话 恐吓 恐慌 控告 口感 口供 口红 枯干 枯槁 枯黄
苦功 苦瓜 苦果 苦海 快活 宽广 宽宏 宽厚 狂欢 旷工 葵花

5. 练习下面绕口令，注意吐字不要拙。

哥挎瓜筐过宽沟

哥挎瓜筐过宽沟，
赶快过沟看怪狗，
光看怪狗瓜筐扣，
瓜滚筐空哥怪狗。

g.k

老爷堂上一面鼓

老爷堂上一面鼓，
鼓上一只皮老虎。
皮老虎抓破了鼓，
就拿块破布往上补。
只见过破布补破裤，
哪见过破布补破鼓。

g.k.h

古老街上胡古老

古老街上胡古老，
古老街下古老胡，
古老街上的胡古老，
找古老街下的古老胡比古老。
结果不知是胡古老的古老，
比古老胡的古老古老，
还是古老胡的古老，
比胡古老的古老古老？

g.h

破布补烂鼓

屋里一个破烂鼓，
扯点破布来补补。
也不知破布补烂鼓，
还是烂鼓补破布？
只见鼓补布，布补鼓；
布补鼓，鼓补布。
补来补去，
鼓不成鼓，
布不成布。

g

画凤凰

粉红墙上画凤凰，
凤凰画在粉红墙；
红凤凰，绿凤凰，
粉红凤凰，花凤凰。

f—h

买混纺

武汉商场卖混纺，
红混纺，

黄混纺，
粉混纺，
粉红混纺，
花粉混纺。

f—h

傅虎虎和胡福福

前村后刘沟有个傅虎虎，
后村前刘沟有个胡福福。
中伏给队里种萝卜，
傅虎虎会种白萝卜不会种红萝卜；
胡福福会种红萝卜不会种白萝卜。
傅虎虎帮胡福福种白萝卜，
胡福福帮傅虎虎种红萝卜。

f—h

理化和理发

我们要学理化，
他们要学理发。
理化不是理发，
理化理发要分清，
学会理化却不会理发，
学会理发也不懂理化。

f—h

粉红活佛龛

会糊我的粉红活佛龛，
来糊我的粉红活佛龛；
不会糊我的粉红活佛龛，
不要胡糊乱糊糊坏了我的粉红活佛龛。

f—h

黄幌子和方幌子

老方扛着个黄幌子，
老黄扛着个方幌子，
老方要拿老黄的方幌子，
老黄要拿老方的黄幌子，
老黄老方不相让，
方幌子碰破了黄幌子，
黄幌子碰破了方幌子。

f—h

第六节　j、q、x 的发音及辨正

一、j、q、x 的发音

j、q、x 为舌面音。发音时，舌面也就是舌的中间偏前位置，要抬高隆起与上腭接触。但是有些人，比如有些女孩子为了追求声音的妩媚，发音总爱偏前，明显地表现在 j、q、x 上，结果出来的声音嗲声嗲气，娇滴滴的。还有些方言区把 j、q、x 发成近似 z、c、s 的音，我们称这样的音为“尖音”。例如“机器”(jī qì) 说成 (zēi cèi)，“喜剧”(xǐ jù) 说成 (sěi zuì)。因此在发 j、q、x 时，舌面一定要抬起与硬腭相对应。

j（基）

嘴微张，舌尖抵在下齿背后，舌面前部挺起与硬腭前部接触形成阻碍。除阻时，舌面向下闪出一条窄缝，气流从窄缝中摩擦通过，发出不送气清塞擦音 j。

例字：

机 极 挤 记 佳 颊 假 驾

笺 茧 饯 姜 奖 匠 娇 侥

轿 皆 孑 姐 戒 金 锦 浸

荆 儆 径 揪 韭 舅 鞠 菊

咀 惧 涓 卷 倦 掘 钧 峻

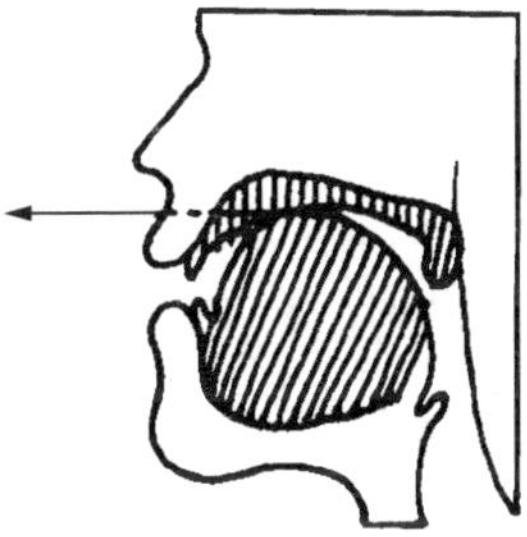

示意图

例词：

击剑 饥馑 机件 机井 机警 机具 肌腱 唧唧 积极 积聚 基价

基建 基金 犄角 激将 激进 吉剧 岌岌 即将 即景 急件 急进

急救 急剧 集结 集锦 集聚 己见 济济 计价 计件 计较 纪检

季节 季军 寄居 加紧 加劲 加剧 夹击 夹剪 夹具 佳节 佳境

家计 家教 家境 家居 家眷 嘉奖 嘉靖 岬角 假借 嫁接 奸计

歼击 坚决 间距 肩胛 艰巨 监禁 检举 剪辑 剪接 简捷 简介

见机 见教 见解 间接 建交 健将 渐进 渐渐 鉴戒 将近 将就

将军 讲价 讲解 讲究 奖金 降级 降价 犟劲 交际 交加 交接

交结 交界 交卷 胶卷 焦急 焦距 绞架 矫捷 矫健 脚尖 脚劲

脚迹 叫绝 较劲 教具 阶级 接济 接见 接近 节俭 节假 洁净

结集 结交 结晶 结局 截击 竭尽 解救 解决 借鉴 借据 金奖

金鸡 禁忌 仅仅 紧急 进见 进军 近郊 近景 晋级 晋剧 禁绝

觐见 京剧 经济 经纪 经久 荆棘 惊悸 精简 警句 警觉 警戒

竞技 境界 窘境 纠集 纠结 究竟 酒家 酒浆 酒精 旧交 旧居

救急　救济　就近　就教　舅舅　拘谨　拘禁　居家　举荐　巨匠　拒绝
聚集　聚焦　聚居　聚歼　涓涓　决计　决绝　绝迹　绝技　绝交　绝境
绝句　掘进　军机　军纪　军舰　俊杰

q（欺）

嘴微张，舌尖抵在下齿背后，舌面前部挺起与硬腭前部接触。除阻时，舌面弹开一条窄缝，有一股较强气流从窄缝中摩擦通过，发出送气清塞擦音 q。

例字：

柒　祁　乞　契　掐　洽　签　潜　遣　纤　羌　墙　襁　呛　悄　侨
栖　颀　岂　憩　敲　瞧　巧　俏　切　茄　且　惬　钦　秦　寝　沁
倾　擎　顷　罄　邛　囚　驱　瞿　曲　觑　圈　痊　犬　券　缺　瘸
鹊

例词：

七窍　七巧　漆器　齐全　奇巧　祈求　崎岖　骑墙　綦切　乞求　乞巧
企求　起讫　气枪　气球　弃权　砌墙　恰巧　恰恰　千秋　铅球　前期
前妻　欠缺　强权　抢亲　强求　悄悄　蹊跷　乔迁　切切　妻妾　窃窃
窃取　侵权　亲戚　亲切　亲情　秦腔　轻骑　轻巧　轻取　氢气　清漆
情趣　请求　秋千　求签　求亲　求情　求全　区区　驱遣　取齐　取巧
娶亲　权且　全勤　全球　全权　拳拳　蜷曲　缺欠　缺勤　确切　鹊起
鹊桥

x（希）

嘴微张，舌尖抵在下齿背后，舌面前部挺起与硬腭前部接近形成一条缝隙。发音时，气从缝隙中摩擦通过，发出舌面清擦音 x。

例字：

夕　袭　洗　隙　虾　匣　夏　仙　咸
险　陷　湘　降　饷　巷　逍　淆　晓
孝　歇　谐　写　泄　星　刑　醒　姓
汹　熊　羞　朽　绣　些　偕　屑　薪
衅　须　徐　许　旭　轩　玄　癣　眩
靴　穴　雪　谑

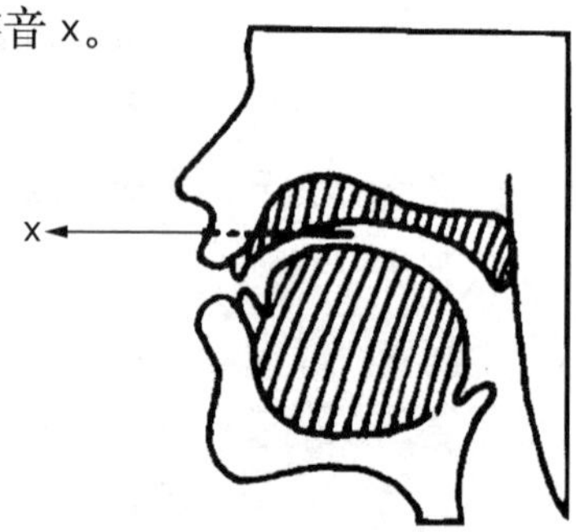

示意图

例词：

西夏　息息　嬉戏　嬉笑　习性　洗雪　喜新　喜讯　狭小　下泻　下陷
下行　下学　下旬　先贤　先行　纤细　纤小　鲜血　闲暇　闲心　嫌隙
显现　显形　险象　险些　现象　现行　线香　湘绣　详细　想象　向心
象形　枭雄　消息　消夏　萧萧　行销　小戏　小鞋　小写　小心　小型
小熊　小修　小雪　小学　孝心　肖像　校训　笑星　些许　歇息　歇夏
邪心　谐戏　谢谢　心细　心弦　心胸　心秀　心绪　心血　欣喜　欣欣
新鲜　新星　新型　新秀　新兴　新禧　薪饷　馨香　信息　信箱　信心
兴修　兴许　星系　星象　猩猩　刑讯　行星　行刑　行凶　形象　悻悻
凶险　凶相　凶信　雄心　雄性　熊熊　休息　休想　休闲　休学　修行
绣鞋　虚线　虚心　徐徐　续弦　宣泄　喧嚣　玄虚　玄学　悬心　选修
学习　学校　血洗　血腥　血型　血性　寻衅　巡幸　寻隙　循序　遐想
相信　相形

二、语音辨正

我国南方许多地区的方言中，j、q、x；z、c、s；zh、ch、sh 三组声母多是混乱的、颠倒的，这也正是南方人学说普通话深感困难的地方。

1. j、q、x—z、c、s 的辨正

j、q、x 与 z、c、s 的根本区别在于它们的发音部位不同。z、c、s 是舌尖前音，是舌尖与上齿龈形成阻碍，而 j、q、x 的发音部位要比 z、c、s 靠后为舌面音，是舌面前部与硬腭前部形成阻碍。切不可把“积极”(jī jí) 说成 (zēi zéi)，“简捷”(jiǎn jié) 说成 (ziǎn zéi)，也不要把“自己”(zì jǐ) 说成“记己”(jì jǐ)。

在发 j、q、x 时，切不要让舌尖抬起碰到上齿，而是要把舌面抬起，否则便会出现尖音。另外，在发 j、q、x 时，舌尖应抵在下齿背后，而不要抵在上下齿之间。气流要从舌面与上腭之间擦过，而不应从上下齿之间擦过，否则便会出现过重的擦音。

另外，需要特别记住的是，j、q、x 只和齐齿呼、撮口呼韵母相拼，而 z、c、s 只和开口呼、合口呼韵母相拼。也就是说，如果韵母是开口呼或合口呼的，声母绝不会是 j、q、x。如果韵母是齐齿呼或撮口呼的，声母绝不会是 z、c、s 或 zh、ch、sh，这样会有利于纠正声母的混乱。

例字：

机（jī）—资（zī） 挤（jǐ）—紫（zǐ）
举（jǔ）—祖（zǔ） 居（jū）—租（zū）
揪（jiū）—邹（zōu） 叫（jiào）—造（zào）
旧（jiù）—奏（zòu） 减（jiǎn）—攒（zǎn）
钱（qián）—残（cán） 欠（qiàn）—灿（càn）
劝（quàn）—窜（cuàn） 勤（qín）—岑（cén）
群（qún）—存（cún） 枪（qiāng）—仓（cāng）
晴（qíng）—层（céng） 庆（qìng）—蹭（cèng）
凶（xiōng）—松（sōng） 香（xiāng）—桑（sāng）
宣（xuān）—酸（suān） 先（xiān）—三（sān）
休（xiū）—搜（sōu） 小（xiǎo）—扫（sǎo）
西（xī）—丝（sī） 心（xīn）—森（sēn）

例词：

资格（zī gé）—及格（jí gé） 资本（zī běn）—基本（jī běn）
怎么（zěn me）—紧么（jǐn me） 攒钱（zǎn qián）—捡钱（jiǎn qián）
洗澡（xǐ zǎo）—洗脚（xǐ jiǎo） 鉴定（jiàn dìng）—暂定（zàn dìng）
焦土（jiāo tǔ）—糟土（zāo tǔ） 角度（jiǎo dù）—早渡（zǎo dù）
校对（jiào duì）—造对（zào duì） 词汇（cí huì）—棋会（qí huì）
藏下（cáng xià）—墙下（qiáng xià） 仓库（cāng kù）—枪库（qiāng kù）
伺候（cì•hou）—气候（qì hòu） 此处（cǐ chù）—启处（qǐ chù）
四十（sì shí）—细席（xì xí） 死角（sǐ jiǎo）—洗脚（xǐ jiǎo）
扫雪（sǎo xuě）—小雪（xiǎo xuě） 四包（sì bāo）—细胞（xì bāo）
三天（sān tiān）—先天（xiān tiān） 桑叶（sāng yè）—香叶（xiāng yè）
私下（sī xià）—西夏（xī xià） 脏话（zāng huà）—僵化（jiāng huà）
祖国（zǔ guó）—举国（jǔ guó） 字画（zì huà）—计划（jì huà）
局长（jú zhǎng）—族长（zú zhǎng） 京白（jīng bái）—增白（zēng bái）

2. j、q、x—zh、ch、sh 的辨正

j、q、x 与 zh、ch、sh 之所以会发生混淆，是因为有些方言区，例如一些南方和东北等地区的人不会发翘舌音造成的，他们常把翘舌音发成了舌面音。例如把“知道”(zhī dào) 说成了“基道”(jī dào)，“池子”(chí zi) 说成了“旗子”(qí zi)，“少数”(shǎo shù) 说成了“小序”(xiǎo xù)。

zh、ch、sh 是舌尖后阻音，为翘舌音。发音时，舌尖一定要翘起来，也就是要抬起来，而不是舌尖向后卷起来，卷起来发音会有大舌头的感觉，并且要与硬腭前端接触形成阻碍。而发 j、q、x 时，是舌面前部挺起与硬腭前部接触，舌尖应抵在下齿背后不动。

例字：

佳 (jiā)—扎 (zhā)　　姐 (jiě)—者 (zhě)
居 (jū)—朱 (zhū)　　举 (jǔ)—煮 (zhǔ)
交 (jiāo)—招 (zhāo)　　叫 (jiào)—照 (zhào)
求 (qiú)—绸 (chóu)　　牵 (qiān)—搀 (chān)
全 (quán)—船 (chuán)　　劝 (quàn)—串 (chuàn)
秦 (qín)—陈 (chén)　　群 (qún)—纯 (chún)
向 (xiàng)—上 (shàng)　　想 (xiǎng)—赏 (shǎng)
星 (xīng)—生 (shēng)　　性 (xìng)—胜 (shèng)
心 (xīn)—深 (shēn)　　席 (xí)—时 (shí)

例词：

专款 (zhuān kuǎn)—捐款 (juān kuǎn)　制度 (zhì dù)—忌妒 (jì du)
纸条 (zhǐ tiáo)—几条 (jǐ tiáo)　不直 (bù zhí)—不急 (bù jí)
竹子 (zhú zi)—橘子 (jú zi)　祝福 (zhù fú)—巨幅 (jù fú)
周到 (zhōu dào)—揪到 (jiū dào)　压榨 (yā zhà)—压价 (yā jià)
争鸣 (zhēng míng)—精明 (jīng míng)　白痴 (bái chī)—白漆 (bái qī)
初到 (chū dào)—区道 (qū dào)　超然 (chāo rán)—悄然 (qiǎo rán)
迟到 (chí dào)—齐到 (qí dào)　潮头 (cháo tóu)—桥头 (qiáo tóu)
开船 (kāi chuán)—开全 (kāi quán)　搀好 (chān hǎo)—牵好 (qiān hǎo)
酬劳 (chóu láo)—求劳 (qiú láo)　插花 (chā huā)—掐花 (qiā huā)

师范（shī fàn）—稀饭（xī fàn）
玉石（yù shí）—预习（yù xí）
事实（shì shí）—细席（xì xí）
上面（shàng miàn）—相面（xiàng miàn）
深圳（shēn zhèn）—新近（xīn jìn）
吃饭（chī fàn）—七犯（qī fàn）
向来（xiàng lái）—上来（shàng lái）
大使（dà shǐ）—大喜（dà xǐ）
大厦（dà shà）—大夏（dà xià）
生火（shēng huǒ）—星火（xīng huǒ）
俯首（fǔ shǒu）—腐朽（fǔ xiǔ）
生气（shēng qì）—腥气（xīng qì）
时间（shí jiān）—席间（xí jiān）

小幽默

巴豆不可轻用

佚　名

一个江湖郎中给人看病，药方中用了一斤巴豆。一服下去，病是根除了，病人也死了。病人的亲属告到官府，官老爷传来江湖郎中审问。

官老爷："你身为郎中，怎敢滥用毒药，草菅人命？"

郎中："小人冤枉，巴豆虽然有毒，但乃治肠水消肿胀之良药。方中多用巴豆，于医书有据。"

官老爷："医书上是怎么说的？"

郎中："医书上说'巴豆，不可轻用'。"

官老爷大怒，惊堂木一拍"啪——"，"医书叫你不要用，你为何竟用了一斤？"

郎中毫不畏惧："'不可轻用'，就是不要轻用，必须重用，所以用了一斤。"

课文

1. 诗

祝 酒 歌（节选）

郭小川

三伏天下雨呦雷对雷，
朱仙镇交战呦锤对锤，
今儿晚上呦，
咱们杯对杯。

舒心的酒千杯不醉呀，
知心的话万言不赘，
今儿晚上呦，
咱是瑞雪丰年祝酒的会。

酗酒作乐的是浪荡鬼，
醉酒哭天的是窝囊废，
饮酒赞前程的，
是咱社会主义新人这一辈。

财主醉了是因为心黑，
衙役醉了是因为受贿，
咱就是醉啦，
也是因为生活的酒太浓太美。

山中的老虎啊美在背，
树上的百灵啊美在嘴，
咱林区的工人美在魅。
斟满酒 高举杯，
一杯酒开心扉，
豪情美酒自古长相随。

祖国是一座大花园，
北方就是园中的腊梅。
小兴安岭是朵花，
森林就是花中的蕊。

花香啊沁满咱的肺，
祖国情啊春风一般往这儿吹，
同志爱啊河流一般往这儿汇，
党是太阳咱是向日葵。

2. 文

不朽的胡杨

我曾钟情于黄山的松，也曾留恋于长白山的白桦，可是，最让我刻骨铭心的却是那不朽的胡杨！

沙漠绵延，沙海茫茫，平填了万亩碧湖，千里青河；吞噬了无数铁血的男儿，断送了无断柔情的女子；城郭坍废，村庄消失，万劫不复中只有胡杨，神奇、傲岸地耸立在无边无际的沙海中。生者苍翠挺拔，春满生机，秋染斜阳；死者傲然挺立，不卑不亢，傲视风暴；任岁月沧桑，任大漠迷茫。它始终坚守着梦中的家园。

胡杨是沉默的，沉默是一种珍贵的不可多得的品质，沉默的胡杨是无语的宣言，挑战沙漠的宣言，它以一千年不死的绿意，死也一千年不倒的精神，倒也一千年不朽的骨骼，震慑着沙漠。沉默的勇士是不可摧毁的，我相信沉默的力量。沧海桑田，岁月作证，沙漠的死亡之神，永远也无法渗透胡杨的灵魂。在语言也无法触及的灵魂里，潜藏着怎样的智慧和力量？沉默的胡杨给予我无知的亢奋，也将我世俗的愚昧的欲望一点点湮没，它让我的灵魂得以提高和升华。

胡杨孤寂而神秘，它以一种绝美的姿态，在沙漠站立成一道绝世的风景。它让我心潮澎湃、心灵震撼。那是一种刺破心扉、深入骨髓的震撼。不倒的胡杨透露出坚韧和刚毅，让人崇敬和仰望，震慑着万物和生灵。纵横于死亡之海的人都会被它不屈的精神和顽强的生命力所折服，这种折服足以使他们以滴血的姿态与胡杨融为一体，真切地感悟生命的绝唱。

仰望死去的胡杨，就如同瞻仰一座英雄的丰碑，它让人热血沸腾，心灵颤动。我不是基督徒，但在胡杨不倒的躯体面前，我却要以一个基督徒的虔诚向它顶礼膜拜。人有一种死不叫死，而叫作万古，树有一种枯不叫枯，而叫作千秋。胡杨虽死，精神万古，胡杨虽枯，豪气千秋！

思考与练习

1. 叙述 j、q、x 的发音过程。
2. 什么叫尖音？如何避免出现尖音？
3. j、q、x 与 z、c、s 和 zh、ch、sh 的发音差别是什么？

4. 请把小幽默和课文中声母为 j、q、x 的字词挑出来，并体会它们的发音。

5. 熟读下列词组：

讥笑	机器	机枪	机群	机械	机修	鸡心	鸡胸	积习	基线	畸形
激情	吉庆	吉期	吉祥	吉凶	吉星	汲取	极其	极权	极限	极刑
即席	即兴	急切	急性	急需	集权	集训	几许	记性	记叙	纪行
技巧	技术	技校	迹象	继续	寄情	加强	夹馅	夹心	佳期	家禽
家乡	家小	家信	家兄	嘉庆	嘉许	假想	假象	奸细	奸险	奸雄
奸笑	奸邪	坚强	坚信	艰险	艰辛	检修	减轻	减刑	简写	简讯
见习	见效	见新	见笑	间隙	间歇	剑侠	健全	将息	浆洗	讲情
讲求	讲习	讲学	降旗	将校	交情	交响	交心	交相	娇气	娇小
娇羞	骄气	胶鞋	胶靴	教学	焦心	饯行	教训	接洽	接亲	接线
揭晓	街心	节气	节选	结亲	截取	解气	解劝	戒心	界线	今昔
金钱	金秋	金星	紧俏	紧缺	锦旗	尽心	尽兴	尽情	进取	进香
进修	进行	近期	近亲	京腔	京戏	经销	经心	惊奇	惊醒	精巧
精确	精细	景区	景象	警犬	竞选	敬献	镜匣	九霄	酒席	酒兴
救星	就寝	就擒	就绪	居奇	居心	举行	巨细	据悉	聚齐	捐献
决心	绝响	军饷	军需	军训	军区	七绝	妻小	栖息	期间	期限
齐心	其间	奇迹	奇效	棋局	旗舰	企及	起居	起先	气节	气息
气虚	气象	契机	器械	器件	千金	千钧	牵线	迁就	谦虚	谦逊
前襟	前进	前夕	前嫌	前线	潜心	浅显	歉疚	枪击	强健	强项
墙角	抢劫	抢险	巧计	巧匠	切削	切忌	侵袭	亲眷	亲信	勤俭
青筋	轻捷	轻闲	轻型	轻信	倾向	倾斜	清净	清香	清秀	清新
情节	情急	情绪	情形	请假	请柬	请教	庆幸	穷尽	琼浆	秋季
求救	求见	求学	球菌	球茎	球鞋	曲解	曲线	驱邪	屈居	屈膝
趋向	取经	取消	取笑	权限	全局	全休	劝架	劝解	劝降	缺席
确信	缺陷	群雄	西晋	吸取	希冀	稀奇	犀角	习气	席卷	袭击
洗劫	喜酒	喜剧	喜庆	喜鹊	戏剧	戏曲	细究	细菌	下级	下降
下贱	下情	夏季	仙境	先进	先驱	先秦	纤巧	闲气	闲钱	娴静
衔接	嫌弃	险峻	险情	现金	限期	乡亲	乡情	相继	相距	相亲

相劝　香蕉　香精　详尽　详情　项圈　相机　骁将　消遣　宵禁　萧墙
销假　小姐　小区　孝敬　校庆　歇脚　歇气　邪气　鞋匠　写景　泄气
谢绝　心计　心窍　辛勤　新居　新奇　薪金　信件　兴起　星球　刑期
行径　形迹　省亲　兴趣　性情　凶器　胸襟　休假　休戚　修剪　羞怯
绣球　虚惊　序曲　叙旧　蓄积　宣讲　选举　选取　削减　雪茄　雪橇
巡警　训诫　迅捷　迅疾　徇情

6. 练习下列绕口令，体会唇舌动作。

稀　奇

稀奇稀奇真稀奇，
麻雀踩死老母鸡，
蚂蚁身长三尺六，
八十岁的老头儿躺在摇篮里。

j.q.x

蛐蛐说大话

墙头高，墙根低，
墙旮旯有对蛐蛐在那儿吹大气。
大蛐蛐说：
“昨儿个我吃了两只花不棱登的大老虎。”
小蛐蛐说：
“今儿个我吃了两只灰不溜丢的大毛驴。”
大蛐蛐说：
“我在南山爪子一抬，踢倒了十棵大柳树。”
小蛐蛐说：
“我在北海大嘴一张，吞了十条大鲤鱼。”
这两个蛐蛐正在吹大气，
扑棱棱打东边飞来一只芦花大公鸡。
你看这只公鸡有多愣，
尖嘴一张吃了两只小蛐蛐。
大蛐蛐一看生了气。
它龇龇牙捋捋须一伸腿，
唉！它也喂了鸡！
哈哈：看它还吹大气不吹大气！

j.q.x

敬母亲

生身亲母亲，
谨请您就寝，
请您心宁静，
身心很要紧，
新星伴月明，
银光澄清清，
尽是清静境，
警铃不要惊，
您醒我进来，

进来敬母亲。

j.q.x in.ing

漆匠和锡匠

七巷一个漆匠，
西巷一个锡匠，
七巷漆匠偷了西巷锡匠的锡，
西巷锡匠拿了七巷漆匠的漆；
七巷漆匠气西巷锡匠偷了漆，
西巷锡匠讥七巷漆匠拿了锡。
请问漆匠和锡匠，
谁拿谁的锡？
谁偷谁的漆？

j.q.x

七加一

七加一，
七减一，
加完减完等于几？
七加一，
七减一，
加完减完还是七。

j.q

夫妻赶集

李奇丽、黎礼立，夫妻双双去赶集。

李奇丽的丈夫黎礼立，赶集去卖竹篾（miè）席，

黎礼立的妻子李奇丽，赶集去卖肥母鸡。

黎礼立卖了竹篾席买部电视机，
李奇丽卖了肥母鸡买件呢子衣。
黎礼立抱起电视机，
李奇丽穿上呢子衣，
场头合影笑眯眯。

众人夸李奇丽、黎礼立是对勤劳致富的好夫妻。

j.q.x

第七节　zh、ch、sh、r的发音及辨正

一、zh、ch、sh、r的发音

zh、ch、sh、r是舌尖后音。发音时，舌尖翘起与硬腭前端形成阻碍，所以称之为翘舌音。但是有些方言区平翘不分。例如把“小站”说成“小赞”，把

“村寨”说成“村在”；或者把“知道”说成“资道”。因此要特别注意 zh、ch、sh 与 z、c、s 的发音区别。

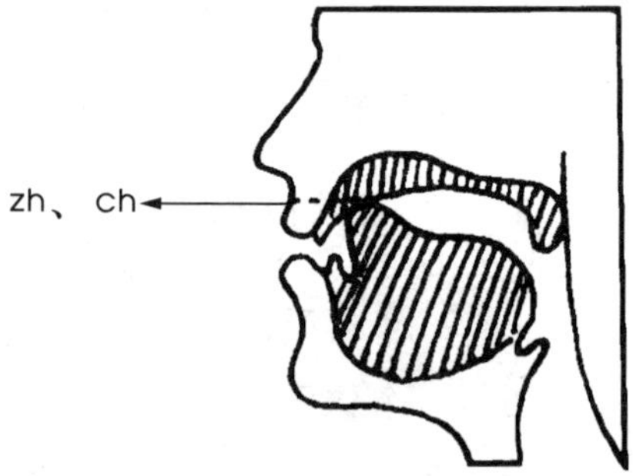

示意图

zh（知）

嘴微张，舌尖抬起抵在硬腭前端。发音时，舌尖微微弹开一条小缝，让气流从缝隙中摩擦通过，发出不送气清塞擦音 zh。

例字：

渣 闸 眨 诈 斋 宅 窄 债 毡 崭 栈 彰 掌 帐 昭 着
沼 肇 蜇 哲 褶 蔗 挣 拯 郑 枝 执 旨 秩 衷 肿 仲
舟 轴 肘 宙 株 竺 瞩 铸 砖 转 赚 妆 撞 锥 坠

例词：

扎针 债主 沾沾 辗转 站住 长者 招展 招致 招赘 昭彰 昭著
昭昭 找辙 照直 折纸 折中 折皱 折子 褶皱 针织 珍重 珍珠
真正 真知 真挚 珍珠 真主 斟酌 诊治 震中 镇纸 争执 征战
征召 征兆 铮铮 整整 整枝 整治 整装 正直 正职 正中 证章
郑重 怔怔 政治 症状 支柱 执掌 执照 执政 执著 直至 植株
纸张 指摘 指针 指正 制止 治装 滞胀 中指 中转 中正 忠贞
终止 肿胀 众志 种植 重镇 周折 周正 周转 蜘蛛 主张 主旨
主轴 助战 助长 助纣 住宅 住址 杼轴 注重 驻扎 专政 专职
专注 专制 专著 转战 转折 转正 转账 转轴 庄重 装帧 装置
壮志 状纸 撞针 追逐 谆谆 茁壮 卓著 着重 着装 战争

ch（吃）

嘴微张，舌尖抬起抵在硬腭前端。除阻时，舌尖与硬腭之间弹开一条窄缝，同时有一股较强的气流从中擦过，发出送气清塞擦音 ch。

例字：

插 茶 诧 钗 豺 掺 谗 谄 颤 猖 尝 敞 怅 超 嘲 吵
车 扯 澈 嗔 辰 碜 趁 瞠 呈 骋 称 痴 驰 尺 叱 冲

崇　宠　铳　抽　酬　瞅　臭　初　雏　储　怵　揣　踹　穿　船　喘
串　疮　床　闯　怆　炊　锤　椿　醇　蠢　戳　辍

例词：

叉车　差池　插翅　茶场　查抄　查处　拆除　拆穿　蟾蜍　产出　铲除
长城　长处　常常　敞车　抄查　超常　超产　超车　超出　车厂　车床
车场　撤除　称臣　成虫　城池　乘除　惩处　澄澈　秤锤　驰骋　踟蹰
唇齿　赤诚　赤忱　冲程　充斥　充畅　忡忡　重唱　重出　冲床　抽查
抽搐　惆怅　愁肠　踌躇　臭虫　臭椿　出差　出产　出厂　出丑　出处
出车　初潮　初创　初春　除尘　橱窗　怵场　楚楚　穿插　传唱　传抄
传出　戳穿　绰绰　春绸　潮虫　冲出　馋虫

sh（诗）

嘴微张，舌尖抬起与硬腭前端形成一条窄的缝隙。发音时，气流从缝隙中摩擦通过，发出清擦音 sh。

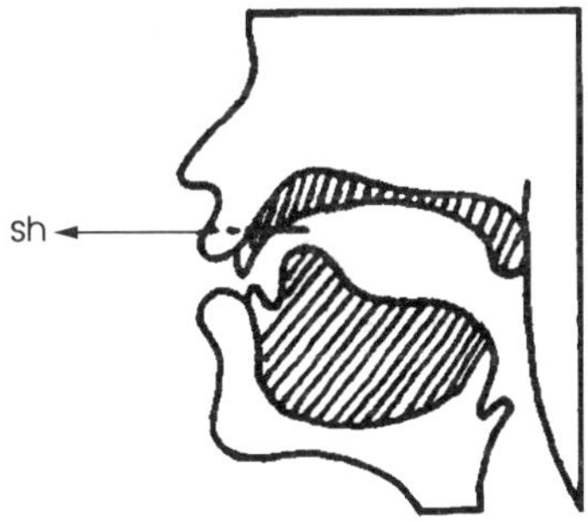

示意图

例字：

砂　啥　傻　煞　筛　晒　杉　闪
苫　殇　赏　尚　梢　勺　少　哨
赊　舌　舍　涉　神　审　渗　笙
绳　省　剩　施　拾　使　仕　守
寿　殊　赎　蜀　戍　刷　耍　衰
甩　帅　栓　涮　霜　爽　水　税　吮　瞬

例词：

杀伤　杀身　杀生　霎时　闪身　闪失　闪烁　闪射　讪讪　善事　膳食
伤神　伤势　伤逝　赏识　上色　上山　上升　上声　上市　上手　上士
上书　上述　上水　尚书　烧伤　少数　少时　舍身　设施　射手　涉世
摄食　摄氏　申述　伸手　身世　身手　身受　绅士　深山　深水　神伤
神圣　审慎　审视　审时　婶婶　生杀　生身　生事　生手　生疏　声势
省事　圣水　盛世　盛暑　盛事　尸首　失闪　失神　失声　失事　失手
失时　失守　诗史　施舍　时尚　时世　时事　时势　实施　实事　实数
实说　史实　史书　史诗　矢石　世事　市树　事实　试手　适时　逝世

誓师　收审　收市　收受　收拾　手势　手书　手术　守势　首饰　受伤
受审　授受　书社　书生　书市　叔叔　舒适　赎身　熟食　熟睡　熟识
数说　戍守　束手　述说　甩手　双声　双数　水杉　水筲　税收　顺势
顺水　顺手　瞬时　说书　硕士

r（日）

嘴微张，舌尖抬起并略卷与硬腭前端接近，形成一条缝隙。发音时，声带颤动，气流从缝隙中摩擦通过，发出浊擦音 r。

例字：

燃　冉　嚷　瓤　壤　让　饶　扰　绕
惹　热　仁　忍　刃　扔　仍　茸　冗
柔　肉　儒　汝　入　软　蕊　睿　闰

例词：

嚷嚷　扰攘　人人　仁人　忍让　忍辱
荏苒　荏弱　仍然　茸茸　荣任　荣辱
容人　容忍　溶溶　融融　柔韧　柔软
柔润　柔弱　如若　如日　软弱　闰日
弱肉

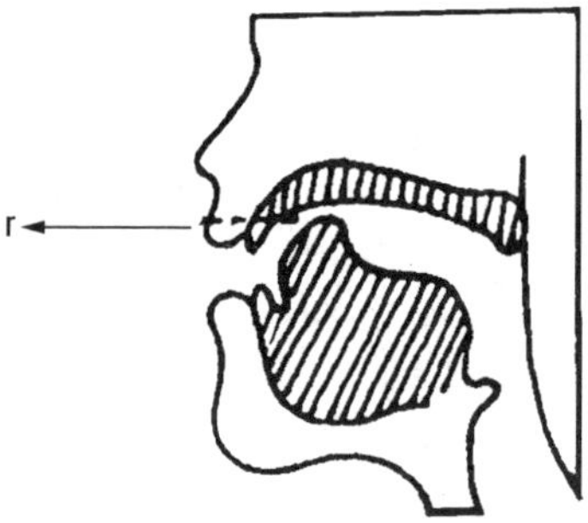

示意图

二、语音辨正

zh、ch、sh 与 j、q、x 的辨正前一节已经讲过，在此不再赘述。

zh、ch、sh 与 z、c、s 的辨正将在下一节中讲。

1.r—l 的辨正

有些方言区，例如厦门、扬州、山东等地，r 和 l 不分。常把“肉”(ròu) 说成“漏”(lòu)，把“柔”(róu) 说成“楼”(lóu)。

“r”是翘舌音，因此发音时，舌尖必须抬起，但是舌尖中间不能与硬腭接触，它们之间要形成一条缝隙，气流从缝隙中摩擦通过。“l”是边音，舌尖也要抬起，但是它必须与硬腭前端接触形成阻碍。发音时，随着舌尖的落下，气流从舌的两侧通过。还要注意的是，r 是舌尖后阻音，而 l 是舌尖中阻音，r 的发音部位要比 l 稍后些。

例字：

热（rè）—乐（lè）
弱（ruò）—洛（luò）
如（rú）—卢（lú）
汝（rǔ）—鲁（lǔ）
入（rù）—路（lù）
饶（ráo）—劳（láo）
扰（rǎo）—老（lǎo）
绕（rào）—涝（lào）
柔（róu）—楼（lóu）
肉（ròu）—漏（lòu）
然（rán）—栏（lán）
染（rǎn）—懒（lǎn）
软（ruǎn）—卵（luǎn）
闰（rùn）—论（lùn）
瓤（ráng）—郎（láng）
壤（rǎng）—朗（lǎng）
让（ràng）—浪（làng）
仍（réng）—棱（léng）
荣（róng）—龙（lóng）
冗（rǒng）—垄（lǒng）

例词：

柔弱（róu ruò）—喽啰（lóu•luó）
不热（bú rè）—不乐（bú lè）
虚弱（xū ruò）—须络（xū luò）
如火（rú huǒ）—炉火（lú huǒ）
出入（chū rù）—出路（chū lù）
绕道（rào dào）—涝道（lào dào）
染伞（rǎn sǎn）—懒散（lǎn sǎn）
软蛋（ruǎn dàn）—卵蛋（luǎn dàn）
湿润（shī rùn）—诗论（shī lùn）
瓜瓤（guā ráng）—瓜郎（guā láng）
让头（ràng tou）—浪头（làng tou）
如花（rú huā）—芦花（lú huā）
日子（rì zi）—栗子（lì zi）
天然（tiān rán）—天蓝（tiān lán）
峥嵘（zhēng róng）—蒸笼（zhēng lóng）
冗长（rǒng cháng）—垄长（lǒng cháng）
乳汁（rǔ zhī）—卤汁（lǔ zhī）
褥子（rù zi）—路子（lù zi）
荣华（róng huá）—龙华（lóng huá）
快热（kuài rè）—快乐（kuài lè）
柔道（róu dào）—楼道（lóu dào）
衰弱（shuāi ruò）—摔落（shuāi luò）
燃眉（rán méi）—蓝莓（lán méi）
肉馅儿（ròu xiànr）—露馅儿（lòu xiànr）

2. r—i 的辨正

我国东北和南方的一些方言区，r 与 i 不分。东北人把“人民”（rén

mín）说成“银民”（yín mín）。湖南人的毛泽东在开国大典上庄严宣告：“中华人民共和国成立了，中国人民从此站立起来了！”其中“人民”说的就是“银民”。

为什么辅音声母 r 和元音韵母 i 会发生混淆呢？原因还在舌位上。r 是翘舌音，但是有些方言区没有翘舌音，舌尖不会翘起来，而是把舌尖抵在了下齿背后，因此就发出了近似元音 i 的音。

例字：

日（rì）—意（yì）
惹（rě）—野（yě）
热（rè）—页（yè）
饶（ráo）—摇（yáo）
扰（rǎo）—舀（yǎo）
绕（rào）—药（yào）
柔（róu）—油（yóu）
肉（ròu）—右（yòu）
然（rán）—严（yán）
冉（rǎn）—演（yǎn）
仁（rén）—寅（yín）
忍（rěn）—隐（yǐn）
认（rèn）—印（yìn）
嚷（rāng）—央（yāng）
瓤（ráng）—扬（yáng）
壤（rǎng）—仰（yǎng）
让（ràng）—样（yàng）
冗（rǒng）—勇（yǒng）

例词：

日历（rì lì）—毅力（yì lì）
日渐（rì jiàn）—意见（yì jiàn）
热乎（rè hu）—业户（yè hù）
热烈（rè liè）—拽裂（yè liè）
饶恕（ráo shù）—摇树（yáo shù）
扰乱（rǎo luàn）—舀乱（yǎo luàn）
绕道（rào dào）—要到（yào dào）
揉好（róu hǎo）—友好（yǒu hǎo）
肉手（ròu shǒu）—右手（yòu shǒu）
点燃（diǎn rán）—碘盐（diǎn yán）
认得（rèn de）—印得（yìn de）
红瓤（hóng ráng）—弘扬（hóng yáng）
土壤（tǔ rǎng）—土养（tǔ yǎng）
退让（tuì ràng）—退样（tuì yàng）
扔掉（rēng diào）—应调（yīng diào）
仍旧（réng jiù）—营救（yíng jiù）
软席（ruǎn xí）—演习（yǎn xí）
白人（bái rén）—白银（bái yín）
冗长（rǒng cháng）—蛹长（yǒng cháng）

小幽默

见风使舵

阿　之

1815年，拿破仑从流放地厄尔巴岛逃出，直奔巴黎。几天之内，法国《世界报》在报道中，竟对拿破仑使用了许多不同的称谓。请看当时的标题：

《食人魔从巢穴逃出！》《科西嘉鬼怪从乔安湾登陆！》《恶虎到达加普！》《怪物在格勒布尔过了一夜！》《暴君通过里昂！》《篡权者步步逼近，离首都只有62公里！》《皇帝到达奥尔良！》《皇帝陛下昨日返抵凡尔赛宫，接受臣民欢呼！》。

由此不难发现，报纸的编辑方针随着拿破仑日近巴黎而作出改变，称得上见风使舵的“识时务”者。

课文

1. 诗

祖国，我爱你！

（改编　杜青）

祖国，我爱你！我爱你，祖国！
像蝴蝶爱鲜花吗？蝴蝶的爱未免轻薄；
像树叶爱大树吗？树叶的爱过于软弱；
像水珠爱大海吗？水珠的爱不够自觉；
像种子爱泥土吗？种子的爱条件太多。

祖国，我对你的爱，
要丰富、深刻得多，要深沉、热烈得多！
这刻骨铭心的爱呀，刀剑难摧，日月难磨！

祖国，我爱你！我爱你，祖国！
我爱秀丽的江南，我爱粗犷的北国；
我爱改革开放的春风，我爱实事求是的政策；
我爱边防战士的枪刺，我爱厂矿仪表的闪烁；
我爱山村集市的吆喝，我爱科学结出的累累硕果……
祖国，请把我的爱装进你的心窝，
给我吩咐，给我嘱托，给我命令，给我鞭策。

我虽然不能长成参天大树，无力充作栋梁，
也甘愿做一棵小草，为荒原添几分春色；
我虽然只是一粒粗沙，不能像明珠增加你的光泽，
那就默默地加入混凝土，筑堤铺路充实你的体魄！

朋友，不要再流泪，祖国受够了风的折磨；
不要再叹息，祖国的伤口刚刚愈合……
祖国是一艘船，我们都来划桨，我们都来掌舵；
祖国是一辆车，我们都来拉套，我们都来负厄。
爱国就要为国分忧，爱国就要努力工作！

祖国，前进吧，飞越吧！
我虽然不能扬手举你上青天，
也甘愿躬下身来做你起飞的底座。
祖国，我爱你！我爱你呀，祖国！

2. 文

窗 外

王其忠

从我居室的窗口望出去，可以看到一株高高的芙蓉树。在那烟树参差的春日里，花红点点，煞是迷人。它牵动我的灵感，撩拨我的文思，久而久之，我竟视这位隔窗而立的“邻居”为知己了。

可是，有一个早晨，我推窗而望，蓦然发现昨夜的一场风雨已将它剥蚀得面目全非。立时，一种“繁花落尽”的悲凉掠过了我的心头！我不由感慨万分，在人生道路上磕磕绊绊，几经周折，几度沧桑，又一次次地失落了许多至爱的朋友，生命不正如同这随风而逝的繁花么?！

这件事过了些时日，也就渐渐地淡忘了。一次，我下乡归来，感觉到室内空气有些沉闷，不经意地打开了窗户，顿觉眼前一亮：一树火红的三角梅映入眼帘，它在夕阳的背景下定格。意外的惊喜使我几乎不能自制，我诧异，当初在落英的背后，为什么竟没有发现这萌动着的不屈的生命呢?

是的，芙蓉的最后一叶花瓣凋落了，人们对它的嘉许也遗忘在往昔的记忆里，可是三角梅却成长了，那火焰般灿烂耀眼的红色向人们昭示着生命的更迭与延续。谁能说，失去与获得不是一曲交响乐呢?

我久久地伫立窗前，深深感悟到：生命中没有四时不变的风景，只要心永远朝着阳光，你就会发现，每个早晨都会有清丽而又朦胧的憧憬在你的窗外旋转、升腾，这个世界永远传送着希望的序曲。

思考与练习

1. 牢记声母 zh、ch、sh、r 的发音部位与发音方法，体会 zh、ch、sh 与 j、q、x 的发音差别。

2. 说出 r 与 l、r 与 i 的发音区别在哪里?

3. 请将小幽默和课文中声母为 zh、ch、sh、r 的字词找出来，并体会它们的发音。

4. 熟读下列词组，zh、ch、sh、r 交叉练习。

扎实 扎手 诈尸 摘除 沾手 斩首 展翅 展示 战场 战胜 战士
战术 战事 章程 长势 涨潮 掌厨 丈人 仗势 招惹 招认 招生
招收 招手 昭示 朝日 找事 诏书 照常 照抄 照射 照实 照说
罩衫 肇事 遮丑 折尺 折射 折寿 哲人 赭石 侦察 珍视 真诚
真传 真人 真事 真帅 诊室 阵容 阵势 震颤 震慑 镇守 争吵
争宠 争持 征尘 征程 征收 整容 整数 正常 正史 正视 正数
证人 证实 证书 政审 支持 支撑 支使 只身 枝杈 知识 直抒
直率 直爽 值日 职称 职守 指使 指示 指数 咫尺 至诚 至少
志士 制胜 炙热 致使 智齿 智商 置身 中枢 忠实 忠臣 忠诚
终场 终生 衷肠 中暑 众人 重创 重任 重视 周身 轴承 朱砂
诸如 逐日 主持 主任 主食 助燃 助手 住处 注释 注视 注射
驻守 柱石 祝寿 著称 蛀虫 专程 专人 专署 砖茶 转产 转让
转瞬 撰述 篆书 装束 装饰 壮实 撞车 追查 追认 追求 赘述
准绳 灼热 卓然 卓识 着实 叉烧 插手 茶社 茶水 查实 查哨
诧然 差事 禅师 禅杖 缠绕 缠扰 缠身 产值 阐述 昌盛 长寿
长征 尝试 常人 常设 唱针 抄收 超人 超支 超重 朝圣 朝政
潮水 潮润 吵嚷 吵人 炒勺 车身 车轴 车辙 车站 掣肘 撤职
尘世 沉睡 沉重 陈设 陈述 衬衫 称职 趁热 成人 成熟 成仁
成长 诚然 诚实 诚挚 承认 承受 承重 城市 城镇 乘势 程式
惩治 吃斋 池沼 持重 叱咤 赤手 炽热 充实 重申 重生 重整
崇尚 崇祯 出任 抽纱 仇人 仇视 愁容 出入 出售 出生 出众
初试 初衷 厨师 处暑 畜生 穿针 传染 传人 传说 传真 船闸
创伤 窗纱 窗纸 床罩 创始 创收 怆然 炊事 垂直 垂手 春装
纯熟 纯真 唇舌 醇正 蠢人 蠢事 沙场 纱窗 纱罩 刹车 砂纸
山川 山楂 山寨 山庄 闪烁 闪失 善战 善终 擅长 商人 商场
商战 商船 上朝 上场 上任 上涨 上阵 烧灼 少壮 奢侈 赊账
舌战 设置 射程 摄制 谁人 申斥 伸展 伸张 深沉 深入 深重

神驰　神人　神州　审查　甚至　渗入　慎重　升值　生产　生辰　生日
生长　声称　声张　牲畜　省城　圣人　圣旨　胜仗　胜任　盛产　盛装
失宠　失传　失真　师承　师长　施展　施政　湿热　湿润　十指　时差
时常　时日　时针　实诚　实战　食指　矢志　使然　使者　始终　示众
示弱　世仇　市场　市容　市政　侍者　试车　视察　适中　释然　收成
收入　收治　手戳　手软　手镯　首创　首长　寿辰　受潮　受辱　受制
瘦长　瘦弱　书橱　书桌　殊荣　梳妆　舒畅　舒展　输出　输入　熟知
暑热　述职　树种　数值　衰弱　率直　双重　爽直　水产　水准　顺畅
顺治　说唱　说穿　水闸　双唇　双绉　燃烧　饶舌　饶恕　热潮　热忱
热衷　人称　人参　人证　仁政　忍受　认识　认输　认真　任职　妊娠
日常　日程　日食　日臻　戎装　溶质　熔铸　冗长　柔肠　柔顺　鞣制
肉食　肉质　如初　如实　儒生　乳齿　乳汁　入神　入时　入赘　褥疮
若是　弱智　弱小　偌大

5. 练习下列绕口令，体会唇舌动作。

知道不知道

认识从实践始，
实践出真知。
知道就是知道，
不知道就是不知道。
不要知道说不知道，
也不要不知道装知道，
老老实实，实事求是，
一定要做到不折不扣的真知道。

zh.sh

大车拉小车

大车拉小车，
小车拉小石头，
石头掉下来砸了小脚趾头。

zh.ch.sh

学时事

史老师，讲时事，
常学时事长知识。
时事学习看报纸，
报纸登的是时事，
常看报纸要多思，
心里装着天下事。

zh.ch.sh

晒人肉

日头热，晒人肉，

晒得心里好难受。
晒人肉，好难受，
晒得头上直冒油。

sh.r

朱叔锄竹笋

朱家一株竹，
竹笋初长出，
朱叔处处锄，
锄出笋来煮，
锄完不再出，
朱叔没笋煮，
竹株又干枯。

zh.ch

上山下山

上一山，下一山，
跑了三里三米三。
登了一座大高山，
山高海拔三百三。
上了山，大声喊，
我比山高三尺三。

第八节　z、c、s 的发音及辨正

一、z、c、s 的发音

z、c、s 是舌尖前阻音，它较之舌尖中阻音 d、t、n、l 和舌尖后阻音 zh、ch、sh、r 的发音位置都更低一些，更靠前一些。由于发音时不像 zh、ch、sh 那样舌尖要向上翘起，所以被称为平舌音。

发 z、c、s 时，可以有两种方法：一种是将舌尖抵在上齿背后与齿龈前处形成阻碍；一种是将舌尖前端抵在下齿背后，其稍后部位隆起与上齿龈前接触形成阻碍。后一种方法较前一种方法更容易做一些，也更容易发准一些，因此本节以讲解后一种方法为主。

z（资）

嘴微张，舌尖前端抵在下齿背后，其稍后部位隆起与上齿龈前接触形成阻碍。发音时，舌尖与上齿龈前端闪开一条窄缝，让气流从中摩擦通过，发出不送气清塞擦音 z。

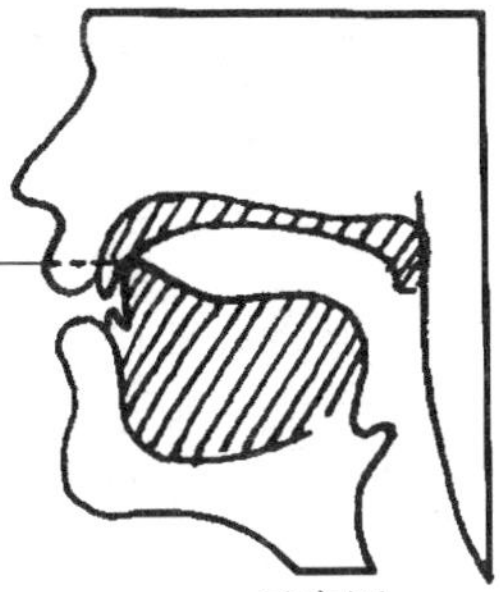

示意图

例字：

匝　杂　咋　栽　宰　在　簪　咱

攒　暂　赃　藏　糟　凿　藻　皂

责　仄　增　锃　咨　籽　渍　棕

总　纵　走　奏　租　卒　阻　钻

纂　攥　嘴　醉　昨　佐　座

例词：

咂嘴　杂字　崽子　再造　再则　在座　簪子　脏字　藏族　遭罪　凿子

枣子　造作　啧啧　仄仄　贼子　曾祖　孜孜　自尊　宗族　总则　粽子

走卒　走嘴　租子　祖宗　罪责　撮子　早走　栽赃　座子　做作　最早

自在

c（疵）

嘴微张，舌尖前端抵在下齿背后，其稍后部位隆起与上齿龈前接触形成阻碍。发音时，舌尖与上齿龈前之间闪开一条窄缝，有一股较强气流从中摩擦通过，发出送气清塞擦音 c。

例字：

擦　猜　财彩　菜　餐　残　惨　灿　仓　藏　糙　槽　草　层　蹭

疵　祠　此　刺　匆　丛　凑　粗　醋　氽　攒　窜　摧　璀　萃　村

存　忖　寸　搓　矬　措

例词：

猜测　残存　残次　仓促　苍苍　苍翠　草草　草测　草丛　草刺　参差

参错　涔涔　层次　匆匆　匆促　从此　淙淙　粗糙　催促　摧残　璀璨

寸草　措辞

s（私）

嘴微张，舌尖前端抵在下齿背后，其稍后部位隆起与上齿龈前接近形成缝隙。发音时，气流从缝隙中摩擦通过，发出清擦音 s。

例字：

仨　洒　萨　腮　赛　叁　伞　散　桑　嗓　丧　骚　嫂　臊　厮　死

寺　松　耸　讼　馊　擞　嗽　酥　俗　夙　酸　蒜　虽　绥　髓　隧

孙 损 梭 锁 塑

例词：

洒扫 洒洒 飒飒 三思 色素 瑟瑟

僧俗 思索 四散 松散 搜索 酥松

诉讼 速算 随俗 琐碎 撕碎 四岁

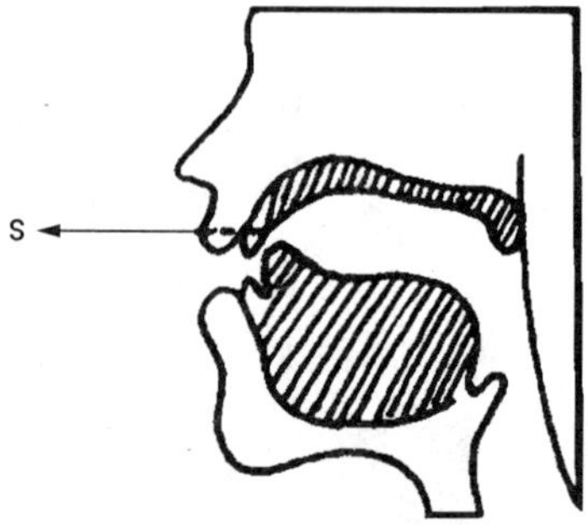

示意图

二、语音辨正

不管是南方还是北方，有些方言区平翘不分。例如把“炸”说成“杂”，把“寨”说成“在”。在电视中，偶尔也会听到“本栏目是由 ×× 集团站住（赞助）播出的”这样平翘不分的读音错误。

z、c、s 与 zh、ch、sh 的根本差别在于前一组是平舌音而后一组是翘舌音。在发 z、c、s 时，舌尖要抵在下齿背后，而发 zh、ch、sh 时，舌尖一定要翘起与硬腭前端接触。

1. z—zh 的辨正

例字：

匝（zā）—扎（zhā） 杂（zá）—闸（zhá）

昨（zuó）—浊（zhuó） 则（zé）—折（zhé）

仄（zè）—浙（zhè） 租（zū）—朱（zhū）

族（zú）—竹（zhú） 祖（zǔ）—煮（zhǔ）

灾（zāi）—斋（zhāi） 宰（zǎi）—窄（zhǎi）

再（zài）—债（zhài） 最（zuì）—坠（zhuì）

遭（zāo）—昭（zhāo） 凿（záo）—着（zháo）

枣（zǎo）—沼（zhǎo） 走（zǒu）—肘（zhǒu）

躁（zào）—诏（zhào） 奏（zòu）—咒（zhòu）

簪（zān）—毡（zhān） 攒（zǎn）—展（zhǎn）

赞（zàn）—站（zhàn） 怎（zěn）—枕（zhěn）

尊（zūn）—谆（zhūn） 脏（zāng）—章（zhāng）

藏（zàng）—仗（zhàng） 增（zēng）—筝（zhēng）

赠 (zèng)—政 (zhèng)　　宗 (zōng)—忠 (zhōng)

总 (zǒng)—肿 (zhǒng)　　纵 (zòng)—种 (zhòng)

例词：

杂草 (zá cǎo)—炸炒 (zhá chǎo)　　综合 (zōng hé)—中和 (zhōng hé)

小组 (xiǎo zǔ)—小煮 (xiǎo zhǔ)　　昨夜 (zuó yè)—浊液 (zhuó yè)

则已 (zé yǐ)—折椅 (zhé yǐ)　　水灾 (shuǐ zāi)—水斋 (shuǐ zhāi)

宰相 (zǎi xiàng)—窄巷 (zhǎi xiàng)　　载歌 (zài gē)—寨歌 (zhài gē)

最好 (zuì hǎo)—坠好 (zhuì hǎo)　　早到 (zǎo dào)—找到 (zhǎo dào)

炉灶 (lú zào)—炉罩 (lú zhào)　　小邹 (xiǎo zōu)—小周 (xiǎo zhōu)

撤走 (chè zǒu)—掣肘 (chè zhǒu)　　簪子 (zān zi)—毡子 (zhān zi)

攒钱 (zǎn qián)—展前 (zhǎn qián)　　阻力 (zǔ lì)—主力 (zhǔ lì)

栽花 (zāi huā)—摘花 (zhāi huā)　　资源 (zī yuán)—支援 (zhī yuán)

自序 (zì xù)—秩序 (zhì xù)　　造就 (zào jiù)—照旧 (zhào jiù)

仿造 (fǎng zào)—仿照 (fǎng zhào)　　租子 (zū zi)—珠子 (zhū zi)

自愿 (zì yuàn)—志愿 (zhì yuàn)　　赞助 (zàn zhù)—站住 (zhàn zhù)

赠品 (zèng pǐn)—正品 (zhèng pǐn)　　钻营 (zuān yíng)—专营 (zhuān yíng)

增光 (zēng guāng)—争光 (zhēng guāng)　　宗旨 (zōng zhǐ)—终止 (zhōng zhǐ)

2. c—ch 的辨正

例字：

擦 (cā)—插 (chā)　　搓 (cuō)—戳 (chuō)

错 (cuò)—绰 (chuò)　　策 (cè)—彻 (chè)

词 (cí)—驰 (chí)　　匆 (cōng)—冲 (chōng)

才 (cái)—柴 (chái)　　醋 (cù)—处 (chù)

催 (cuī)—吹 (chuī)　　操 (cāo)—抄 (chāo)

曹 (cáo)—朝 (cháo)　　凑 (còu)—臭 (chòu)

参 (cān)—搀 (chān)　　惨 (cǎn)—铲 (chǎn)

篡 (cuàn)—串 (chuàn)　　岑 (cén)—陈 (chén)

村 (cūn)—春 (chūn)　　仓 (cāng)—猖 (chāng)

蹭 (cèng)—秤 (chèng)　　丛 (cóng)—虫 (chóng)

例词：

擦手（cā shǒu）—插手（chā shǒu）　粗口（cū kǒu）—出口（chū kǒu）

推辞（tuī cí）—推迟（tuī chí）　三层（sān céng）—山城（shān chéng）

惨淡（cǎn dàn）—产蛋（chǎn dàn）　藏处（cáng chù）—长处（cháng chu）

残虫（cán chóng）—蝉虫（chán chóng）　凑钱（còu qián）—臭钱（chòu qián）

粗布（cū bù）—初步（chū bù）　村庄（cūn zhuāng）—春装（chūn zhuāng）

粗细（cū xì）—出戏（chū xi）　从来（cóng lái）—重来（chóng lái）

侧身（cè shēn）—撤身（chè shēn）　木材（mù cái）—木柴（mù chái）

小草（xiǎo cǎo）—小炒（xiǎo chǎo）　鱼刺（yú cì）—鱼翅（yú chì）

曾经（céng jīng）—成精（chéng jīng）　祠堂（cí táng）—池塘（chí táng）

乱草（luàn cǎo）—乱吵（luàn chǎo）

3.s—sh 的辨正

例字：

私（sī）—诗（shī）　洒（sǎ）—傻（shǎ）

色（sè）—社（shè）　苏（sū）—疏（shū）

鳃（sāi）—筛（shāi）　岁（suì）—税（shuì）

扫（sǎo）—少（shǎo）　搜（sōu）—收（shōu）

叁（sān）—潸（shān）　酸（suān）—拴（shuān）

森（sēn）—深（shēn）　桑（sāng）—伤（shāng）

僧（sēng）—生（shēng）　缩（suō）—说（shuō）

损（sǔn）—吮（shǔn）　算（suàn）—涮（shuàn）

例词：

穿梭（chuān suō）—传说（chuán shuō）　桑树（sāng shù）—商数（shāng shù）

三角（sān jiǎo）—山脚（shān jiǎo）　私人（sī rén）—诗人（shī rén）

司长（sī zhǎng）—师长（shī zhǎng）　桑叶（sāng yè）—商业（shāng yè）

近似（jìn sì）—近视（jìn shì）　三色（sān sè）—山社（shān shè）

僧人（sēng rén）—生人（shēng rén）　肃立（sù lì）—树立（shù lì）

私事（sī shì）—失事（shī shì）　四十（sì shí）—事实（shì shí）

死记（sǐ jì）—史记（shǐ jì）
散光（sǎn guāng）—闪光（shǎn guāng）
素食（sù shí）—数十（shù shí）
搜集（sōu jí）—收集（shōu jí）
塞子（sāi zi）—筛子（shāi zi）
酥油（sū yóu）—输油（shū yóu）
撕纸（sī zhǐ）—湿纸（shī zhǐ）

小幽默

黑　店

余志科

某校大门口开了一家小饭店，门侧的价目牌上写着：

三元一晕五元二晕

花3元钱晕一次，花5元便晕两次！难道这是家黑店不成？原来是“荤”字错写成了“晕”。

课文

1. 诗

平凡的魅力

汪国真

我不会蔑视平凡，因为我是平凡的一员。
我的心上印着普通人的愿望，
眼睛里印着普通人的悲欢，
我所探求的也是人们都在探求着的答案。
是的，我平凡，

但却无需以你的深沉俯视我，
即便我仰视什么
要看的也不是你尊贵的容颜，
而是山的雄奇天的高远；

是的，我平凡，
但却无需以你的深刻轻视我，
即便我聆听什么，
要听的也不是你空洞的大话，
而是林涛的喧响海洋的呼喊；

是的，我平凡。
但却无需以你的崇高嘲笑我，
即便我向往什么，
也永不会是你的空中楼阁，
而是泥土的芬芳晨曦的浪漫。

当然，当那些真挚的熟悉的或陌生的朋友提醒或勉励我，
不论说对了说错了我都会感到温暖。
孤芳自赏并不能代表美丽也不能说明绚烂，
自以为不凡更不能象征英雄气概立地顶天。

我承认，我的确很平凡。
平凡得像风像水像雪……
然而，平凡并非没有自豪的理由，
并非没有魅力可言。

风很平凡，如果吹在夏天？
水很平凡，如果是沙漠中的一泓清泉？
雪很平凡，如果飘落在冬日与春日之间……

我欣赏这样的平凡，
我也想努力成为这样的平凡。

2. 文

内蒙访古（节选）

翦伯赞

过了集宁，就隐隐望见了一条从东北向西南伸展的山脉，这就是古代的阴山，现在的大青山。大青山是一条并不很高但很宽阔的山脉，这条山脉像一道墙壁把集宁以西的内蒙分成两边。值得注意的是山的南北，自然条件迥乎不同。山的北边，是暴露在寒冷的北风之中的起伏不大的波状高原。这一带在古代就是一个“少草木，多大沙”（《汉书·匈奴传》）的地方。山的南边，则是在阴山屏障之下的一个狭长的平原。

现在的大青山，树木不多，但在汉代，这里却是一个“草木茂盛，多禽兽”（《汉书·匈奴传》）的地方，古代的匈奴人曾经把这个地方当作自己的苑囿。一直到蒙古人来到阴山的时候，这里的自然条件还没有什么改变。关于这一点，从呼和浩特和包头这两个蒙古语言的地方可以得到说明。

呼和浩特，蒙古语意思是青色的城；包头的意思是有鹿的地方。这两个蒙古语的地名，很清楚地告诉了我们，直到十三世纪或者更晚的时候，这里还是一个有森林、有草原、有鹿群出没的地方。呼和浩特和包头这两个城市，正是建筑在大青山南麓的沃野之中。

秋天的阴山，像一座青铜的屏风安放在它们的北边，从阴山高处拖下来的深绿色的山坡，安闲地躺在黄河岸上，沐着阳光。这是多么平静的一个原野！但这个平静的原野在民族关系紧张的历史时期，却经常是一个风浪最大的地方。

思考与练习

1. 朗读下列词，体会 z、c、s 的发音。

杂凑　杂碎　再次　再三　在册　赞颂　早操　造次　贼死　曾孙　增色

赠送　姿色　资财　子嗣　子孙　紫菜　自私　宗祠　棕色　总裁　总算

走私　足岁　阻塞　嘴松　佐餐　作祟　坐次　座舱　才思　才子　彩色
菜色　参赛　参赞　残损　蚕丝　沧桑　操作　草字　册子　测算　词素
辞藻　词组　辞岁　刺字　从速　粗俗　存在　错字　错综　塞子　散座
嗓子　色彩　色泽　塞责　私自　松嘴　宋词　酥脆　素菜　塑造　酸枣
随从　所在　梭子

2. 朗读下列词组并体会 z、c、s 与 zh、ch、sh 的发音不同。

z–zh

总之　自治　自重　阻止　做主　栽种　增长　赞助　滋长　自传　尊重
再植　作者　杂志　自主　宗旨　组织　作战　总账　遵照　坐镇　载重
在职　造纸　振作　准则　正宗　种族　沼泽　追踪　装载　指责　制造
知足　转赠　职责　壮族

c–ch

促成　财产　餐车　采茶　错处　草虫　操场　此处　草创　彩绸　辞呈
蚕虫　粗茶　擦车　操持　磁场　仓储　纯粹　差错　场次　炒菜　冲刺
尺寸　陈词　车次　成材　出操　除草　船舱　初次　揣测　蠢材　穿刺
储藏　长辞

s–sh

四十　损失　丧失　岁数　琐事　松树　算术　扫射　宿舍　唆使　素食
随时　私事　扫视　诉说　所属　散失　松鼠　十四　上司　上诉　哨所
收缩　伸缩　山色　神色　神速　深思　胜似　申诉　输送　食宿　殊死
世俗　上算　疏松　疏散

3. 小幽默和课文中声母为 z、c、s 和 zh、ch、sh 的字词的发音你都掌握了吗？请分别把它们指出来。

4. 练习下列绕口令。

晒白菜

大柴和小柴，
帮助爷爷晒白菜，
大柴晒的是大白菜，
小柴晒的是小白菜。
大柴晒了四十四斤四两大白菜，
小柴晒了三十三斤三两小白菜。

大柴和小柴，
一共晒七十七斤七两大大小小的白菜。

c—ch

三山撑四水

三山撑四水，
四水绕三山，
三山四水春常在，
四水三山四时春。

s—sh

做早操

早晨早早起，
早起做早操，
人人做早操，
做操身体好。

z.c

二人山前来比腿

山前有个崔粗腿，
山后有个崔腿粗，
二人山前来比腿。
不知是崔粗腿比崔腿粗的腿粗，
还是崔腿粗比崔粗腿的腿粗？

c.t

四和十

四是四，十是十，
十四是十四，
四十是四十，
谁能说准四十、十四、四十四，
谁来试一试。
谁说十四是四四，
就打谁十四，
谁说四十是细席，
就打谁四十。

s—sh

三哥三嫂子

三哥三嫂子，
请借给我三斗三升酸枣子。
等我明年上山摘了酸枣子，
再如数奉还三哥三嫂子
这三斗三升酸枣子。

s—sh

抱子看报纸

报纸是报纸，
抱子是抱子，
报纸、抱子两件事，
抱子不是报纸，
看报纸不是看抱子，
只能抱子看报纸。

z—zh

湿字纸

刚往窗上糊字纸，
你就隔着窗户撕字纸。

一次撕下横字纸，
一次撕下竖字纸，
横竖两次撕了四十四张湿字纸。
是字纸你就撕字纸，
不是字纸，
你就不要胡乱地撕一地纸。

z–zh s–sh

石狮子、涩柿子

山前有四十四棵死涩柿子树，
山后有四十四只石狮子，
山前的四十四棵死涩柿子树，
涩死了山后的四十四只石狮子，
山后的四十四只石狮子，
咬死了山前的四十四棵死涩柿子树。
不知是山前的四十四棵死涩柿子树
涩死了山后的四十四只石狮子，
还是山后的四十四只石狮子咬死了
山前的四十四棵死涩柿子树。

s–sh

辨读

找到不念早到，
遭到不念早稻，
乱草不念乱吵，
制造不念自造，
收不念搜，
流不念牛，
无奈别念无赖，
恼羞别说成老朽。

z–zh c–ch
s–sh n–l

三月三

三月三，
阿三撑伞上深山，
上山又下山，
下山又上山，
出了满身汗，
湿透一身衫，
下山跑回乡，
想想真心烦，
上山下山跑了三里三。

s–sh

陈庄城通郑庄城

陈庄城通郑庄城，
郑庄城通陈庄城，
陈庄城和郑庄城，
两庄城墙都有门，
陈庄门进郑庄人，
陈庄人进郑庄门，
请问陈郑两庄门，
哪个门进陈庄人？
郑庄人进哪个门？

zh–ch
n–ng

第4章　韵母

第一节　韵母的分类

韵母是声母后面的部分，它是汉语音节中最重要，也是绝不可缺少的组成部分。汉语普通话中的韵母共有39个，对这39个韵母有两种分类方法。一种是按韵母内部的组合成分分，一种是按韵母开头音素的发音口型分。

1. 按韵母内部的组合成分分：

- 韵母
  - 单韵母10个：a、o、e、i、u、ü、ê、er、-i（前）、-i（后）
  - 复韵母
    - 二合韵母9个：ia、ie、ai、ei、ao、ou、ua、uo、üe
      - 前响
      - 后响
    - 三合韵母4个：iao、iou、uai、uei
    - 鼻韵尾韵母16个
      - 前鼻尾韵母8个：an、en、in、uan、uen、ün、üan、ian
      - 后鼻尾韵母8个：ang、eng、ing、ong、iang、iong、ueng、uang

2. 按传统四呼分类：按韵母开头音素的发音口型分，分为四类：开口呼、齐齿呼、合口呼、撮口呼。传统语音学把这四类称为“四呼”，现代汉语拼音方案中的韵母表，就是按照这四呼进行排列的。

四呼的基本定义及具体归类：

(1) 开口呼：没有韵头，韵腹又不是i、u、ü的韵母。

a、o、e、ê、-i（前）、-i（后）、er、ai、ei、ao、ou、an、en、ang、eng、ong

(2) 齐齿呼：韵头或韵腹是i的韵母。

i、ie、ia、iao、iou、ian、in、iang、ing、iong

(3) 合口呼：韵头或韵腹是 u 的韵母。

u、ua、uo、uai、uei、uan、uen、uang、ueng

(4) 撮口呼：韵头或韵腹是 ü 的韵母。

ü、üe、üan、ün

现在对于 iong 和 ong 有不同的归类认识。iang 原归在齐齿呼，ong 归在开口呼。现在有的专家认为 iong 应归在撮口呼里，ong 应归在合口呼里。但是，为了便于人们记忆，笔者认为还是应该严格按照开、齐、合、撮的定义把 iong 归在齐齿呼里，把 ong 归在开口呼里。况且汉语拼音方案中的韵母表也是如此排列的，如果变动容易引起混乱。

第二节　单韵母的发音及辨正

一、单韵母的发音条件

汉语普通话中的单韵母共有 10 个：a、o、e、i、u、ü、ê、-i（前）-i（后）、er。它们的发音主要取决于舌位及唇形两个条件。

舌位，是指舌头隆起的最高点，也就是形成元音最突出的舌的部位。确定舌位，一要看它的高低，二要看它的前后。舌位的高低分为高、半高、半低、低四等。舌位的前后分为前、央、后三种。主要元音舌位如下：

高：i、u、ü	前：i、ü、ê
半高：o、e	央：a
半低：ê	后：u、o、e
低：a	

唇形，是指发音时双唇的形状，是圆还是不圆，以及口腔开度的大小。一般地讲，舌位的高低与唇形的开合成反比。舌位越高，口腔的开度越小，舌位越低，口腔的开度越大。主要元音的唇形及口腔开度如下：

圆唇：o、u、ü

不圆唇：i、a、e、ê

闭：i、u、ü

半闭：o、e

半开：ê

开：a

用较为形象的舌位图表示：

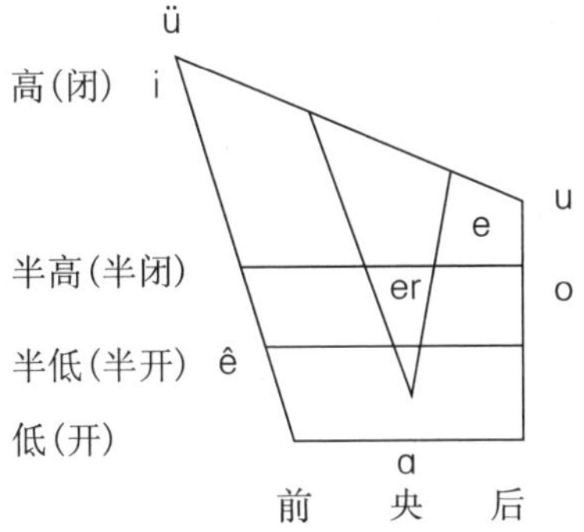

也可列表纵观如下：

类别 / 舌位前后 / 唇形 / 舌位高低（口腔开度）	舌尖元音		舌面元音				
	前	后	前		央	后	
	不圆		不圆	圆		不圆	圆
高（闭）			i	ü			u
半高（半闭）	-i（前）	-i（后）				e	
中					er		o
半低（半开）			ê				
低（开）					a		

二、单韵母的发音

a（阿）：

嘴自然张开，舌自然放松在口腔的最低处。发音时，气流均匀地流出，声带颤动，发出不圆唇元音 ɑ。ɑ 也可以写作 a。

例字：

趴　爬　怕　妈　麻　马　骂　发　乏　法　发　搭　达　打
大　他　塔　踏　拿　纳　拉　旯　喇　辣　渣　闸　眨　炸

例词：

妈妈　爸爸　吧嗒　耷拉　打靶　眨巴　嘎巴　哈喇　哈哈　蛤蟆　哈达
哈巴　咔吧　咔嚓　咔哒　拉巴　喇叭　喇嘛　腊八　杂沓　麻纱　麻渣
马达　哪怕　扒拉　拉萨　飒飒　沙发　沙拉　他杀　刹那　砝码　打岔
打发　大法　大卡　大麻　大拿　发达　发傻　发蜡　打靶　大厦　拉杂
答碴儿　旮旯儿　马扎儿

o（喔）：

上下唇自然拢圆后不动，舌向后缩，舌面后部与软腭相对应。发音时，气流均匀地通过，声带振动，发出圆唇元音 o。

例字：

玻　博　跛　簸　泼　婆　笸　破　摸　馍　抹　末　佛

例词：

伯伯　婆婆　勃勃　泼墨　破墨　漠漠　默默　脉脉　喔喔
馍馍　薄膜　摸摸　磨破

e（鹅）：

口腔半开，嘴角略展。发音时，舌微微后缩，舌面后部稍隆起与软腭相对应，声带振动，发出不圆唇元音 e。

例字：

得　特　勒　乐　歌　革　葛　个　科　咳　渴　课　喝　合　贺
遮　折　者　浙　车　扯　彻　奢　舌　社　惹　热　则　仄　策

例词：

特色　特赦　乐得　乐和　哥哥　割舍　隔阂　各个　各色　苛刻　可可
客车　呵呵　呵责　合格　合辙　赫赫　褐色　折合　折射　车辙　这个
舍得　咋舌　啧啧　色泽　瑟瑟　塞责

ê（欸）：

口腔半开，舌尖贴在下齿背后，嘴角略展。发音时，舌面向前挺起与硬腭相对应，声带振动，发出不圆唇元音 ê。

ê 也就是 ie、üe 中的 e，它自己单独用的机会很少，单 ê 一般只作叹词用。

例字：

ˉ　　/　　V　　\

欸　欸　欸　欸

例词参见复韵母 ie、üe。

i（衣）：

嘴微张，唇向两侧展开呈扁平形，舌尖轻抵下齿背后。发音时，舌面前部挺起与硬腭前端形成较窄缝隙，气流从缝隙中通过，声带振动，发出不圆唇元音 i。

例字：

逼 鼻 比 避 批 疲 痞 譬 眯 迷 米 蜜 低 敌 底 弟
梯 题 体 替 泥 你 腻 梨 理 力 基 急 挤 济 妻 棋
启 器 希 习 喜 戏 医 姨

例词：

鼻涕 鼻息 鼻翼 比例 比拟 比翼 笔迹 笔体 笔记 笔译 鄙弃
鄙夷 裨益 臂力 披靡 霹雳 皮衣 脾气 匹敌 癖习 迷离 迷你
谜底 米粒 秘密 密闭 密集 低级 滴沥 敌意 嫡系 底气 底细
砥砺 地基 地利 地皮 地痞 弟媳 提起 体力 体系 体例 拟议
匿迹 离奇 离弃 离题 离析 离异 里脊 理气 立即 利弊 利益
例题 痢疾 机密 机器 肌体 积极 激励 极力 即席 集体 记忆
技艺 企及 栖息 凄厉 漆器 奇迹 棋艺 起义 气息 契机 西医
吸力 希冀 淅沥 犀利 蜥蜴 嬉戏 袭击 洗涤 细腻 细密 依稀
仪器 遗迹 遗弃 疑义 以及 义旗 议题 屹立 异己 异议 意义
毅力 薏米 异地 议席 一齐

u（屋）：

双唇拢成小圆形，并向前微撮。发音时，舌略向后缩，舌面后部与软腭前部相对应，声带振动，气流均匀通过，发出圆唇元音 u。

例字：

补 布 扑 仆 普 铺 母 暮 夫 扶 府 富 都 独 赌 度
秃 徒 土 兔 奴 努 怒 卢 鲁 路 姑 骨 故 枯 苦 库
呼 湖 虎 互 猪 竹 煮 助 初 除 楚 处 书 秫 黍 树
如 汝 入 租 族 祖 粗 醋 苏 俗 素

例词：

户主 补助 故土 不足 部署 出租 初步 处暑 储户 触目 触怒
粗布 都督 督促 毒物 独夫 独舞 读书 黩武 度数 扶助 服务
服输 俘虏 浮土 幅度 俯伏 辅助 腐乳 付出 负数 妇孺 附录
附属 复述 复苏 富庶 咕嘟 姑夫 孤独 孤苦 轱辘 辜负 骨碌
古朴 谷物 护符 股骨 鼓舞 故都 呼噜 弧度 糊涂 虎步 虎符
互补 互助 哭诉 苦楚 酷暑 卢布 颅骨 陆路 路途 辘轳 露骨
露珠 目睹 目录 牧主 幕布 奴仆 怒目 扑簌 铺路 书库 匍匐
朴素 瀑布 书橱 疏忽 输出 叔父 殊途 舒服 输入 熟路 数伏
束缚 诉苦 肃穆 速度 秃噜 突兀 徒步 屠夫 吐露 乌涂 污辱
呜呼 无辜 无数 无误 五谷 武术 侮辱 舞步 侏儒 逐鹿 逐步
嘱咐 瞩目 住宿 驻足 著述 夫妇 图书 粗鲁 祝福

ü (迂)：

双唇向前撮成小圆，舌尖抵在下齿背后。发音时，舌面前部挺起与硬腭前端形成缝隙，声带振动，气流均匀通过，发出圆唇元音 ü。也可以发前高元音 i 时，将双唇撮成小圆形，就是 ü。这个办法很容易掌握。

例字：

淤 于 雨 玉 女 衄 驴 吕 绿 居 局 举 巨 区 渠 曲
去 虚 徐 许

例词：

女婿 吕剧 旅居 屡屡 缕缕 居于 语句 雨具 聚居 区域 区区
屈居 曲剧 吁吁 须臾 序曲 絮语 絮絮 余裕 渔具 语序 玉宇
郁郁 遇雨 寓居 寓于 豫剧

–i（前）：

嘴微张，展唇呈扁平形。舌尖贴在下齿背后，其后部挺起与上齿龈形成缝隙。发音时，声带振动，气流均匀通过。还有一法：发声母 z、c、s 时，口微张，声带颤动，就是舌尖前元音 –i。这个韵母不能独立运用，它只出现在舌尖前阻声母 z、c、s 的后面。

例字：

资　紫　字　疵　辞　此　刺　私　死　肆

例词：

孜孜　子嗣　自此　自私　恣肆　刺字　私自　字词　此次　四次　次子　赐死　祠寺

–i（后）：

嘴微张，唇略展，舌尖抬起与硬腭前端形成缝隙，发音时，声带振动，气流从缝隙中通过。还有一法：发声母 zh、ch、sh、r 时，口微张，舌尖得转向硬腭翘起，声带发音，就是舌尖后元音 –i。这个韵母不能独立运用，它只出现在舌尖后阻声母 zh、ch、sh、r 的后面。

例字：

织　值　止　志　吃迟　耻　斥　湿　石　史　世　日

例词：

支持　支使　知事　直至　值日　只是　指使　指示　咫尺　志士　制止　致使　智齿　吃食　迟滞　失实　失事　失势　失职　失时　知识　史诗　时日　日食　时时　时事　时世　实施　实事　实职　实质　食指　史实　矢志　世事　市制　事实　试纸　试制　适时　适值　逝世

er（儿）：

嘴微张，舌前部抬起，舌尖向后略卷与硬腭形成缝隙。发音时，声带振动，发出卷舌元音 er。

例字：

儿　而　尔　耳　迩　洱　饵　二　贰

例词：

尔后　儿歌　儿童　儿化　儿科　儿郎　儿女　儿孙　儿戏　而今　而且

而立　而已　耳朵　耳福　耳光　耳环　耳机　耳鸣　耳目　耳热　耳熟
耳闻　耳语　耳顺　遐迩　饵料　二胡　二手　二话　二老　二审　二手
二心　贰臣　贰佰　遐迩　钓饵　鱼饵　洱海

三、语音辨正

1.o—e的辨正

o与e的根本区别在于一个圆唇，一个不圆唇。有些方言区，比如东北人由于少了一个圆唇动作，总把“o”说成“e”。例如：把现在开始“播音”（bō yīn）说成（bē yīn），把“破坏”（pò huài）说成（pè huài）。

声母bpmf只和韵母o相拼，不能和韵母e相拼〔me（么）除外〕，而韵母e除了不和声母b、p、m、f、j、q、x相拼外，和其他声母都能相拼。

例词：bo、po、mo、fo

拨款　拨弄　拨拉　波动　波长　波浪　波涛　波折　玻璃　剥夺　剥削
剥落　菠菜　菠萝　播送　播音　播种　伯乐　伯母　伯父　驳斥　驳回
驳倒　丝帛　泊位　勃发　勃然　脖子　博大　博爱　博古　博览　博士
博学　鹁鸪　渤海　搏斗　薄酒　薄礼　薄弱　跛脚　颠簸　坡度　湖泊
泼妇　泼辣　泼墨　婆家　婆婆　叵测　笸箩　压迫　迫害　被迫　迫切
迫使　破案　破坏　破烂　破格　破例　破费　破产　魄力　魂魄　体魄
气魄　摸底　摸索　模仿　模范　模糊　模型　膜拜　摩擦　摩托　磨破
磨损　磨灭　磨难　蘑菇　魔鬼　魔窟　魔术　抹黑　抹杀　抹粉　末代
末尾　没落　陌路　陌生　莫非　蓦然　漠视　墨迹　墨水　默契　默认
磨叨　佛教　佛爷

2.i—ü的辨正

i和ü舌位相同，都是前高元音，只是唇形不同。i为不圆唇元音，而ü为圆唇元音。有的人发ü时嘴懒或不习惯做圆唇动作，往往把ü发成了i，造成语音错误。例如，凤凰台一位著名节目主持人在报一首歌名时说：刚才是XX唱的一首歌“我是你生”。实际歌名是《我是女生》。把“女”说成了“你”，就是因为少了一个撮唇动作而造成了字音错误。纠正的方法是发韵母ü时，一定要做一个撮唇动作。

例字：

女（nǚ）—你（nǐ）
驴（lǘ）—梨（lí）
居（jū）—积（jī）
聚（jù）—寄（jì）
渠（qú）—棋（qí）
趣（qù）—器（qì）
徐（xú）—习（xí）
许（xǔ）—洗（xǐ）
迂（yū）—依（yī）
宇（yǔ）—椅（yǐ）
权（quán）—钱（qián）
玄（xuán）—弦（xián）

例词：

比喻（bǐ yù）—比翼（bǐ yì）
连续（lián xù）—联系（lián xì）
名誉（míng yù）—名义（míng yì）
伴侣（bàn lǚ）—办理（bàn lǐ）
书局（shū jú）—书籍（shū jí）
大鱼（dà yú）—大姨（dà yí）
犹豫（yóu yù）—游艺（yóu yì）
适于（shì yú）—事宜（shì yí）
有趣（yǒu qù）—有气（yǒu qì）
布局（bù jú）—不急（bù jí）
豫剧（yù jù）—艺伎（yì jì）
居住（jū zhù）—基柱（jī zhù）
聚会（jù huì）—忌讳（jì huì）
分区（fēn qū）—分期（fēn qī）
荣誉（róng yù）—容易（róng yì）
拒绝（jù jué）—季节（jì jié）
德育（dé yù）—得意（dé yì）
旅程（lǚ chéng）—里程（lǐ chéng）
渔船（yú chuán）—遗传（yí chuán）
渔民（yú mín）—移民（yí mín）
预见（yù jiàn）—意见（yì jiàn）
防御（fáng yù）—防疫（fáng yì）
许是（xǔ shì）—喜事（xǐ shì）
思虑（sī lǜ）—私利（sī lì）
区分（qū fēn）—七分（qī fēn）
全面（quán miàn）—前面（qián miàn）
女生（nǚ shēng）—你生（nǐ shēng）

例词：

体育（tǐ yù）	戏曲（xì qǔ）	喜剧（xǐ jù）	继续（jì xù）
例句（lì jù）	义举（yì jǔ）	纪律（jì lǜ）	秩序（zhì xù）
提取（tí qǔ）	利率（lì lǜ）	崎岖（qí qū）	其余（qí yú）
依据（yī jù）	骑驴（qí lǘ）	西区（xī qū）	器具（qì jù）
移居（yí jū）	细雨（xì yǔ）	戏剧（xì jù）	急剧（jí jù）
疑虑（yí lǜ）	比喻（bǐ yù）	具体（jù tǐ）	聚集（jù jí）

语义（yǔ yì）　曲艺（qǔ yì）　举例（jǔ lì）　雨衣（yǔ yī）
预计（yù jì）　拘泥（jū nì）　徐姨（xú yí）　嘘唏（xū xī）
雨季（yǔ jì）　距离（jù lí）　淤泥（yū ní）　虚席（xū xí）
躯体（qū tǐ）　履历（lǚ lì）　娶妻（qǔ qī）　渔利（yú lì）
举旗（jǔ qí）

小幽默

八路来了！

黄先生热爱革命，为纪念红军，给儿子取名“军”，一天送儿子上课，见公交8路进站，于是冲儿子大喊：“黄军快跑，8路来了！”

课文

1. 诗　为普天下的母亲歌唱

烟雨苍茫

我多么想拉近天上的星光，
我知道那最亮的一颗，
闪烁的一定是您的慈祥。
那双舐犊情深的眼睛，
那眼神里大写的爱字
曾经注视着我一步步成长
我不敢想象，没有您近距离的注视
我的心会多么痛苦迷惘
此刻，我多么想
像儿时那样
叫一声：妈妈
乖乖地站在您的面前

让您看看我想念的模样
我多么想托住西下的暖阳
我知道每一缕阳光中
都有您给我的信心和力量
每当太阳升起的时候
那七彩的光辉
就洒满我生命的河床

我不知道，失去您的照耀
我的世界将会怎样
此刻，我多么想
像年轻时那样
叫一声：妈妈
依偎在您的肩头
向您倾诉生活中的幸福和向往
我多么想抚平您经历的沧桑
我知道您的每一根白发
凝聚着多少含辛茹苦
您的每一丝皱纹
蕴涵着多少雨雪风霜
看着您年轻时俊秀的照片
我虽然知道岁月如流水，但是
我还是天真地这样想，这样想
此刻，我多么想
像那天回家时一样
叫一声：妈妈
为您揉肩捶背
让您享受点滴的回报和天伦的时光

我多么想化作满地的芬芳
我知道，播种春天、播种大爱
是您毕生未竟的希望
您最后流下的泪珠里
有多少怜爱和牵挂
您最后喃喃的话语里
有多少感慨和忧伤

此刻，我多么想
像您教诲的那样
用您赋予我的声音
深情地叫一声：妈妈
在您洒下青春和汗水的土地上
为普天下的母亲歌唱

2. 文

生活不是梦

佚　名

生活，不是梦，而是由我们自己托起的一片晴空；
生命，不是一个玩笑，而是庄严而神圣的旅程。

我相信，你不是在梦中，因为我读懂了你的眼睛，明亮清澈而毫不朦胧。

不再迷茫，不再哭泣，用心的能量去注释一个个疑惑的事情。

正视现实吧，在时代的热潮前，冬天也不会不寒冷。

不再幻想远去的帆会带走所有的烦恼，不再企望黄昏到来之前会出现一次黎明。

也许另一个“我”会轻轻告诉你说：“人生如梦，死才是梦的初醒。”

狠命地咬一下嘴唇吧，只要出血，那么你还有一个活着的心灵。

面对繁杂的生活，请不要躲在一片灰色的背景里渲染悲哀的歌声。

勇敢地走进生活的大门吧，哀叹和等待都不能说明你还清醒。

不是有人闯世界吗？不是有人在漂长江吗？

是强者就会把路摔倒在自己的脚下，是勇士总不会忘记冲锋！

如今，我们这一代人站在世纪的旷野，拉着时代的纤绳。

我们不再迷茫，不再属于幻境，浪漫的心在找到一片岛屿之后，

就去唤醒梦中的人们，就去镀亮龙的图腾！

生活，不是梦。

生命，只是一个过程。

思考与练习

1. 用舌位图或列表将主要单元音韵母发音情况表示出来。

2. i 和 ü，o 和 e 的发音区别在哪里？

3. 请逐个将小幽默和课文中单韵母的字词标出来，并着重体会它们在发音时的唇形动作。

4. 朗读下列词语，体会其韵母的发音动作。

八股　扒皮　巴黎　拔河　拔丝　跋扈　把持　罢休　逼迫　鼻子　比武

彼此　鄙视　闭幕　碧绿　波及　玻璃　驳斥　博大　补差　不宜　痴迷

耻辱　赤膊　辞职　刺客　粗细　答疑　大麻　低估　敌意　嫡系　抵达

地址　都市　独特　渎职　堵塞　度日　讹诈　扼杀　恶霸　儿女　而立

耳目 二胡 发射 法制 佛法 佛珠 夫妻 伏法 扶植 福气 抚育
付出 妇女 嘎吱 疙瘩 搁置 隔壁 各色 姑息 骨碌 古迹 痼疾
蛤蟆 合适 贺词 忽视 狐狸 胡扯 琥珀 基础 急迫 集合 脊柱
记录 继而 拘捕 巨额 苦涩 酷热 拉锯 蜡烛 离合 礼遇 立刻
炉渣 录制 旅途 屡次 律师 妈祖 马戏 弥补 密码 摸底 摩擦
抹杀 陌路 模具 牡蛎 沐浴 奴隶 女士 奇葩 爬坡 批驳 蚍蜉
匹夫 譬如 泼辣 叵测 破涕 铺设 女仆 普及 欺辱 奇特 启发
契据 驱车 取缔 惹事 撒泼 奢侈 涉及 时务 世俗 属于 竖立
思绪 踏实 特殊 提取 屠夫 吐絮 佤族 污渍 无耻 舞弊 系数
虚词 旭日 一隅 贻误 艺术 逾期 予以 寓意 杂务 责罚 眨巴
折服 覆辙 蜘蛛 值得 制图 姿色 资格

5. 练习下列绕口令，体会单韵母的发音。

张大妈夏大妈

张大妈，夏大妈，
你看咱社的好庄稼，
高的是玉米，
低的是芝麻，
开黄花、紫花的是棉花，
圆溜溜的是西瓜，
谷穗长得像镰把，
勾着想把地压塌。
张大妈，夏大妈，
边看边乐笑哈哈。

a.i.ü.e

白石塔

白石塔，白石搭，
白石搭白塔，
白塔白石搭，
搭好白石塔，
白塔白又大。

a.b.d.t

喇嘛和哑巴

打南边来了个喇嘛，
手里提着五斤鳎目；
打北边来了个哑巴，
腰里别着个喇叭。
南边提鳎目的喇嘛要拿鳎目换北边别喇叭的哑巴的喇叭，
哑巴不乐意拿喇叭换提鳎目的喇嘛的鳎目，
喇嘛非要拿鳎目换别喇叭的哑巴的喇叭。

喇嘛抡起鳎目抽了别喇叭的哑巴一鳎目，

哑巴摘下喇叭打了提鳎目的喇嘛一喇叭。

也不知提鳎目的喇嘛抽了别喇叭的哑巴一鳎目，

还是别着喇叭的哑巴打了提鳎目的喇嘛一喇叭。

喇嘛炖鳎目，哑巴嘀嘀哒哒吹喇叭。

a.i.e

争气库与争气渠

集体力量大无比，
社员战天又斗地，
学习科学和技术，
誓与老天争口气。
大战三冬九个月，
建起大坝把水蓄。
先修争气库，
再修争气渠。
放眼远望，水渠工地，
人如潮涌，歌声四起。
驱严寒，迎风雪，
破云雾，举红旗。
老夫和老妻，父母带儿女，
妹妹比姐姐，哥哥帮弟弟，
干部带头苦干，
社员挥汗如雨。
人心齐，泰山移。
水库巍巍，大坝与天比高低。
渠水如银龙，库水碧又绿，
发电，灌田又养鱼。
不怕大旱没有雨，
渠水哗哗流到田地里；
不怕山洪和暴雨，
给我乖乖流进水库去。

灌出了穗大粒饱的小麦、水稻、谷子、高粱、芝麻、绿豆、老玉米；

养肥了活蹦乱跳的青鱼、鲢鱼、草鱼、鲫鱼、巴鱼、鳜鱼、大鲤鱼。

微风和煦，江山壮丽。
姑娘小伙笑嘻嘻，
老大爷乐得把胡子捋，
一起倾听这抑扬动人的凯旋曲：
抽水机的皮带轮子哒哒哒，
渠里的流水哗哗哗，
老玉米猛长欻欻欻（chuā），
树上的喜鹊喳喳喳，
老爷爷抽烟叭叭叭，
小孙子笔下唰唰唰。
看不完的幸福景，
画不尽的丰收画，
社员们唱起了嘿啦啦啦。
为早日实现农业现代化，
干劲百倍，早出晚归笑哈哈。

i.ü.er.e.u

山上五棵树

山上五棵树，
架上五壶醋，
林中五只鹿，
箱里五条裤。
伐了山上的树，
搬下架上的醋，
射死林中的鹿，
取出箱中的裤。

u

一匹布、一瓶醋

肩背一匹布，手提一瓶醋，
走了一里路，看见一只兔。
卸下布，放下醋，去捉兔。
跑了兔，丢了布，洒了醋。

u

学语言

学语言，用语言，
学好语言说话不费难。
播音员学语言，
说话亲切又自然。
演员学语言，
台词传得远。

i–ü

男演员女演员

男演员女演员，
同台演戏说方言，
男演员说吴语言，
女演员说闽南言。
男演员演远东旅行飞行员，
女演员演鲁迅文学研究员。
研究员、飞行员、吴语言、闽南言，
你说男女演员演得全不全。

i–ü

服务部

早晚服务部，服务员好态度，
学习刻苦有觉悟，严肃认真不马虎。
货物架上的货物真丰富，
有烟酒，有油醋，有鞋袜，有衣裤，
有纸笔，有图书；
还有那各式各样的红布、白布、蓝布、
青布、灰布、条绒平绒布，还有那
红蓝绿紫各色各样的大花小花布。
要问货物多少种，有人顺路数了数，
足足数了五百五十五遍五，
越数越糊涂，没有数清楚，
翘起拇指夸服务！

u

女小吕

这天天下雨，
体育运动委员会穿绿雨衣的女小吕，

去找计划生育委员会不穿绿雨衣的
女老李。
体育运动委员会穿绿雨衣的女小吕，
没找着计划生育委员会不穿绿雨衣
的女老李；
计划生育委员会不穿绿雨衣的女老李，
也没见着体育运动委员会穿绿雨衣
的女小吕。

i—ü

两人山前来比眼

山前有个阎圆眼，
山后有个阎眼圆，
两人山前来比眼。
不知是阎圆眼比阎眼圆的眼圆，
还是阎眼圆比阎圆眼的眼圆？

i—ü

第三节　复韵母及其发音特点

一、复韵母及其分类

复韵母也叫复合韵母，是由两个音素或两个以上音素复合而成的韵母。

复韵母的分类，有的专家把由元音组合而成的韵母叫复韵母，把带鼻韵尾的韵母叫鼻韵母，而不称为复韵母。笔者认为，鼻韵母也是由一个元音或两个元音再加上鼻韵尾复合而成的，因此应该把它们归到复韵母之列，与二合韵母、三合韵母并列，统称为复韵母。分类如下：

- 复韵母
  - 二合复韵母
    - 前响：ao、ai、ei、ou
    - 后响：ia、ie、ua、uo、üe
  - 三合复韵母——中响：iao、iou、uai、uei
  - 鼻韵尾复韵母
    - 前鼻韵：an、en、ian、uan、üan、uen、ün、in
    - 后鼻韵：ang、eng、iang、uang、ueng、ong、iong、ing

或者鼻音尾复韵母与复元音韵母相对应统称为复韵母：

- 复韵母
  - 复元音韵母
    - 二合
      - 前响（带元音韵尾）
      - 后响（带介音）
    - 三合——中响
  - 复鼻音尾韵母
    - 前鼻韵（鼻音 n 收尾）
    - 后鼻韵（鼻音 ng 收尾）

二、复韵母的发音特点

复韵母与单韵母的发音有明显的不同：

1. 发单韵母时，唇形、舌位以及口腔的形状基本固定不变，声音的响点也基本稳定在一个位置上。而发复韵母时，唇形、舌位以及口腔的形状都要从第一个音素向第二个音素或者再向第三个音素的位置变化移动，声音的响点也随之变化移动。例如二合韵母 ai，唇形、舌位要从 a 快速向 i 的位置滑动（图 1）。三合韵母 uei，唇形、舌位要从 u 向 e 再向 i 的位置滑动（图 2），鼻韵母 an 或 ang，唇形、舌位以及共鸣的位置要从 a 向前鼻音 n 或向后鼻音 ng 的位置滑动，声音的响点也随之变化（图 3）。在这里需要说明的是，作为韵尾的 n 或 ng 与声母中的辅音不同，声母中的辅音有除阻过程，而韵尾中的辅音没有除阻过程，归到即止。

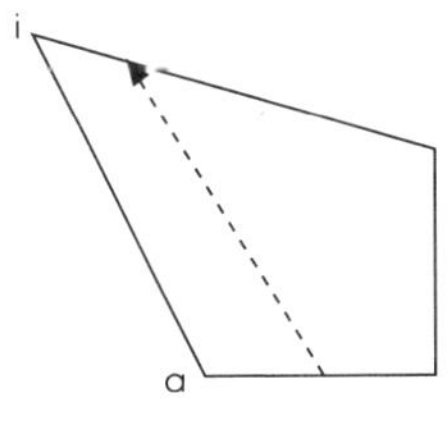

图1

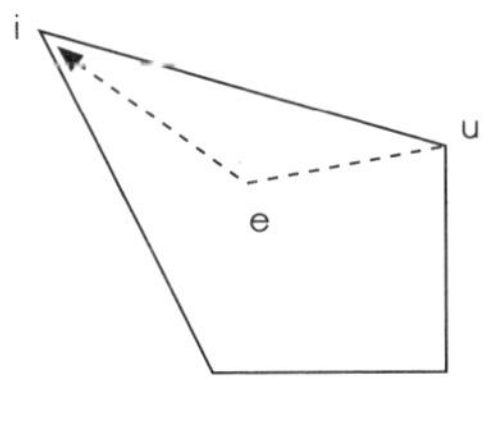

图2

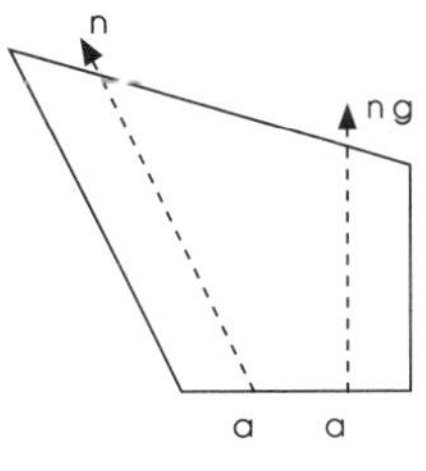

图3

2. 单韵母由于唇形、舌位不动，所以发出的声音是单一纯正的音色。

而复韵母，由于唇形、舌位在不断地变化，所以发出的声音是一个以韵腹为主的动态的复合音色。

复韵母音素之间，不是像声韵之间的拼合关系，也不是简单的两个或三个单音色相加的关系。而是一个移动的过程，它包容着这其间完整的过渡音，是一个特殊的滑动的复合音。同时，由于音素之间的相互影响，每个音素也已不再是原来意义上的音素了。例如：ai、an、ao 中的 a 就已不再是原来单元音时的 a 了，它的发音位置在三个复韵母中变得一个比一个靠后。

小幽默

视　察

陆金安

领导视察南方某地，当地负责人热情接待，每到一处，必详作介绍。遗憾的是，此人不会说普通话，领导常听得如在云里雾中。当天下午，一行人坐在船上，看着两岸如画的风景，这位负责人又充当起导游来，只听他说道："坐在床上看娇妻，越看越美丽。"领导思索半天，方才明白他说的是"坐在船上看郊区，越看越美丽"。

课　文

1. 诗

良心的呼唤

高占祥

严冬最怕没红日，酷暑最怕没绿荫。
交友最怕没诚意啊，为人最怕没良心！
谁有良心？谁无良心？谁慈善？谁毒狠？
在道德的天平上啊，能够准确地区分。

良心——是“真”的流露，是“善”的化身。
是“美”的使者啊，是“爱”的纯贞。
良心——是清澈的山泉，是燃烧的青春。
是幸福的种子啊，是无悔的耕耘。
良心——是孝敬父母的天性，是知恩图报的回音。
是永不消逝的记忆啊，是感恩之时的泪痕。
良心——是审判自己的法官，是和谐社会的基因。
是人格的分量啊，它重于那昂贵的黄金！
一个人有了良心，情怀高洁不染尘。
鄙视人间白眼狼啊，厌恶世上黑心人。
一个人没有良心，他便会产生狼心。
人心一旦变狼心啊，顿时堕入虎狼群！
翻手为云覆手雨，有奶就比亲娘亲！
朝秦暮楚巧钻营啊，见利忘义绝天伦！
透过那滚滚红尘，我看清了那邪恶之因。
——狼心是孽种啊，——黑心是祸根。
谁丧失了人性，谁就是耻辱柱上的罪人。
谁丧失了天良，谁就跌进了地狱之门。
在大千世界的舞台上，到处都呼唤着良心。
听——大海的怒涛在呐喊：
——良心呀！良心！
小溪的流水在低吟：
——良心呀！良心！
白发的母亲在呼唤；
——良心呀！良心！
天真的孩子在哭喊：
——良心——良心——良心！
这悲怆的呐喊撞击着人们的神经，
这凄切的呼唤震撼着人们的灵魂！

来吧，朋友们
——让我们聚集在阳光灿烂的广场上，
——来检阅自己的良心！
让我们步入大仁大义的殿堂里，
——来修炼自己的良心！
让我们攀登在崇高人格的阶梯上，
——来升华自己的良心！
让我们站在人生的金字塔上，
——来捧出自己的良心！
来吧，朋友们
——用我们的天理良心，托起那七彩祥云，
让道德的光芒照耀乾坤！

2. 文

生命与美丽

雪　子

真正美丽的生命执著地追求着真善，它不会趋炎附势地扭曲自己的形象，涂改自己灵动的线条，更不会让自己美丽的底色染上尘污，除非用烈火将其燃为灰烬，使之化为尘埃，否则，美丽的生命就像一条清澈的小溪，永远百折不回、乐观坚强地奔向大海，直到最后一滴。

有时，它也许会被冷酷地阻断；有时，它也许会被无情地搁浅；更甚至，它还未及瞥一眼那夜幕下美丽灿烂的星海苍穹，未及静静地谛听一声那宇宙深处的清纯之音，它就已被意想不到的庸俗与险恶一下子毁得千疮百孔，奄奄一息。

生命之所以美丽，正在于它有血有肉的过程中，始终高扬着一个美丽的主题；美丽之所以永恒，正在于生命的底蕴中，始终流动着人类对世界最纯粹的良知与渴望。于是，美丽因生命而存在，生命因美丽而永恒，这是一个连上帝也祈求的统一。

思考与练习

1. 简述复韵母的概念。
2. 复韵母如何分类？并举例说明。
3. 复韵母的发音特点是什么？
4．朗诵下面诗歌：

《长征组歌》：红军不怕远征难

肖　华

四渡赤水出奇兵

横断山，路难行。
敌重兵，压黔境。
战士双脚走天下，
四渡赤水出奇兵。

乌江天险重飞渡，
兵临贵阳逼昆明。
敌人弃甲丢烟枪，
我军乘胜赶路程。
调虎离山袭金沙，
毛主席用兵真如神。

到吴起镇

锣鼓响，秧歌起。
黄河唱，长城喜。
腊子口上降神兵，
百丈悬崖当云梯。

六盘山上红旗展，
势如破竹扫敌骑。
陕北军民传喜讯，
征师胜利到吴起。
南北兄弟手携手，
扩大边区根据地。

第四节　二合复韵母的发音及辨正

一、二合复韵母共有9个

其中有4个是第一个音素较之第二个音素清晰响亮，叫前响二合复韵母；有5个是第二个音素较之第一个音素清晰响亮，叫后响二合复韵母：

二合复韵母 { 前响：ai、ei、ao、ou
后响：ia、ie、ua、uo、üe

二、二合韵母的发音

ai（哀）

口腔自然张开，舌尖抵在下齿背后，舌面由前a的低位向前i的高位移动隆起，双唇由开变半关，发出前响复合音ai。

例字：

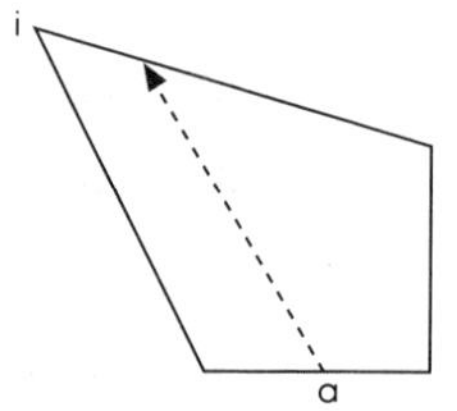

哀　皑　矮　艾　掰　白　摆　拜　拍　排　派
埋　买　卖　呆　歹　代　胎　抬　太　该　改
盖　开　概　忾　孩　海　害　斋　宅　窄　债
栽　崽　再　猜　财　彩　菜

例词：

爱戴　白菜　海带　开采　拍卖　买卖　晒台　采摘　彩带　彩排　摆开
拆台　灾害　掰开　再来　太太　开拍　赖债　买菜　百害　奶奶　开赛
爱才　耐晒　挨宰　海菜　海派　开斋　抬爱　择菜　债台　带来　皑皑

ei（欸）

双唇微展，舌尖抵在下齿背后，舌面由前央e的低位向接近i的高位移动隆起，口腔开度变小，发出前响复合音ei。

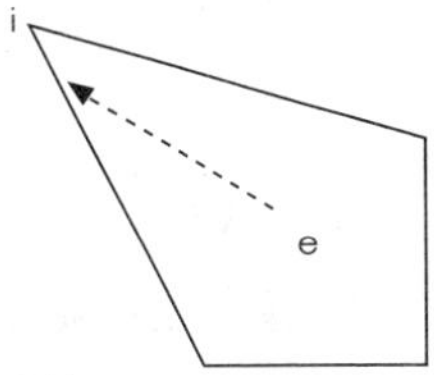

例字：

胚 赔 配 煤 美 媚 非 肥 匪 费 雷

儡 累 给 黑 谁 贼 这

例词：

肥美 配备 贝类 非得 飞贼 蓓蕾 妹妹 谁美 黑妹

肥贼 背煤 霏霏 黑煤 给谁 累累 眉飞 贼眉 杯内 北美 北非

ao（凹）

嘴自然张开，舌头后缩，舌面后部由后低 a 向后高 o 的方向抬起，双唇由开形拢成圆形，发出前响复合音 ao。

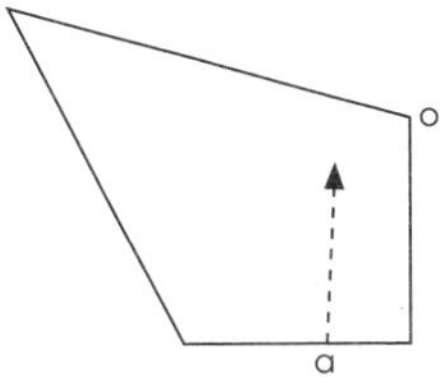

例字：

包 雹 宝 报 抛 袍 跑 泡 猫 毛 卯

冒 刀 岛 道 捞 牢 老 涝 高 稿 告

蒿 豪 好 号 梢 韶 少 绍

例词：

报告 号召 高超 草包 操劳 草帽 高傲 高烧 祷告 老少 跑道

讨好 早稻 劳保 唠叨 报考 骚扰 糟糕 冒号 早操 高考 懊恼

报到 稻草 高潮 告饶 号啕 毫毛 牢骚 牢靠 毛糙 茅草 抛锚

绕道 逃跑 照抄 吵闹 曹操 老道 宝刀 犒劳 早朝 好找 冒泡

蒿草 抄道 老早 包抄

ou（欧）

双唇拢成圆形，舌头后缩，舌面后部由 o 位向后高 u 的方向抬起，双唇收拢，由大圆变成小圆，发出前响复合音 ou。

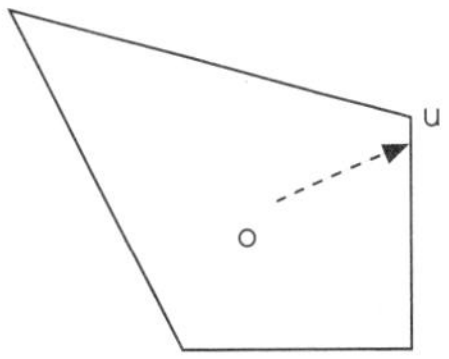

例字：

兜 抖 豆 偷 头 透 搂 楼 篓 漏

钩 狗 够 抠 口 叩 侯 吼 后 周

轴 肘 咒 抽 绸 丑 臭 邹 走 奏

例词：

口头 守候 收购 筹谋 喉头 后头 漏斗 口授 叩头 口臭 瘦肉

欧洲 丑陋 走漏 偷漏 佝偻 兜售 够受 走狗 揉手 偷走 抖擞

手头　豆蔻　猴头　绸缪　兜兜　斗殴　叩首　露头　露丑　扣肉　收受
凑够　周口

ia（呀）

嘴微张，略展唇，舌位由 i 向 a 移动，即舌面前部先隆起在 i 的位置上，然后向央低 a 的方向滑动落下，口腔开度由窄变宽，发出后响复合音 ia。

例字：

鸦　牙　雅　讶　家　荚　贾　嫁　掐　卡　恰
虾　匣　下

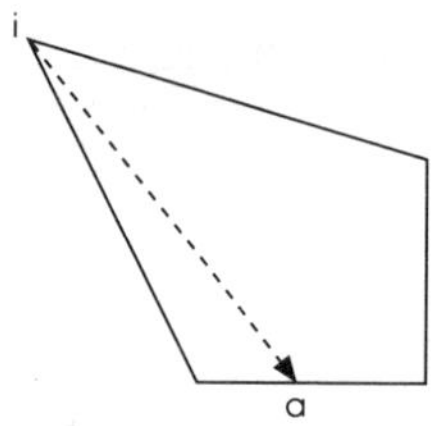

例词：

加价　下牙　恰恰　假牙　家家　压价
下嫁　架下　鸭架　贾家　下家　加压

ie（耶）

嘴微张，唇略展，舌尖抵在下齿背后，舌面前部先隆起在 i 的位置上，然后向下 ê 的低位落下，它的落程比 ia 小。口腔开度由窄变宽，发出后响复合音 ie。

例字：

耶　爷　野　业　鳖　别　瘪　憋　爹　谍　贴　铁　帖　咧　列　街
洁　姐　借　切　茄　且　怯　歇　鞋　写　谢

例词：

谢谢　斜街　结业　贴切　歇业　爷爷　姐姐　借鞋　爹爹　趔趄
铁鞋　鞋业　喋喋　窃窃　节烈

ua（蛙）

双唇撮圆，舌头向后微缩，舌面后部先隆起在后高 u 的位置上，然后向央低 a 的方向落下，双唇张开，口腔开度变大发出后响复合音 ua。

例字：

蛙　娃　瓦　袜　瓜　寡　挂　夸　垮　跨　花
滑　化　抓　爪　刷　耍

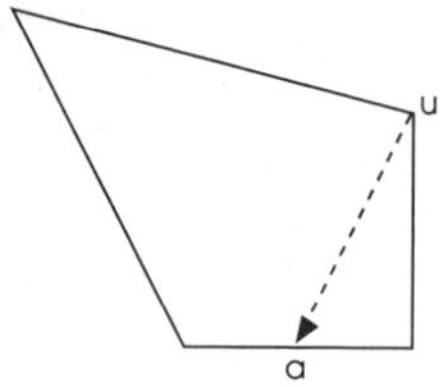

例词：

挂花　花袜　花瓜　娃娃　耍滑　画画　挂画

uo（窝）

双唇拢成圆形，舌头向后微缩，舌面后部先微隆在后高 u 的位置上，然后向后低 o 的位置落下，双唇扩开，口形由小圆变成大圆，发出后响复合音 uo。

例字：

多 夺 朵 惰 拖 驼 妥 拓 罗 裸 洛 锅

国 果 过 豁 活 火 货 桌 浊 说 硕 昨

左 作 搓 痤 错

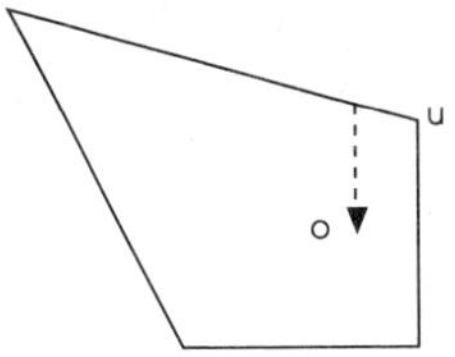

例词：

咄咄 哆嗦 堕落 国货 过错 过活 过火 活捉 火锅 啰嗦 骆驼

落座 挪窝 懦弱 硕果 锁国 脱落 窝火 着落 坐落 做作 错过

错落 蹉跎 陀螺 阔绰 罗锅

üe（约）

撮双唇，舌尖轻抵在下齿背后，舌面前部先隆起在前高元音 ü 的位置上，然后向前中元音 ê 的方向落下，双唇随之打开，发出后响复合音 üe。

例字：

约 月 虐 略 决 倔 缺 瘸 确 靴 学

雪 穴

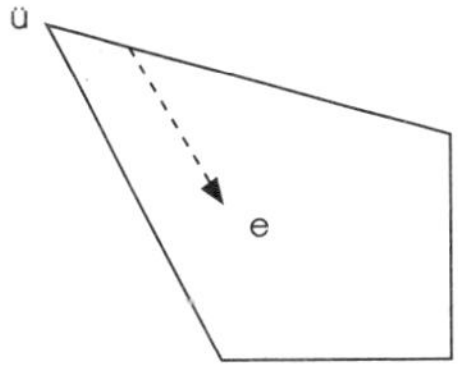

例词：

约略 决绝 缺略 雀跃 乐阕 月夜 血液 戏谑

学业 学界 虎穴 削弱 确切

三、语音辨正

1. ai—ei 的辨正

有些方言区，如内蒙古等地 ai–ei 不分。把“白天”(bái tiān) 说成 (béi tiān)，把“给了”(gěi le) 说成“改了”(gǎi le)，把“北京”(běi jīng) 说成“柏京”(bǎi jīng)。

ai 与 ei 的差别有两点：一是 ai 的开口度比 ei 的开口度大。二是 ai 的舌位动程比 ei 的舌位动程略长。

例字：

掰（bāi）—背（bēi）	拜（bài）—贝（bèi）
拍（pāi）—胚（pēi）	排（pái）—陪（péi）
派（pài）—配（pèi）	埋（mái）—眉（méi）
买（mǎi）—美（měi）	卖（mài）—昧（mèi）
乃（nǎi）—馁（něi）	耐（nài）—内（nèi）
莱（lái）—雷（léi）	赖（lài）—累（lèi）
改（gǎi）—给（gěi）	寨（zhài）—这（zhèi）
咳（hāi）—嘿（hēi）	

例词：

百步（bǎi bù）—北部（běi bù）	不买（bù mǎi）—不美（bù měi）
排前（pái qián）—赔钱（péi qián）	改了（gǎi le）—给了（gěi le）
来电（lái diàn）—雷电（léi diàn）	奈何（nài hé）—内河（nèi hé）
麦子（mài zi）—妹子（mèi zi）	稗子（bài zi）—被子（bèi zi）
分派（fēn pài）—分配（fēn pèi）	买的（mǎi de）—美的（měi de）
拜师（bài shī）—背诗（bèi shī）	埋头（mái tóu）—眉头（méi tóu）
改错（gǎi cuò）—给错（gěi cuò）	债权（zhài quán）—这拳（zhèi quán）
派送（pài sòng）—配送（pèi sòng）	卖力（mài lì）—魅力（mèi lì）
安排（ān pái）—安培（ān péi）	

2.ua—uo 的辨正

有些方言区，如山西人把“过上幸福生活”说成“挂上幸福生活”，“你说”说成“你刷”。

ua 与 uo 的明显差别在开口度上。ua 的开口度大，uo 的开口度小。

例字：

瓜（guā）—郭（guō）	寡（guǎ）—果（guǒ）
挂（guà）—过（guò）	跨（kuà）—阔（kuò）
花（huā）—豁（huō）	华（huá）—活（huó）
化（huà）—获（huò）	抓（zhuā）—桌（zhuō）

刷（shuā）—说（shuō）　　蛙（wā）—窝（wō）

瓦（wǎ）—我（wǒ）　　袜（wà）—卧（wò）

例词：

郭峰（guō fēng）—刮风（guā fēng）　　过着（guò zhe）—挂着（guà zhe）

快说（kuài shuō）—快刷（kuài shuā）　　活动（huó dòng）—滑动（huá dòng）

捉住（zhuō zhù）—抓住（zhuā zhù）　　进货（jìn huò）—进化（jìn huà）

货郎（huò láng）—画廊（huà láng）　　斜卧（xié wò）—鞋袜（xié wà）

果仁（guǒ rén）—寡人（guǎ rén）　　果断（guǒ duàn）—寡断（guǎ duàn）

过失（guò shī）—挂失（guà shī）　　豁开（huō kāi）—花开（huā kāi）

过谦（guò qiān）—挂牵（guà qiān）　　活力（huó lì）—华丽（huá lì）

活人（huó rén）—华人（huá rén）　　我上（wǒ shàng）—瓦上（wǎ shàng）

3.ie—üe 的辨正

ie 和 üe 的明显差别在于 üe 有一个撮唇动作，而 ie 没有。有的人发音时就是由于少了一个撮唇动作，常把 üe 发成了 ie，造成语音错误。有些地方（如云南、福建等省部分地区）没有 ü 音，应特别注意。

例字：

咽（yè）—越（yuè）　　掖（yē）—约（yuē）

孽（niè）—虐（nüè）　　列（liè）—略（lüè）

洁（jié）—倔（jué）　　切（qiē）—缺（quē）

茄（qié）—瘸（qué）　　怯（qiè）—确（què）

歇（xiē）—靴（xuē）　　鞋（xié）—穴（xué）

写（xiě）—雪（xuě）　　屑（xiè）—谑（xuè）

例词：

每月（měi yuè）—每夜（měi yè）　　学会（xué huì）—协会（xié huì）

学业（xué yè）—鞋业（xié yè）　　靴子（xuē zi）—楔子（xiē zi）

决裂（jué liè）—节烈（jié liè）　　约好（yuē hǎo）—掖好（yē hǎo）

瘸子（qué zi）—茄子（qié zi）　　绝境（jué jìng）—洁净（jié jìng）

确实（què shí）—切实（qiè shí）　　觉着（jué zhe）—截着（jié zhe）

月色（yuè sè）—夜色（yè sè）　　掠视（lüè shì）—烈士（liè shì）

雪景（xuě jǐng）—写景（xiě jǐng）　　大雪（dà xuě）—大写（dà xiě）
撅着（juē zhe）—接着（jiē zhe）

4.uo—o 的辨正

uo 和 o 的发音很接近，所以也很容易被混淆，尤其是在拼写中往往被错写。例如“菠萝”（bō luó）常被错误地拼写成（buō luó），“活泼”（huó•po）被错拼写成（hó po）。

在汉语声韵配合上，韵母 o 只和声母 b、p、m、f 相拼，不能和其他声母相拼。而韵母 uo 却恰恰不能和声母 b、p、m、f 相拼。

在发音上，uo 的唇形和舌位要有一个从 u 向 o 过渡的动作，口腔开度由小变大，发出的是复合音。而 o 的唇形、舌位及口腔开度要始终保持不变。而且 o 的口腔共鸣腔要比 uo 略大些。随着科技及语言学的发展，也许有一天会把韵母 o 归到韵母 uo 里，那时会很自然地减少人们出差错的机会。现在需要特别记住，声母若是 b、p、m、f，韵母肯定是 o；声母若不是 b、p、m、f，韵母肯定是 uo。

例字：

o：剥　渤　坡　笸　摩　沫　佛
uo：哆　躲　驼　拓　挪　诺　罗　裸　锅　果　阔　伙　或　卓
　　浊　戳　绰　硕　若　嘬　磋　挫　锁　斡

例词：

剥夺（bō duó）	剥落（bō luò）	菠萝（bō luó）
薄弱（bó ruò）	婆娑（pó suō）	笸箩（pǒ luo）
破获（pò huò）	破落（pò luò）	摸索（mō suǒ）
摩托（mó tuō）	末座（mò zuò）	没落（mò luò）
莫若（mò ruò）	活佛（huó fó）	活泼（huó po）
落魄（luò pò）	说破（shuō pò）	萝卜（luó bo）
落墨（luò mò）	琢磨（zhuó•mó）	唾沫（tuò mò）
戳破（chuō pò）	拖驳（tuō bó）	

小幽默

吃掉国土

佚　名

一位长官到连队巡查，正赶上士兵们吃中午饭。“伙食怎么样？”长官问。

“报告长官，汤里泥土太多。”士兵答。

“你们入伍是为了保卫国土，而不是挑剔伙食！”长官斥责道，“难道不懂？”

“懂，”士兵毕恭毕敬地立正，又斩钉截铁地说，“但绝不是让我们吃掉国土。”

课文

1. 诗

我的祖国

钱禹丞　梁颖

（改编　杜青）

我的祖国，高山巍峨，
雄伟的山峰俯瞰历史的风狂雨落，
暮色苍茫，任凭风云掠过，
坚实的脊背顶住了亿万年的沧桑从容不迫。

我的祖国，大河奔腾，
浩荡的洪流冲过历史翻卷的漩涡，
急流勇进，洗刷百年污浊，
惊涛骇浪拍击峡谷涌起过多少命运的颠簸。

我的祖国，地大物博，
风光秀美孕育了瑰丽的传统文化，

大漠收残阳，明月醉荷花，
广袤大地上多少璀璨的文明还在熠熠闪烁。

我的祖国，人民勤劳，
五十六个民族相濡以沫，
东方神韵的精彩，
人文风貌的风流，
千古流传着多少美丽动人的传说。

这就是我的祖国，
这就是我深深爱恋的祖国，
我爱你源远流长灿烂的历史，
我爱你每一寸土地上的花朵，
我爱你风光秀美壮丽的山河，
我爱你人民的性格坚韧执着。

我的祖国，
我深深爱恋的祖国。
你是昂首高吭的雄鸡，
唤醒拂晓的沉默。
你是冲天腾飞的巨龙，
应对风云的莫测。
你是威风凛凛的雄狮，
舞动神州的气魄。
你是人类智慧的起源，
点燃文明的星火。
你有一个神圣的名字，
那就是——中国！
那就是中国啊，我的祖国，
我深深爱恋的祖国。

我深深地爱着我的祖国，
搏动的心脏跳动着五千年的脉搏。
我深深地爱着我的祖国，
涌动的血液奔腾着长江黄河的浪波。
我深深地爱着我的祖国，
黄色的皮肤印着祖先留下的颜色。
我深深地爱着我的祖国，
黑色的眼睛闪烁着智慧的光泽。
我深深地爱着我的祖国，
坚强的性格挺拔起泰山的气魄。
我深深地爱着我的祖国，
辽阔的海疆装满了我所有的寄托。

我自豪你的悠久，
数千年的狂风吹不折你挺拔的脊背。
我自豪你的坚强，
抵住内忧外患闯过岁月蹉跎。

我自豪你的光明，
中华民族把自己的命运牢牢掌握。
我自豪你的精神，
改革勇往直前，开放气势磅礴。

可爱的祖国啊，
无论我走到哪里，
我都挽住你有力的臂膊。
无论我身居何方，
我都温暖在你的心窝。

可爱的祖国啊，
你把住新世纪的航舵，
你用速度，你用实力，
创造震惊世界的奇迹。
你用勤劳，你用智慧，
进行了又一次更加辉煌的开拓！

祖国啊，祖国，
你永远充满希望。
祖国啊，祖国，
你永远朝气蓬勃！

2. 文

出自内心的真诚

路 遥

我们常常谈论所谓艺术的魅力，也就是说，我们的作品凭什么来打动别人的心灵！

在我看来，要达到这样的目的，最重要的是作家对生活、对艺术、对读者要抱有真诚的态度。否则，任何花言巧语和花样翻新都是枉费心机。请相信，作品中任何虚假的声音，读者的耳朵都能听得见。无病的呻吟骗不来眼泪，只能换取讽刺的微笑；而用塑料花朵装扮贫乏的园地以显示自己的繁荣，这比一无所有更为糟糕。是的，艺术劳动，这项从事虚构的工作，其实最容不得虚情假意。我们赞美，我们诅咒，全然应出自我们内心的真诚。真诚！这就是说，我们永远不丧失一个普通人的感觉，这样我们所说出的一切，才能引起无数心灵的共鸣。

思考与练习

1. 复韵母与单韵母在发音上有何区别?

2. 请把小幽默和课文中韵母为二合复韵母的字词标出来，并检查一下 ai–ei、ua–uo、ie–üe、uo–o 有没有发生混淆。

3. 熟读下列词组，体会韵母的发音。

白费　白桦　百货　百叶　摆脱　败北　包括　雹灾　薄厚　宝座　堡垒
报价　暴跌　卑劣　悲切　背后　被告　裁决　彩霞　草莓　拆卸　超脱
巢穴　吵扰　代价　倒卖　盗匪　跌落　谍报　豆荚　多谢　躲债　垛口
舵手　飞跃　扉页　肥差　废话　费解　改造　概括　高洁　搞活　告诫
挂牌　聒噪　国宝　裹挟　过后　海潮　害臊　豪华　壕沟　好说　号脉
耗费　浩劫　皓月　花蕾　华夏　滑雪　化解　画轴　话别　活塞　火花
祸害　加倍　佳作　枷锁　家贼　假冒　架构　嫁接　结果　街头　节约
结伙　截获　解脱　戒备　决赛　诀别　矍铄　开拓　垮台　挎包　阔别
来稿　劳驾　姥爷　涝灾　雷暴　磊落　擂台　楼道　搂抱　露怯　罗列
落后　埋头　麦草　冒昧　眉梢　媒介　美好　媚外　耐劳　脑袋　内债
虐待　懦弱　欧化　拍照　排头　派别　抛售　泡菜　胚胎　佩戴　配套
解剖　恰好　柔美　若非　腮颊　塞北　搔首　扫雷　烧杯　梢头　少陪
哨卡　收获　手镯　首尾　受挫　耍闹　搜刮　抖擞　缩写　索道　台阶
泰斗　韬略　逃脱　陶冶　淘汰　套购　偷盗　头套　投保　拖累　脱节
驼背　妥协　唾液　歪斜　外债　危害　威胁　微弱　围猎　伪造　委托
萎缩　味觉　魏碑　瞎话　狭隘　夏收　协作　邪道　携带　写作　泄漏
卸货　械斗　谢绝　懈怠　学费　雪花　血液　押解　衙内　雅号　野菜
腋窝　灾害　栽培　在座　贼寇　斋戒　昼夜　抓拍　拙劣　卓绝　着落
左派　作呕　坐待　做派　作美　牙垢　瓦解　歪才　哀悼　爱巢　暧昧

4. 练习下列绕口令，体会韵母的发音。

彩楼、锦绣

咱队有六十六条沟，
沟沟都是大丰收，
东山果园像彩楼，
西山棉田似锦绣，
北山有条红旗渠、
滚滚清泉绕山走。
过去瞅见这六十六条野柳、
石头沟，心里就难受；
今天瞅见这六十六条彩楼、锦绣、
万宝沟，瞅也瞅不够。

ao.ou

胖娃娃和蛤蟆

一个胖娃娃，

捉了三个大花活蛤蟆；
三个胖娃娃，
只捉了一个大花活蛤蟆。
捉了一个大花活蛤蟆的三个胖娃娃，
真不如捉了三个大花活蛤蟆的一个
　胖娃娃。

a.ua.uo

墙头上有个瓜

墙头上有个老南瓜，
掉下来打着胖娃娃。
娃娃叫妈妈，
妈妈摸娃娃，
娃娃骂南瓜。

a.ua

黄狗咬我的手

清早上街走，
走到周家大门口，
门里跳出个大黄狗，
朝我就哇啦哇啦地吼。
我捡起石头打黄狗，
黄狗就咬我的手。
也不知我手里的石头，
打没打着周家的大黄狗？
也不知周家的大黄狗，
咬没咬着我的手？

ao—ou

打南来了个瘸子

打南来了个瘸子，
手里托着个碟子，
碟子里装着茄子。
地下钉着个橛子，
绊倒了瘸子，
撒了碟子里的茄子；
气得瘸子，
撇了碟子，
拔了橛子，
踩了茄子。

ie.üe

第五节　三合复韵母的发音及辨正

三合复韵母共有4个：iao、iou、uai、uei。它们是在二合复韵母的基础上，再加上韵头i、u构成的中响复韵母，也是头、腹、尾俱全的韵母。它们在发音过程中，舌位呈折线形，既舌位先由高向低移动，再由低向高移动。

一、三合复韵母的发音

iao（腰）

嘴微张，唇略展，舌位由前高元音 i 向后低元音 a 的方向落下，接着再向后高元音 o 的方向抬起。口形同时有一个由展到开再到合的过程，最后圆唇合到 o 形上，发出中响复合音 iao。

例字：

吆 谣 咬 药 标 裱 鳔 飘 瓢 瞟
票 喵 苗 秒 庙 挑 条 窕 跳 撩
聊 了 料 焦 嚼 狡 叫 敲 侨 巧
峭 销 淆 晓 效

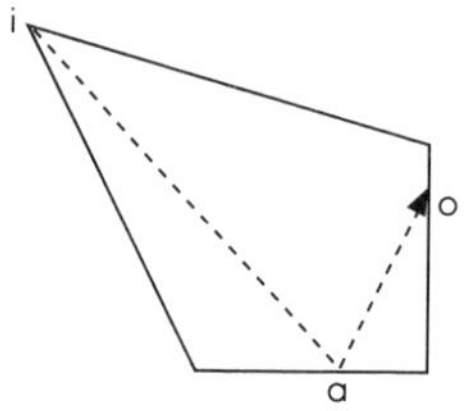

例词：

鳔胶 吊桥 吊销 吊孝 娇小 佼佼 脚镣 缴销 叫嚣 教条 疗效
料峭 秒表 渺小 缥缈 飘摇 悄悄 巧妙 小苗 挑脚 迢迢 调教
调料 逍遥 萧条 小桥 小调 小巧 笑料 窈窕 苗条 跳脚

iou（优）

嘴微张，唇略展，舌位由前高元音 i 处，向后低元音 o 方向移动，紧接着再向后高元音 u 方向抬起。唇形由展变圆，最后呈撮状，发出中响复合音 iou。

例字：

优 尤 友 幼 妞 牛 扭 溜 刘 柳
揪 久 旧 秋 球 修 朽 锈

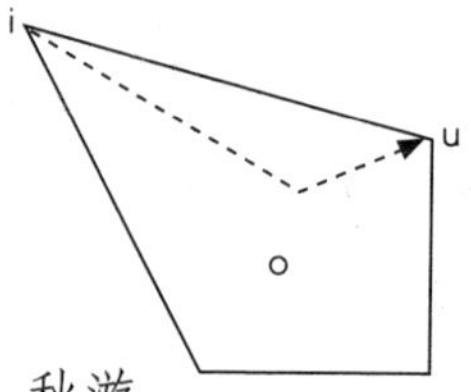

例词：

优秀 悠久 悠悠 有救 啾啾 久久 久留 舅舅 秋游
求救 咎由 咻咻 绣球 牛油 有求 妞妞 流油 旧友 牛柳 琉球

uai（歪）

双唇撮住，舌位由后高元音 u 向前低元音 a 方向移动，接着再向前高元音 i 方向抬起。双唇打开，最后再变成展形，发出中响复合音 uai。

例字：

歪 外 乖 拐 怪 怀 坏 拽 揣 踹 摔 甩 帅 蒯 筷

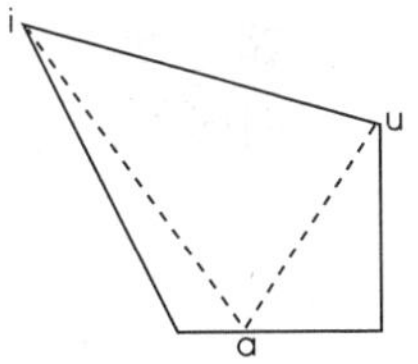

例词：

乖乖　踹坏　怀揣　快甩　摔坏　外快　外踝

坏拐　拽歪　拽坏

uei（威）

双唇撮住，舌位由后高元音 u 开始，向前低元音 e 方向移动，接着迅速抬起到前高元音 i 处。唇形同时由撮状变成展形，发出中响复合音 uei。

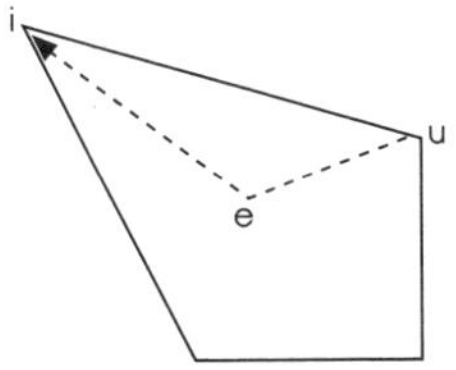

例字：

威　围　伟　喂　堆　对　推　颓　腿　退　规

鬼　跪　灰　回　毁　汇　追　坠　吹　垂　水

税　嘴　最　虽　绥　髓　穗

例词：

归回　归队　鬼祟　恢恢　回归　回味　汇兑　会徽　荟萃　魁伟　睽睽

溃退　愧悔　愧对　灰堆　推诿　退回　巍巍　尾随　未遂　畏罪　追悔

追随　追尾　坠毁　碎嘴　罪魁　醉鬼　垂危　摧毁　翠微　水位　退位

最贵　卫队

二、语音辨正

1.iao—iou 的辨正

有些方言区，如西北地区的人 iao–iou 不分。把“要求”（yāo qiú）说成“优求”（yōu qiú）。把“收效”（shōu xiào）说成“收袖”（shōu xiù）。

iao 与 iou 的主要差别在韵腹上。iao 的开口度比 iou 的开口度略大，也就是发 iao 时，舌头和唇形的动作比 iou 要大些。

例字：

腰（yāo）—悠（yōu）　　肴（yáo）—尤（yóu）

杳（yǎo）—友（yǒu）　　药（yào）—诱（yòu）

妙（miào）—谬（miù）　　雕（diāo）—丢（diū）

鸟（niǎo）—纽（niǔ）　　聊（liáo）—刘（liú）

焦（jiāo）—揪（jiū）　　敲（qiāo）—秋（qiū）

笑（xiào）—秀（xiù）　　晓（xiǎo）—朽（xiǔ）

例词：

消息（xiāo xi）—休息（xiū xi）　　药片（yào piàn）—诱骗（yòu piàn）
出窑（chū yáo）—出游（chū yóu）　　铁桥（tiě qiáo）—铁球（tiě qiú）
求教（qiú jiào）—求救（qiú jiù）　　摇动（yáo dòng）—游动（yóu dòng）
谣言（yáo yán）—油盐（yóu yán）　　销路（xiāo lù）—修路（xiū lù）
生效（shēng xiào）—生锈（shēng xiù）　　耀眼（yào yǎn）—右眼（yòu yǎn）
角楼（jiǎo lóu）—酒楼（jiǔ lóu）　　不小（bù xiǎo）—不朽（bù xiǔ）
效力（xiào lì）—秀丽（xiù lì）　　瞧见（qiáo•jiàn）—求见（qiú jiàn）
交出（jiāo chū）—揪出（jiū chū）　　咬人（yǎo rén）—有人（yǒu rén）
要来（yào lái）—又来（yòu lái）　　料理（liào lǐ）—六里（liù lǐ）
药酒（yào jiǔ）—悠久（yōu jiǔ）　　教友（jiào yǒu）—旧友（jiù yǒu）

2.uai—uei 的辨正

有些方言区，如西北或内蒙古地区的人，把“外快”（wàikuài）说成“胃溃”（wèi kuì）。uai 与 uei 的主要差别也在韵腹上。发音时，uai 的开口度及舌位动程应比 uei 大一些。

例字：

歪（wāi）—威（wēi）　　外（wài）—喂（wèi）
乖（guāi）—规（guī）　　怪（guài）—桂（guì）
筷（kuài）—愧（kuì）　　槐（huái）—回（huí）
坏（huài）—惠（huì）　　拽（zhuài）—坠（zhuì）
揣（chuāi）—吹（chuī）　　甩（shuǎi）—水（shuǐ）
帅（shuài）—税（shuì）

例词：

外来（wài lái）—未来（wèi lái）　　怪人（guài rén）—贵人（guì rén）
拐子（guǎi zi）—鬼子（guǐ zi）　　拽落（zhuài luò）—坠落（zhuì luò）
怀来（huái lái）—回来（huí lái）　　甩开（shuǎi kāi）—水开（shuǐ kāi）
甩手（shuǎi shǒu）—水手（shuǐ shǒu）　　乖巧（guāi qiǎo）—归侨（guī qiáo）
歪斜（wāi xié）—威胁（wēi xié）　　残块（cán kuài）—惭愧（cán kuì）

外国（wài guó）—魏国（wèi guó）　　外道（wài dào）—味道（wèi dào）
外星（wài xīng）—卫星（wèi xīng）

小幽默

妙对警友

王军杰（整理）

从前，有个秀才很喜欢喝酒，他常常喝得大醉，醉后嬉笑怒骂，举止失常。

这天，秀才有位很要好的朋友家办喜事，秀才也去道喜。主人怕秀才贪杯闹出让客人们下不了台的事，于是在酒宴开始前对大家立了个规矩：必须对了对子才能饮酒。秀才很想早饮，便自告奋勇，要先出联。主人一声“有请”，秀才便以当日天气为题，要求主人和他一人一词轮流递转对联，并逐步添加，直到适可为止。

“雨。”秀才出曰。

“风。”主人对道。

秀才加了词：“催花雨。”

主人也加了词：“发酒疯。”

秀才又出曰：“檐前点点催花雨。”

主人对：“席上回回发酒疯。”

二人出来对去，客人们都哄笑起来。秀才觉得不好意思，对主人道：“你对是对得好，只是……不该揭我的短处。”主人听了笑笑说：“作为朋友，我真的希望你能从今天起改掉你的老毛病！”

课文

1. 诗

我骄傲，我是军人妻

雨　芳

当我踏上飞驰的列车，奔向那遥远的北疆。
掠窗而过的北国景致，带我飞回到三十年前的遐想。
我怎能忘记那军人的风采，我怎能忘记那熟悉的营房，
我怎能忘记那军歌嘹亮，我怎能忘记岗前那棵小白杨。
那一幕幕，那一行行，犹如诗篇一章章。

曾记得我心随你到边防，曾记得拖儿奔波在铁路线上，
曾记得那军旅生活的快乐时光，曾记得我思念你时泪洒千行。
我也曾这样想，我是一名军人妻感到无比荣尚。
我也曾这样想，爱人的奉献也有我的力量。
我也曾这样想，我们是十五的月亮，
照在边关，也照在家乡。

我也曾这样想，
我是一名军人的妻，也在为你铸造军功章。
我为什么深深爱着你，爱得那么疯狂？
我爱你选择了军礼，我爱你那绿色的荣装，
我爱你是一名真正的军人，我爱你把豪情洒向疆场。

可我有过惆怅，也有过彷徨。
当夜幕漫漫星河长，朝思暮想遥北方。
千里相思寄明月，独对孤灯诉衷肠。
星空当纸风做笔，嫦娥舞袖抒绵长。
天天企盼月圆日，愿君早日回故乡。

这就是天下军人妻子的心，
这就是天下军人妻子的肠。

是军人的妻子就要自立，是军人的妻子就要坚强。
当风雨湿打在我的身上，多么需要你的遮挡。
当我最困难的时刻，多么需要你那坚实的肩膀。
多少年的不容易，我都把他心里藏。
那长夜相思的泪水，怎能让你看见在我脸上淌。
这就是军人的妻子，
这就是你的另一半月亮。

有了我和我的姐妹们，你们才能安心保边防。
有了我们青春的付出，你们才能打胜仗。
有了我们的辛勤耕耘，你们才能实现青春的梦想。
有了我们不懈的努力，你们才能谱写出新华章。

今生选择了你，我真的不后悔，
这是我的骄傲我荣光。
如果有来世，我还要做你的妻，
我还会和你一起铸造军功章！

2. 文　　　　画　蛋

秦　牧

中外美术史上有些事情，可以说是相映成趣的。

中国唐代的吴道子有“画圣”之称。他12岁开始学画，50多年没有间断过艺术创作。他画的人物，前人形容它有“八面玲珑的妙处”。传说他初学画时画过许多鸡蛋。因此以后画起圆圈来，信笔一挥，就像用圆规画成的一样，“令人看见惊栗”。

欧洲文艺复兴时代成为“画坛三杰”之一的达·芬奇，画过《蒙娜丽莎》、《最后的晚餐》和许许多多其他著名的画。据说，他小时候学画也是从画鸡蛋、画苹果开始的。他的老师起初总是要他画这类东西。达·芬奇不耐烦的时候，老师就这样告诉他道：“别以为画蛋很简单，很容易，要是这样想就错了，在一千只蛋当中从来没有两只形状是完全相同的。即使同是一只蛋，只要变换一个角度看它，形状便立即不同了。例如把头抬高一点，或者把眼睛看低一点，这个蛋的椭圆形轮廓也大有差异。所以，如果要在画纸上准确地把它表现出来，非要下一番苦功不可。多画蛋，那就是训练眼睛去观察形象，训练手随心所欲地表现事物，等到手眼一致，那么对任何形象都能应付自如了，这个基础工作必须首先做好。”

达·芬奇听从老师的话，一步步努力，终于成为卓越的画家。

思考与练习

1. 三合复韵母与二合复韵母的发音区别在哪里？

2. 指出小幽默和课文中韵母为三合复韵母的字与词，并把韵母写出来。

3. 朗读下列词语，体会三合复韵母的发音。

表率　鳔胶　垂钓　垂柳　垂危　对流　掉队　归咎　归侨　闺秀　鬼怪
怪罪　徽调　回流　洄游　销毁　会标　怀表　怀旧　九霄　久违　酒会
药酒　就位　交汇　交流　郊游　娇贵　较为　教规　教会　教诲　快嘴
柳腰　遛鸟　料酒　苗绣　描绘　庙会　牛角　漂流　漂游　飘悠　票汇
票友　秋水　秋游　求教　憔悴　水表　水貂　酒水　流水　水牛　水袖
推敲　推销　腿脚　退票　退休　调味　跳水　休会　修脚　羞愧　袖标
消退　销毁　小腿　校规　校友　微雕　微妙　微调　微笑　围剿　维修
未了　外表　外调　外汇　外交　外流　外围　外销　绣球　优惠　幽会
悠久　尤为　邮票　油条　油嘴　游说　有为　有效　幼教　幼小　妖怪
要求　腰椎　嘴刁　嘴乖　嘴角　嘴快　嘴碎　追缴　追究　追求　快慰
对外　幼苗　柳条　丢掉　队友

4. 练习下列绕口令：

借绿豆

出南门，走六步，
见着六叔和六舅。
叫声六叔和六舅，
借我六斗六升好绿豆。
过了秋，打了豆，
还我六叔六舅六斗六升好绿豆。

ou.iou

一个老头儿一盅酒

一个老头儿一盅酒，
就着一块藕，
吃一口，喝一口。
一棵柳树搂一搂，
一个小妞扭一扭。
十个老头儿十盅酒，
就着十块藕，
吃十口，喝十口。
十棵柳树搂十搂，
十个小妞扭十扭。

ou.iou

老老道小老道

高高山上有座庙，
庙里住着俩老道。
一个年纪老，
一个年纪少。
庙前长着许多草，
有时候老老道煮药，
小老道采药，
有时候小老道煮药，
老老道采药。

ao.iao

忽听门外人咬狗

忽听门外人咬狗，
拿起门来开开手；
拾起狗来打砖头，
又被砖头咬了手。
从来不说颠倒话，
口袋驮着骡子走。

iao.ou

猫闹鸟

东边庙里有个猫，
西边树梢有只鸟，
猫鸟天天闹。
不知猫闹树上鸟，
还是鸟闹庙里猫？

ao.iao

数青蛙

一只青蛙一张嘴，
两只眼睛四条腿，

扑通一声跳下水。
两只青蛙两张嘴，
四只眼睛八条腿，
扑通扑通两声跳下水。
三只青蛙三张嘴，
六只眼睛十二条腿，
扑通扑通扑通三声跳下水。
四只青蛙四张嘴，
八只眼睛十六条腿，
扑通扑通扑通扑通四声跳下水。
五只青蛙五张嘴，
十只眼睛二十条腿，
扑通扑通扑通扑通扑通五声跳下水。

uei

六十六岁的刘老六

六十六岁的刘老六，
修了六十六座走马楼，
楼上摆了六十六瓶苏合油，
门前栽了六十六棵垂杨柳，
垂杨柳上拴了六十六匹大马猴。
忽然一阵狂风起，
吹倒了六十六座走马楼，
打翻了六十六瓶苏合油，
压倒了六十六棵垂杨柳，
跑掉了六十六匹大马猴，
气死了六十六岁的刘老六。

ou.iou

第六节　鼻音尾韵母的发音及辨正

鼻音尾韵母是由一个元音或两个元音再加上一个鼻辅音韵尾构成的复韵母。

发音时，发声器官由元音的发音状态向鼻音的发音状态运动，鼻音成分逐渐增加，最后归到鼻音上。

鼻音尾韵母共 16 个。分前鼻尾韵母和后鼻尾韵母，即带舌尖鼻音和带舌根鼻音两类，各类 8 个。

一、前鼻尾韵母的发音

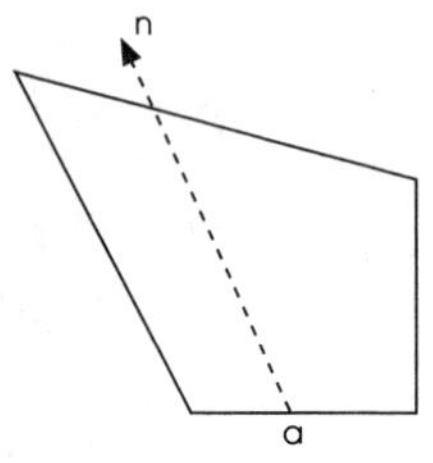

an、ian、uan、üan、en、uen、in、ün

an（安）

舌尖抵在下齿背后，嘴张开，舌位从央低 a 位抬起，最后舌面前部与硬腭前部接触阻塞气流，使声音和气息从鼻腔通过，发出前鼻尾复合音 an。

例字：

鞍 俺 岸 搬 板 伴 潘 盘 判 翻 矾 反 犯 丹 胆 旦
甘 敢 干 刊 砍 看 鼾 寒 喊 汉 搀 蝉 铲 颤 簪 咱
攒 赞 参 残 惨 灿

例词：

斑斓 办案 安然 案板 案犯 暗淡 参半 参战 参赞 惨案 单产
胆寒 但凡 翻案 翻板 翻番 反感 反叛 犯难 犯案 泛滥 干饭
干旱 感染 感叹 橄榄 擀毡 酣然 寒蝉 寒战 汗衫 勘探 侃侃
栏杆 阑珊 篮坛 懒汉 懒散 烂漫 蛮缠 蛮干 漫谈 难产 难堪
难看 攀谈 盘缠 盘山 冉冉 潸然 善战 贪婪 摊贩 谈判 坦然
赞叹 胆敢 肝胆 沾染 展览 湛蓝 战犯 岸然

ian（烟）

舌尖抵在下齿背后，舌位由前高元音 i 处向半低元音 a 处落下，紧接着舌尖或舌面前部抬起与齿龈接触；阻塞气流，使声音和气息从鼻腔通过，发出前鼻尾复合音 ian。

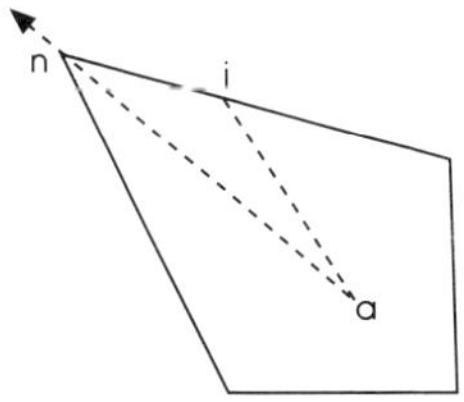

例字：

淹 炎 演 宴 编 扁 便 眠 免 面 颠 碘
店 添 甜 舔 掭 蔫 黏 撵 念 联 帘 敛
恋 坚 减 舰 牵 潜 浅 欠 鲜 贤 险 陷

例词：

边沿 编年 编遣 编演 变脸 变迁 变天 便笺 颠连 癫痫 电键
电线 店面 垫肩 惦念 奸险 艰险 检点 简编 简便 简练 见面
渐渐 连绵 连年 连篇 连天 联翩 敛钱 脸面 绵绵 绵延 棉签
棉田 免检 免验 面点 面前 年间 年鉴 年限 偏见 翩跹 片面
片言 迁延 牵念 牵线 前边 前年 前天 前嫌 前线 前言 浅显
天边 天年 天堑 天线 天险 田间 先遣 先天 先贤 鲜艳 闲钱

显现　显眼　现钱　现眼　延绵　岩盐　沿线　盐田　颜面　衍变　眼尖
眼睑　眼见　眼线　演变　演练　唁电　便宴　天仙　甜点　碘盐

uan（弯）

双唇先撮圆，舌头后缩，舌位由后高元音 u 向前低元音 a 方向落下，接着舌尖再向前上方抬起，贴近上齿龈，使声音归至前鼻音 n 处。双唇同时有一个从合变开再变略展的动作，发出前鼻尾复合音 uan。

例字：

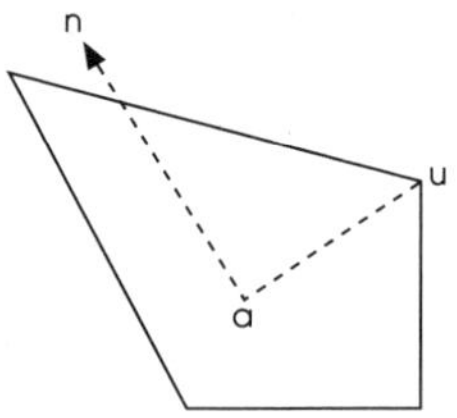

湾　丸　碗　腕　端　短　断　湍　团　关　管
灌　欢　环　缓　患　砖　转　赚　穿　船　喘
串　拴　涮　酸　蒜

例词：

传唤　串换　官宦　管段　贯穿　贯串　宦官
换算　软缎　酸软　团团　婉转　万端　万贯　万万　专断　专款　转换
转弯　乱钻　乱窜　弯弯　断腕　端碗　乱穿　穿完　缓缓　涮碗

üan（冤）

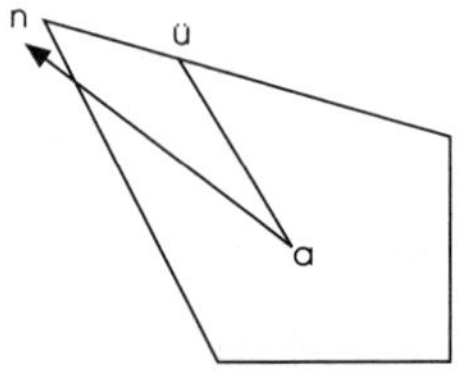

先撮双唇，舌尖抵在下齿背后，舌面前部挺起在 ü 处，接着向前半低元音 a 位落下，随之再迅速抬起与上齿龈接触，阻塞气流使之从鼻腔通过。双唇由撮状放开呈略展形，发出前鼻尾复合韵母 üan。

例字：

冤　圆　远　愿　捐　卷　眷　圈　泉　犬　劝　宣　悬　选　镟

例词：

涓涓　全权　渊源　源泉　源源　圆圈　轩辕　源远　圆全　全权
泉源　拳拳

en（恩）

口微张，舌尖抵在下齿背后，舌位由央 e 开始。发音时，舌面前部抬起与硬腭前端贴住，阻塞气流使之从鼻腔通过，发出前鼻尾复合音 en。

例字：

奔　本　笨　纷　焚　粉　奋　根　哏　艮　亘　痕　狠　恨　真　枕

镇 嗔 陈 衬 仁 忍 认 深 神 婶 渗

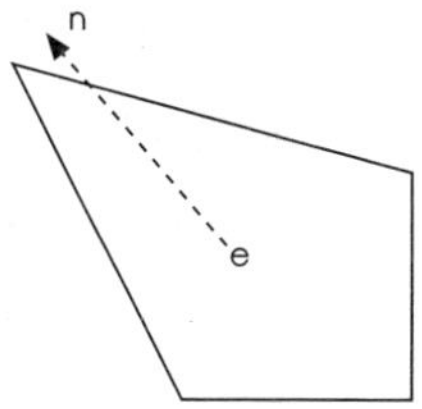

例词：

贲门 本本 本人 沉闷 涔涔 恩人 分身 分神

分针 纷纷 粉尘 忿忿 愤恨 根本 根深 恨人

门神 门诊 喷粪 人们 人身 人参 认真 妊娠

身份 深沉 神人 审慎 真笨 振奋 本分 深圳 真狠 人人 真神

uen（温）

双唇撮起，舌位由后高元音 u 开始，向前方央 e 方向移动，舌面前部迅速抬起与上齿龈接触，阻塞气流，使之从鼻腔通过，双唇由圆变为略展，发出前鼻尾复合音 uen。

例字：

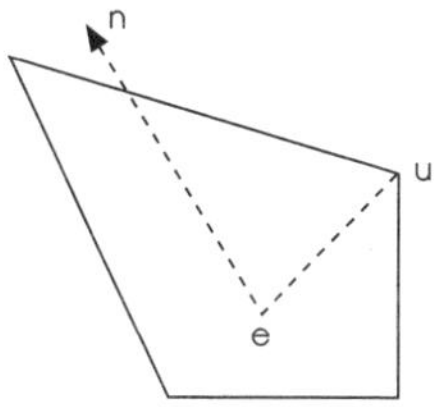

温 纹 稳 问 敦 吨 钝 吞 屯 抡 轮

论 滚 棍 坤 捆 困 昏 魂 诨 谆 准

春 纯 蠢 村 存 忖 寸

例词：

滚滚 滚轮 混沌 馄饨 困顿 温存 温润 温顺 温吞 孙文 谆谆

春笋 吻唇 蠢蠢 论文 捆顺 尊顺 抡棍 伦敦 昆仑 稳准

in（因）

嘴微张，双唇略展，舌尖抵在下齿背后，舌面前部从前高元音 i 处，略抬起贴在硬腭前端，阻塞气流使之从鼻腔通过，发出前鼻尾复合音 in。

例字：

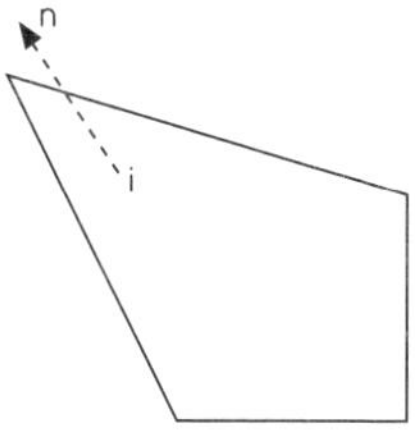

因 银 引 印 彬 殡 拼 频 品 聘 金

锦 尽 亲 秦 寝 沁 新 信 拎 琳 檩

吝 筋 谨 烬

例词：

濒临 津津 仅仅 紧邻 尽心 近邻 近亲 近因 邻近 淋淋 民品

民心 临近 拼音 贫民 频频 聘金 亲临 亲近 亲信 秦晋 勤谨

心音 辛勤 欣欣 新近 薪金 音信 印信 信心 音频 音品 姻亲

殷勤 金银 引进 引信 隐隐 金印 斤斤

ün（晕）

先撮双唇，舌尖抵在下齿背后，发音从前高元音 ü 开始，舌面前部略抬起贴在硬腭前端，堵住气流使其从鼻腔流出，双唇略开，发出前鼻尾韵母 ün。

例字：

晕 匀 允 运 群 熏 寻 训 君 郡

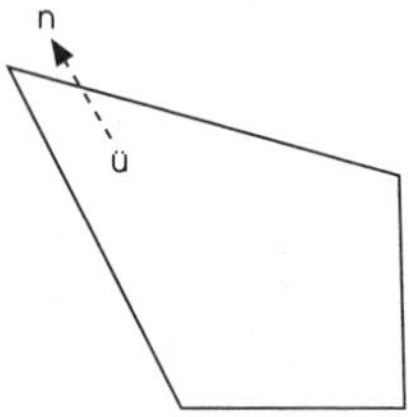

例词：

芸芸 军训 均匀 军运 熏晕 军勋 循循 熏熏

二、后鼻音尾韵母的发音

ang、iang、uang、eng、ueng、ing、ong、iong

ang（航）

嘴自然张开，舌位先处于低元音 a 位，发音时，舌根向后上方抬起与软腭接触，阻塞气流使之从鼻腔通过，发出后鼻尾复合音 ang。

例字：

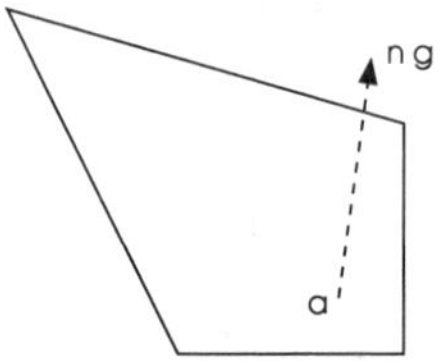

航 昂 盎 邦 榜 棒 乓 旁 磅 胖 芳

防 仿 放 汤 糖 倘 烫 囊 馕 攮 郎

朗 浪 钢 岗 杠 康 扛 抗 章 掌 丈

昌 长 敞 唱 商 赏 尚 嚷 瓤 壤 让 桑 嗓 丧

例词：

帮忙 常常 厂房 厂商 仓房 苍苍 苍茫 沧桑 当场 党纲 党章

方丈 放荡 放浪 刚刚 纲常 行帮 行当 杭纺 琅琅 锒铛 浪荡

盲肠 茫茫 莽苍 嚷嚷 商场 商行 上苍 上场 上当 上访 上岗

上膛 上汤 上涨 丧葬 堂房 堂上 烫伤 张榜 掌上 账房 长方

上房 方糖 放糖 长廊 肮脏 榜上 帮唱 长棒 丈长 杠杠 蟑螂

iang（央）

嘴微张，唇略展。舌尖抵在下齿背后，舌面前部挺起在前高元音 i 处。发音时，舌向后移动，经过后低元音 a 位，最后舌根与软腭接触，阻塞气流使之从鼻腔通过，发出后鼻尾复合音 iang。

例字：

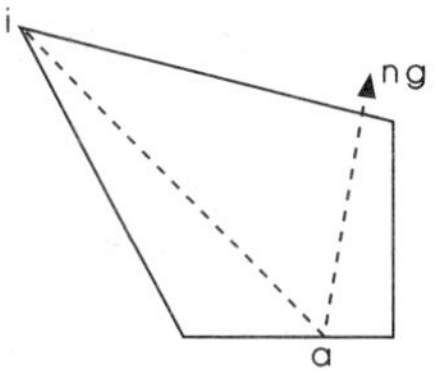

枪 墙 抢 炝 秧 洋 仰 样 娘 酿
良 两 亮 江 奖 匠 香 详 想 向

例词：

江洋 将养 将相 强梁 强项 跄踉 相向 降将 枪响 响亮 想象
向阳 像样 泱泱 洋相 洋洋 娘娘 粮饷 两江 两厢 两样 亮相
踉跄 良将 香江 奖项 洋枪 痒痒 洋姜 洋腔 湘江 响枪 凉墙
良乡 抢枪

uang（汪）

双唇撮住，舌位从后高元音 u 向低元音 a 方向落下，紧接着舌根抬起与软腭接触，阻塞气流使之从鼻腔通过。双唇同时张开，发出后鼻尾韵母 uang。

例字：

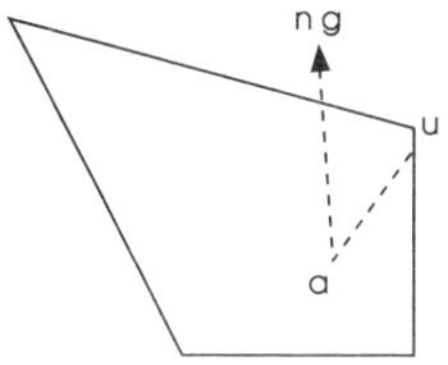

汪 亡 网 旺 光 广 逛 筐 狂 夼
旷 荒 皇 恍 晃 窗 床 闯 创 双

例词：

狂妄 状况 矿床 框框 惶惶 装潢 双簧 幢幢 双双 汪汪 双亡
往往 黄庄 网状 闯王 窗框 网窗 装床 黄光 忘光 装筐

eng（亨的韵母）

口自然张开，发音时，舌面自然放在央元音 e 位。然后，舌根抬起，向后运动与软腭接触，阻塞气流使之从鼻腔通过，发出后鼻尾韵母 eng。

例字：

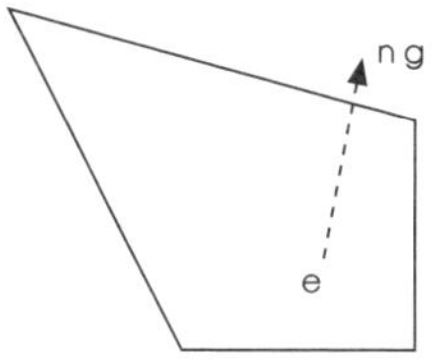

嘣 甭 绷 泵 烹 棚 捧 碰 蒙 蒙 猛 梦
丰 逢 讽 凤 登 等 凳 棱 冷 楞 庚 梗
更 亨 横 铮 整 症 称 城 逞 秤 笙 绳
省 盛 扔 仍

例词：

蹭蹬 成风 承蒙 乘风 乘胜 逞能 灯绳 登程 登峰 等等 丰盛
丰登 风泵 风灯 风声 风筝 奉承 奉赠 更生 更正 耿耿 哼声
横生 吭声 冷风 愣怔 萌生 蒙蒙 鹏程 升腾 生疼 生成 生冷

生猛　声称　省城　腾腾　增生　争胜　征程　铮铮　蒸腾　整风　整整
甭扔　呈正　猛增

ueng（翁）

双唇撮住，舌位由后高元音 u 向央元音 e 方向落下，紧接着舌根抬起与软腭接触，使声音归至 ng 处。双唇由撮状自然放开，发出后鼻尾韵母 ueng。

例字：

翁　蓊　瓮

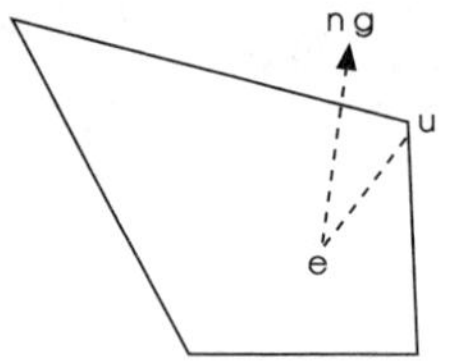

例词：

嗡嗡　瓮城　瓮声　蓊郁　瓮中　老翁　酒瓮　渔翁

ing（英）

双唇微展，舌尖先抵在下齿背后，舌面前部挺起在前高元音 i 处。发音时，舌头后缩，舌根向后高方向抬起与软腭接触，使声音归至 ng 处，发出后鼻尾韵母 ing。

例字：

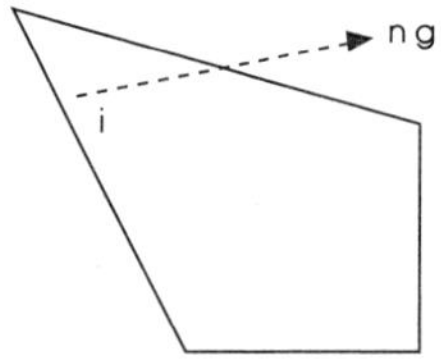

应　营　影　硬　兵　丙　病　乒　苹　明　酩　命
钉　顶　定　听　亭　挺　宁　拧　佞　零　领　令
京　景　静　清　晴　请　庆　星　邢　醒　姓

例词：

冰凌　冰晶　冰清　兵丁　兵营　丙丁　秉性　禀性　并行　病情　病轻
丁零　叮咛　玎玲　顶命　鼎鼎　定睛　定名　定评　定刑　定型　定性
定影　经营　惊醒　晶莹　精兵　精灵　精明　精英　警醒　径庭　伶仃
灵境　灵性　聆听　菱形　零星　领情　另行　名伶　明净　明镜　明星
螟蛉　酩酊　命定　命令　命名　宁静　佞幸　娉婷　平定　平静　平行
评定　轻型　轻盈　倾听　清净　清静　清明　清平　清醒　清莹　蜻蜓
情景　情境　情形　请命　请缨　庆幸　听命　听凭　亭亭　兴兵　星星
刑警　刑庭　行径　行星　行刑　性命　性病　性情　姓名　悻悻　英明
英灵　英名　荧屏　盈盈　蝇营　影评　影星　应景　硬性　令行

ong（轰的韵母）

圆唇，舌头后缩，舌位比后半高元音 o 略高，近于 u。发音时，舌根再向后抬起与软腭接触，使声音归 ng 处，发出后鼻尾韵母 ong。

例字：

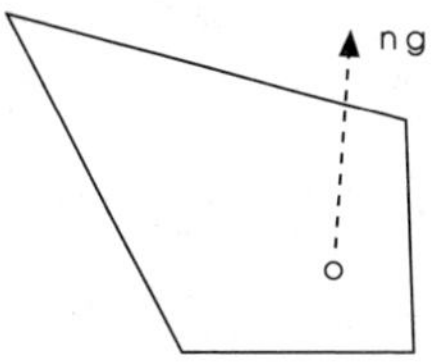

冬　董　冻　通　同　筒　痛　农　脓　弄　龙
垄　公　巩　贡　空　孔　控　烘　哄　讧　钟
肿　仲　充　崇　宠　铳　荣　冗　宗　总　纵
聪　从　松　耸　宋

例词：

苁蓉　葱茏　葱葱　从动　从戎　从容　从中　从众　淙淙　冲动　冲冲
充公　忡忡　东宫　冬虫　动工　动容　工农　工种　公共　公众　共通
共同　轰动　轰隆　洪钟　哄弄　空洞　空中　孔洞　恐龙　倥偬　龙洞
龙宫　龙钟　笼中　隆冬　隆重　拢共　笼统　浓重　脓肿　茸茸　溶洞
熔融　松动　耸动　送终　通共　通红　通融　同工　同宗　崆峒　童工
瞳瞳　瞳孔　统共　中东　中农　中统　中共　仲冬　总攻　总共　总统
纵容　红肿　冻红　红铜　烘笼　重重　弄懂　弄通

iong（拥）

此韵母的韵头虽是展唇元音 i，但是由于它受韵腹圆唇元音 o 的影响，展唇幅度不大，甚至就是 ü，动作较小。舌尖抵在下齿背后，舌面前部挺起在前高元音 i 处。发音时，舌头后缩，舌面后部抬高，紧接着舌根继续抬起与软腭接触，使声音归到 ng 处，发出后鼻尾韵母 iong。

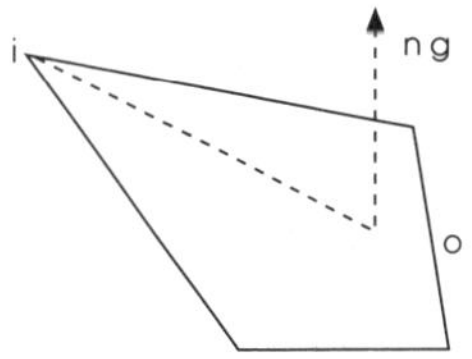

例字：

拥　颙　泳　用　窘　琼　凶　雄

例词：

炯炯　穷凶　汹汹　汹涌　熊熊　雍容　臃肿　怂恿
用功　凶猛　匈奴　雄风　勇猛　英勇　佣兵　苍穹　中庸　应用

三、语音辨正

在这组鼻韵母中，最容易出现的发音错误是前鼻音和后鼻音不分。有的方言区没有前鼻音，把前鼻音一律发成后鼻音，例如把“新闻”（xīn wén）说成

“腥瓮”(xīng wèng)。也有的方言区没有后鼻音，一律把后鼻音发成前鼻音。例如把“英雄”(yīng xióng)说成“因循”(yīn xún)。前后鼻音的差别在于，发前鼻音韵母时，舌头要向前推动，舌面前部或舌尖与硬腭前端或上齿龈接触。发后鼻音韵母时，舌头要向后运动，舌根抬起与软腭相接触。前鼻音 n 是舌尖中鼻音，舌尖往前往上顶，最后贴住上齿龈；后鼻音 ng 是舌面后鼻音，舌面后部顶住软腭，发后鼻音，下巴可以往下张开，不妨一试。

主要有以下 7 组相对应的韵母容易出现混淆：

in–ing、an–ang、ian–iang、uan–uang、en–eng、uen–ueng、ong、ün–iong

1. in–ing 的辨正

例字：

尹 (yǐn)—颖 (yǐng)	宾 (bīn)—兵 (bīng)
贫 (pín)—萍 (píng)	民 (mín)—明 (míng)
您 (nín)—宁 (níng)	琳 (lín)—零 (líng)
金 (jīn)—精 (jīng)	亲 (qīn)—清 (qīng)
新 (xīn)—星 (xīng)	荫 (yīn)—英 (yīng)

例词：

英雄 (yīng xióng)—因循 (yīn xún)	兴建 (xīng jiàn)—新建 (xīn jiàn)
幸福 (xìng fú)—信服 (xìn fú)	精致 (jīng zhì)—金质 (jīn zhì)
平凡 (píng fán)—频繁 (pín fán)	清静 (qīng jìng)—亲近 (qīn jìn)
经营 (jīng yíng)—金银 (jīn yín)	静止 (jìng zhǐ)—禁止 (jìn zhǐ)
绫子 (líng zi)—林子 (lín zi)	不幸 (bú xìng)—不信 (bú xìn)
谈情 (tán qíng)—弹琴 (tán qín)	轻生 (qīng shēng)—亲身 (qīn shēn)
因为 (yīn wéi)—应为 (yīng wéi)	来宾 (lái bīn)—来兵 (lái bīng)
民心 (mín xīn)—明星 (míng xīng)	您好 (nín hǎo)—拧好 (níng hǎo)
风紧 (fēng jǐn)—风景 (fēng jǐng)	引子 (yǐn zi)—影子 (yǐng zi)
琴艺 (qín yì)—情义 (qíng yì)	进攻 (jìn gōng)—静功 (jìng gōng)
人民 (rén mín)—人名 (rén míng)	

2.an—ang 的辨正

例字：

安（ān）—肮（āng） 班（bān）—帮（bāng）
潘（pān）—乓（pāng） 蛮（mán）—忙（máng）
翻（fān）—芳（fāng） 丹（dān）—当（dāng）
滩（tān）—汤（tāng） 懒（lǎn）—朗（lǎng）
甘（gān）—钢（gāng） 刊（kān）—康（kāng）
寒（hán）—航（háng） 展（zhǎn）—掌（zhǎng）
搀（chān）—昌（chāng） 珊（shān）—商（shāng）
燃（rán）—瓤（ráng） 参（cān）—仓（cāng）
叁（sān）—桑（sāng） 反（fǎn）—访（fǎng）

例词：

开饭（kāi fàn）—开放（kāi fàng） 一般（yì bān）——帮（yì bāng）
竿子（gān zi）—缸子（gāng zi） 施展（shī zhǎn）—师长（shī zhǎng）
泛滥（fàn làn）—放浪（fàng làng） 出产（chū chǎn）—出厂（chū chǎng）
寒天（hán tiān）—航天（háng tiān） 包涵（bāo hán）—包航（bāo háng）
战俘（zhàn fú）—丈夫（zhàng fu） 板子（bǎn zi）—膀子（bǎng zi）
一半（yī bàn）——磅（yī bàng） 鸡蛋（jī dàn）—激荡（jī dàng）
破烂（pò làn） 破浪（pò làng） 浪漫（làng màn）—烂漫（làn màn）
粘贴（zhān tiē）—张贴（zhāng tiē） 反复（fǎn fù）—仿佛（fǎng fú）
半夏（bàn xià）—棒下（bàng xià） 平凡（píng fán）—平房（píng fáng）
三竖（sān shù）—桑树（sāng shù） 翻番（fān fān）—芳芳（fāng fāng）
花篮（huā lán）—花廊（huā láng） 担心（dān xīn）—当心（dāng xīn）
反问（fǎn wèn）—仿瓮（fǎng wèng） 赞颂（zàn sòng）—葬送（zàng sòng）
弹词（tán cí）—搪瓷（táng cí） 山口（shān kǒu）—伤口（shāng kǒu）
散失（sàn shī）—丧失（sàng shī） 渔竿（yú gān）—鱼缸（yú gāng）
山城（shān chéng）—商城（shāng chéng） 心烦（xīn fán）—心房（xīn fáng）
黯然（àn rán）—盎然（àng rán）

3.ian—iang 的辨正

例字：

烟（yān）—央（yāng） 黏（nián）—娘（niáng）

莲（lián）—粮（liáng） 坚（jiān）—姜（jiāng）

牵（qiān）—腔（qiāng） 鲜（xiān）—香（xiāng）

例字：

鲜花（xiān huā）—香花（xiāng huā） 简历（jiǎn lì）—奖励（jiǎng lì）

坚硬（jiān yìng）—僵硬（jiāng yìng） 浅显（qiǎn xiǎn）—抢险（qiǎng xiǎn）

老年（lǎo nián）—老娘（lǎo niáng） 小县（xiǎo xiàn）—小巷（xiǎo xiàng）

发言（fā yán）—发扬（fā yáng） 试验（shì yàn）—式样（shì yàng）

大连（dà lián）—大梁（dà liáng） 燕子（yàn zi）—样子（yàng zi）

念成（niàn chéng）—酿成（niàng chéng） 廉价（lián jià）—粮价（liáng jià）

莲菜（lián cài）—凉菜（liáng cài） 监护（jiān hù）—江沪（jiāng hù）

监理（jiān lǐ）—江里（jiāng lǐ） 简化（jiǎn huà）—讲话（jiǎng huà）

牵手（qiān shǒu）—枪手（qiāng shǒu） 钱币（qián bì）—墙壁（qiáng bì）

纤细（xiān xì）—乡戏（xiāng xì） 显现（xiǎn xiàn）—想象（xiǎng xiàng）

仙姑（xiān gū）—香菇（xiāng gū） 兼职（jiān zhí）—僵直（jiāng zhí）

简章（jiǎn zhāng）—奖章（jiǎng zhāng） 眼光（yǎn guāng）—仰光（yǎng guāng）

钳制（qián zhì）—强制（qiáng zhì） 连好（lián hǎo）—良好（liáng hǎo）

4.uan—uang 的辨正

例字：

观（guān）—光（guāng） 欢（huān）—荒（huāng）

砖（zhuān）—装（zhuāng） 穿（chuān）—窗（chuāng）

拴（shuān）—双（shuāng） 弯（wān）—汪（wāng）

例词：

专车（zhuān chē）—装车（zhuāng chē） 手腕（shǒu wàn）—守望（shǒu wàng）

船上（chuán shàng）—床上（chuáng shàng） 机关（jī guān）—激光（jī guāng）
不欢（bù huān）—不慌（bù huāng） 金环（jīn huán）—金黄（jīn huáng）
穿上（chuān shàng）—窗上（chuāng shàng） 碗里（wǎn lǐ）—网里（wǎng lǐ）
一万（yī wàn）—一望（yī wàng） 还上（huán shàng）—皇上（huáng shàng）
关节（guān jié）—光洁（guāng jié） 管饭（guǎn fàn）—广泛（guǎng fàn）
晚年（wǎn nián）—往年（wǎng nián） 栓剂（shuān jì）—双季（shuāng jì）
万年（wàn nián）—忘年（wàng nián） 缓解（huǎn jiě）—黄姐（huáng jiě）
宽窄（kuān zhǎi）—筐窄（kuāng zhǎi） 心欢（xīn huān）—心慌（xīn huāng）
奉还（fèng huán）—凤凰（fèng huáng） 车船（chē chuán）—车床（chē chuáng）

5.en—eng 的辨正

例字：

奔（bēn）—崩（bēng） 喷（pēn）—烹（pēng）
闷（mēn）—蒙（mēng） 分（fēn）—风（fēng）
根（gēn）—庚（gēng） 痕（hén）—横（héng）
针（zhēn）—铮（zhēng） 陈（chén）—程（chéng）
深（shēn）—生（shēng） 人（rén）—仍（réng）
岑（cén）—层（céng） 森（sēn）—僧（sēng）
镇（zhèn）—政（zhèng）

例词：

诊治（zhěn zhì）—整治（zhěng zhì） 深思（shēn sī）—生丝（shēng sī）
身世（shēn shì）—声势（shēng shì） 陈旧（chén jiù）—成就（chéng jiù）
瓜分（guā fēn）—刮风（guā fēng） 木盆（mù pén）—木棚（mù péng）
伸展（shēn zhǎn）—生长（shēng zhǎng） 真挚（zhēn zhì）—争执（zhēng zhí）
清真（qīng zhēn）—清蒸（qīng zhēng） 门牙（mén yá）—萌芽（méng yá）
分田（fēn tián）—丰田（fēng tián） 门上（mén shàng）—蒙上（méng shàng）
粉刺（fěn cì）—讽刺（fěng cì） 枕木（zhěn mù）—整木（zhěng mù）
镇守（zhèn shǒu）—正手（zhèng shǒu） 抻开（chēn kāi）—撑开（chēng kāi）
长针（chāng zhēn）—长征（chāng zhēng） 真理（zhēn lǐ）—争理（zhēng lǐ）

沉积（chén jī）—乘机（chéng jī） 申明（shēn míng）—声明（shēng míng）
人身（rén shēn）—人生（rén shēng） 镇府（zhèn fǔ）—政府（zhèng fǔ）

6.uen—ueng、ong 的辨正

例字：

温（wēn）—翁（wēng） 敦（dūn）—冬（dōng）
吞（tūn）—通（tōng） 轮（lún）—聋（lóng）
滚（gǔn）—巩（gǒng） 坤（kūn）—空（kōng）
昏（hūn）—烘（hōng） 谆（zhūn）—中（zhōng）
春（chūn）—充（chōng） 尊（zūn）—宗（zōng）
村（cūn）—葱（cōng） 孙（sūn）—松（sōng）

例词：

轮子（lún zi）—笼子（lóng zi） 炖肉（dùn ròu）—冻肉（dòng ròu）
吞了（tūn le）—通了（tōng le） 准了（zhǔn le）—肿了（zhǒng le）
依存（yī cún）—依从（yī cóng） 存钱（cún qián）—从前（cóng qián）
余温（yú wēn）—渔翁（yú wēng） 春天（chūn tiān）—冲天（chōng tiān）
孙子（sūn zi）—松子（sōng zǐ） 滚开（gǔn kāi）—拱开（gǒng kāi）
树墩（shù dūn）—数冬（shù dōng） 纯净（chún jìng）—崇敬（chóng jìng）
吞并（tūn bìng）—通病（tōng bìng） 浑水（hún shuǐ）—洪水（hóng shuǐ）
乡村（xiāng cūn）—香葱（xiāng cōng） 鲲鹏（kūn péng）—空棚（kōng péng）

7.ün—iong 的辨正

例字：

群（qún）—穷（qióng） 熏（xūn）—凶（xiōng）
寻（xún）—雄（xióng） 晕（yūn）—拥（yōng）
云（yún）—颙（yóng） 运（yùn）—用（yòng）

例词：

运费（yùn fèi）—用费（yòng fèi） 晕倒（yūn dǎo）—拥倒（yōng dǎo）
因循（yīn xún）—英雄（yīng xióng） 运力（yùn lì）—用力（yòng lì）
韵脚（yùn jiǎo）—用脚（yòng jiǎo） 寻衅（xún xìn）—雄性（xióng xìng）
熏鸡（xūn jī）—胸肌（xiōng jī） 群像（qún xiàng）—穷相（qióng xiàng）

人群（rén qún）—人穷（rén qióng） 勋章（xūn zhāng）—胸章（xiōng zhāng）

小幽默

望文生义

外国人："你们中国的确是一个勤奋的民族。"

中国人："怎见得？"

外国人："每当我早晨经过街道，常常可以看到路旁的招牌上写着'早点'两个大字，提醒过路上班的人，还要再早点儿。不要迟到。"

课文

1. 诗

新鲜的乡情

姚成友

亲爱的大哥大嫂们，
你们让我谈谈回故乡的观感，
这叫我怎么说呢，
若要详细汇报，
真可写一部浩大的长篇。
若要长话短说，
就是两个字——新鲜。

那一弯弯的山水是新鲜的，
就像刚刚画出的一幅油画，
绿的悦目，
红的耀眼，
紫的飘香，
黄的流甜。
无论站在哪个角度，

都令人心旷神怡，流连忘返，
要寻往日的单调和苍白，
只能凭记忆去想，
到戏里去看。

那一幢幢的农家小楼是新鲜的，
青砖红瓦，
高墙深院，
绿树掩映，
翠鸟鸣啭。
推开两扇大门，
也有西装，
也有花裙，
也有沙发，
也有彩电。
半辈子的追求，
一屋子的喜欢，
那世袭茅寮的衰朽和古老，
早随着乡亲们的一阵阔笑，
化作缕缕青烟。

更新鲜的是一嘟噜一嘟噜的故事，
向县长夸富，
到城里招工，
去北京旅游，
到广州参观，
讲的人滔滔不绝，
听的人百听不厌，
过去祖母讲的那些老故事，
已失去吸引力，
连孩子们也感到平淡。
最新鲜的是一长串一长串的语言，
市场信息，
科普广告，
技术交流，
商品生产，
老人退休，
村姑提干。
倘若汇集起来，
真可编一部现代农民词典。
我故意说了几句，
“出工”，“窝工”，
“斗争”，“批判”的老话，
乡亲们就笑我是来自世外桃源。

亲爱的大哥大嫂们，
快瞅个空儿回去看看，
哪怕是三天五天，
也是百闻不如一见。
故乡的山山水水都被新鲜包围着，
就像你们儿时最爱吃的新鲜蜜桃，
五里外就闻着香，
半年后还觉得甜。

2. 文　　发现你自己

[美]戴尔·卡耐基

在这个世界上，你是一种独特的存在。你只能以自己的方式歌唱，你只能以自己的方式绘画。你是你的经验、你的环境、你的遗传所造就的你。不论好坏与否，你只能耕耘自己的小园地；不论好坏与否，你只能在生命的乐章中走出自己的音符。

就如艾莫逊在《依靠自己》这篇文章中所说的："每一个人都会在生活中领略到这样的真谛：嫉妒纯属无知，模仿无异自杀。尽管广阔的宇宙充满了至善，但是如果一个人不在属于他的那块土地上付出辛勤的劳动，他也就不会得到丰收的果实。在他身上蕴藏着一种新的能量，只有他自己知道他能够做些什么，但只有在他尝试之后他才能知道他能够做些什么。"

耕耘你的心田，你将获得安宁和幸福。请记住：让我们不要模仿他人，让我们发现自己，成为我们自己。

思考与练习

1. 认真体会前后鼻韵母的发音差别。

2. 小幽默和课文中带前、后鼻韵母的字词你都读对了吗？请把它们标出来，并对照《现代汉语词典》检查一下是否正确。

3. 熟读下列词组。

an—ang

班长　担当　安康　站岗　繁忙　安放　半晌　南方　反抗　漫长　返航
擅长　战场　班房　伴唱　单帮　肝肠　赶忙　赶场　酣畅　看涨　烂账
山冈　弹唱　唐山　商贩　畅谈　上班　帐幔　方案　当然　账单　茫然
丧胆　商战　钢板

ian–iang

演讲 现象 边疆 勉强 坚强 变相 偏向 联想 鲜姜 限量 见谅
钱箱 抢险 想念 镶嵌 香烟 强健 响箭 秧田 仰面 香甜 量变
乡间 洋片 相见 强辩 乡恋 样片 强咽 养颜

uan–uang

观光 宽广 端庄 乱闯 观望 钻床 蒜黄 万状 管状 卵黄 管庄
晚霜 皇冠 王权 妄断 光环 慌乱 狂欢 壮观 装船 撞断 双关
望穿 黄砖

in–ing

金星 进行 心情 民警 品行 新型 尽情 心灵 拼命 尽兴 新颖
品名 并进 平民 平信 影印 定亲 灵敏 清新 挺进 精心 轻信
请进 精品 省亲 迎新 应聘 行进 听信 订金

en–eng

真诚 本能 深层 奔腾 真正 神圣 文风 门缝 人称 人生 纷争
深坑 承认 城镇 胜任 诚恳 证人 成本 登门 成分 缝纫 能人
生根 横亘

uen–ueng、ong

尊重 顺从 昆虫 春种 稳重 滚动 轮空 蚊虫 滚筒 混同 尊崇
文中 冬笋 中文 通顺 公论 红润 冬春 农村 重温 重孙 公文
忠顺 共存

un–iong

运用 群雄 军用 云涌 驯熊 拥军 穷训 穷运

4. 朗读下列绕口令。

殷英敏和应尹铭

东庄儿住着个殷英敏，
西庄儿住着个应尹铭。
应尹铭挖蚯蚓；
殷英敏捕苍蝇。
不管天阴或天晴，
两人工作不停。
为了比辛勤两人通了信，
要看谁行谁不行。
不知殷英敏的苍蝇
多过应尹铭的蚯蚓，

还是应尹铭的蚯蚓
多过殷英敏的苍蝇。

in–ing

银鹰炸冰凌

春风送暖化冰层，
黄河上游漂冰凌，
水中冰凌碰冰凌，
集成冰坝出险情。
人民空军为人民，
飞来银鹰炸冰凌，
银鹰轰鸣黄河唱，
爱民歌声震长空。

in–ing

通信不同姓

同姓不能念成通信，
通信也不能念成同姓。
同姓可以互相通信，
通信可不一定同姓。

in–ing

银星

天上有银星，
星旁有阴云。
阴云要遮银星，
银星躲过阴云不让阴云遮银星。

in–ing

冷

冷
真冷，
真正冷，
冷冰冰，
冰冷冷，
人人都说冷，
猛地一阵冷风，
更冷。

en–eng

盆碰棚

老彭拿着一个盆，
路过老陈住的棚，
盆碰棚，棚碰盆，
棚倒盆碎棚压盆，
老陈要赔老彭的盆，
老彭不要老陈来赔盆，
老陈陪着老彭去补盆，
老彭帮着老陈来修棚。

en–eng

东洞庭和西洞庭

东洞庭，西洞庭，
洞庭山上一根藤，
藤上挂个大铜铃。
风起藤动铜铃响，
风停藤定铜铃静。

en–eng–ing–ong

张家湾和李家湾

从前有个张家湾，
村前有座高山；
从前有个李家湾，
村后有个河滩。
从张家湾到李家湾，
要攀高高低低的山，
要绕弯弯曲曲的滩。
打通山，填平滩，
张家湾，李家湾，
不爬山，不过滩，
一条大路平坦坦，
来来往往不困难。

an—ang

俩判官

城隍庙内俩判官，
左边的是潘判官，
右边的是庞判官。
不知是潘判官管庞判官，
还是庞判官管潘判官。

an—ang

天上七颗星

天上七颗星，
树上七只鹰，
梁上七个钉，
台上七盏灯。
拿扇扇了灯，
用手拔了钉，
举枪打了鹰，
乌云盖了星。

ing—eng

杨家养了一只羊

杨家养了一只羊，
蒋家修了一堵墙。
杨家的羊撞倒了蒋家的墙，
蒋家的墙压死了杨家的羊。
杨家要蒋家赔杨家的羊，
蒋家要杨家赔蒋家的墙。

iang

大和尚和小和尚

大和尚常常上哪厢？
大和尚常常过长江。
过长江为哪厢？
过长江看小和尚。
大和尚原是襄阳姓张，
小和尚原是商乡姓蒋，
大和尚和小和尚常常互相商量。
大和尚讲小和尚强，
小和尚讲大和尚长。
小和尚煎姜汤让大和尚尝，
大和尚奖赏小和尚檀香箱。

ang—iang

帆布黄

长江船里帆布黄，
船舱里放着一张床，
床上躺着两位老大娘，
她俩亲亲热热唠家常。

ang

大姐梳辫

大姐梳辫，
两个人编。
二姐编那半边，
三姐编这半边；
三姐编这半边，
二姐编那半边。

an.ian

炖冻豆腐

会炖我的炖冻豆腐，
来炖我的炖冻豆腐；
不会炖我的炖冻豆腐，
就不要胡炖乱炖，
炖坏了我的炖冻豆腐。
要是混充会炖我的炖冻豆腐，
弄坏了我的炖冻豆腐，
那就吃不成我的炖冻豆腐。

d.ong.uen

第5章 声调

第一节 声调及其特征

汉语属汉藏语系。这个语系与印欧语系、阿尔泰语系、南亚语系等相比较，除具有单音节的特点外，还有一个非常突出的特点就是每个音节上都有一个区别意义的声调。这也正是其他语系的人们学习汉语的共同难点。

一、声调

音节中固有的，能区别意义的声音的高低升降与曲直就叫作声调。由于一个汉字就是一个音节，所以也可以称之为字调。

二、声调的特征

1. 声调主要取决于音高，声调的音高是相对的。例如，一般地讲，女人和儿童的音高要比男人、老人高一些。就是同一个人，由于情绪和身体状况的变化，音高也会发生相应的变化。比如高兴时、身体健壮时，就会比悲伤时、身体虚弱时的音高要高一些。而音乐中音阶的高低是绝对的，不变的。

2. 声调的高低、升降变化是逐渐滑动的，而不是跳跃式的，因此它的过渡音是完全的。而音乐中音阶的移动常常是跳跃式的。

3. 声调一个最突出的特点，是它有区别意义的作用。例如：买（mǎi）与卖（mài）；夫（fū）与妇（fù）；理解（lǐ jiě）与历届（lì jiè）；繁星（fán xīng）与反省（fǎn xǐng）等词义都是依据声调来加以区别的。

4. 声调是汉语音节中不可缺少的组成部分。

5. 声调的平仄抑扬使语言富于音乐性和节奏感。

“平”，指古四声中的平声。古平声已演变成普通话中的阴平和阳平。

“仄”，即不平，是古四声中“上、去、入”三声的总称。

我国戏曲、曲艺、歌词与诗词中普遍运用上仄下平的规律。例如京剧《霸王别姬》中的唱词：

看大王在帐中和衣睡稳，我这里且出帐外散愁情。
轻移步走向前荒郊站定，猛抬头见碧落月色清明。

其中“稳”为仄声，“情”为平声，“定”为仄声，“明”为平声，在谱曲和行腔中可随声调拖腔拉音，形成余音缭绕之势。

诗词歌赋也是一样。例如杜甫的绝句：

两个黄鹂鸣翠柳，一行白鹭上青天。
窗含西岭千秋雪，门泊东吴万里船。

其中“柳”“雪”为仄声，“天”“船”为平声。这样平仄交错或对仗，使得诗句抑扬相配变化有致，赋予了语言以音乐的美感。

第二节 调值、调类、调号

一、调值

调值就是声调的实际的高低升降变化，也就是声调的实际读值。

调值一般采用五度标记法来给予较为准确、细致的描绘。最低是 1 度，最高是 5 度。普通话中的高平调读值为 55，高升调的读值为 35，降升调的读值为 214，全降调的读值为 51。

竖线四格五点表示五度音高，横线、斜线、曲线分别表示四个声调的音高变化，也就是声调的大致调型。

用五度标记法只是为了便于说明声调的高低升降、曲直变化。声调的五度音高 1、2、3、4、5 并不等于音阶上的 do、re、mi、fa、so。声调符号也不过是声调形式的标志，而不是绝对音高的确切描写，每一个度数到底应该有多大，是要因人而异，因情况而定的。

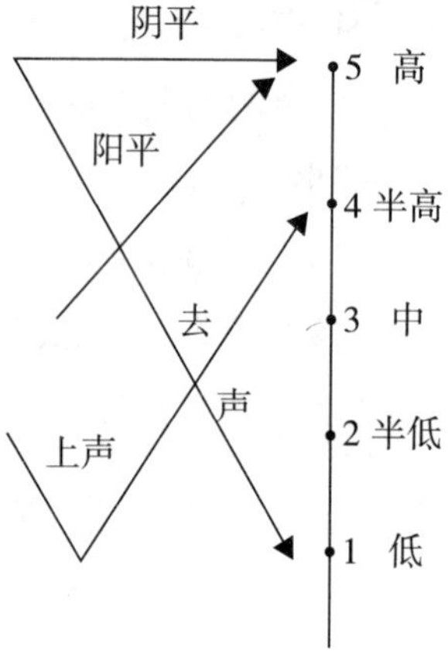

二、调类

调类就是声调的类别，它是按声调的实际读法归纳出来的。把调值相同的归在一起，便为一个调类。普通话有四种基本调值，因此也就归纳出四个调类，用传统的名称来称呼这四个调类就是：阴平、阳平、上声、去声，用现代汉语教学的说法也可以叫作：一声、二声、三声、四声。

调类是把一个方言里声调相同的字归做一类，看看共有几个调，各有哪些字。调值是对不同调类的音高关系的描写。汉语方言，有四个调类的；也有四个以上、多至十个调类的。这是多年历史发展演变的结果。尽管调类有所分合，但绝大多数字的归类在各方言之间有相对应的关系。只是不同方言中同一调类的调值有所不同罢了。例如："衣、山、收、音"都是阴平类字，在北京，其调值都是高平调。但在别的方言，调类虽相同，调值却不一样。比如天津话和广州话的"山"字，调类虽都是阴平调和普通话一样，但是它们的调值都和普通话不同。天津人读"山"字是低平调，广州人读"山"字却是高降调。所以在学习普通话声调时，不要被方言的调值所迷惑，要找出调类对应的关系和调值的差异，在调值上下工夫，把字的调值念准。

三、调号

调号就是调类的标记符号。汉语拼音方案所规定的调号是 −、/、∨、\ 四个。

声调属于整个音节，声调的高低变化主要集中体现在韵腹即主要元音上。

所以调号一般也就都标在主要元音上。例如：

白菜（bái cài）　　历届（lì jiè）

蓬勃（péng bó）　　威吓（wēi hè）

举几个例字来看看它们的调值、调类、调号：

例字	调值	调类	调号
巴、山、玻、飞、中、军	高平调 55 ˥	阴平	–
时、陈、龙、洪、节、河	中升调 35 ˧˥	阳平	/
好、手、古、海、犬、美	降升调 214 ˨˩˦	上声	∨
事、共、胖、却、院、近	全降调 51 ˥˩	去声	\

小幽默

吃　饭

甲：玛丽，玛丽，我问你，我想吃饭去哪里？

乙：金律、金律，别着急，咱们两个一起去。见路口，再往西，有个饭馆儿“霁雨居”，饭菜又好又便宜。

丙：二位顾客请往里，我把菜单递给你。

甲：我们汉字认得少，请把菜单报仔细。

乙：对不起，麻烦你。

丙：二位顾客别客气。听我把菜名报仔细：熘肉片儿，烩里脊，鱿鱼、鳜鱼、大鲤鱼，还有油炸香酥鸡。

甲：我要一条大鲤鱼。

乙：我要一只香酥鸡。

甲：我要一杯白兰地。

乙：我要一杯好大曲。

丙：你们的饭菜都到齐，一共二十七块八毛一。

甲：真是实惠又经济。

乙：我来付钱别客气！

甲：您别客气我来递！

丙：二位顾客别着急，饭后付款我来取。

课文

1. 诗

最动情的歌声

在晴朗的夜空，有明亮的星星；
在广阔的大地，有巍峨的山峰。
请问，是谁把星群洒向了天空？
三十年前的小树，已耸入云层；
三十年前的苗圃，已经郁郁葱葱。

请问，谁是培育树苗的园丁？
三十年前的儿童，
是今天的工程师、专家、医生。
让我们开一个庆功会吧，
让我们唱出最动情的歌声。
在这个庆功会上，
师长把军功章戴在老师的前胸；
教授走向前双手捧送博士文凭。
一张又一张的发明证书，
作为送给老师的贺卡，
就像三十年前得了一百分，
上台给老师鞠躬。

亲爱的老师，
是您把我们洒向了天空，
是您培育我们成长。
我们召开庆功大会，
我们纵情高唱最动情的歌声。
我们要唱，
在一切立功喜报里有您的丰功，

在一切发明创造里有您的发明；
在人民的喜悦中有您的欢欣，
在祖国的荣耀中有您的光荣。
啊！老师，亲爱的老师呀！
园丁，亲爱的老园丁！
请参加这庆功的大会吧，
听我们最动听的歌声！

2.文　春，在巴黎（节选）

梅　苑

二月底，一连下了几天大雪，到处都是一片白茫茫，行人道上的雪被来往的脚印“压”成了冰。但突然在一夜之间，雪完全融化了，冰也变成了污水，流入下水道。

云层里的太阳笑吟吟地伸出头来，塞纳河畔的风也牵来一丝儿暖意。春天，就这样突然间降临到了巴黎。

同样是突然间，有一天我骤觉到巴黎是这样的可爱，如同一位蓬头垢面的美人。但我们要有一双慧眼，一个宽大的艺术家胸怀，一份耐心，一份闲情，我们才能够窥视到这位美人的姿色。

巴黎是属于艺术家的。

巴黎如同一个汪洋大海，能够容纳一切合轨和出轨的思想和行动。所以，如果你有一份艺术家的创造力，如果你生命中的基本原则绝不会被任何外界事物所影响，那么，你真幸运，你将如同一只展翅高飞的海鸥，能够在这个大海中任意翱翔。

如果你没有一丁点儿艺术细胞，同时你的生命中又缺少一个基本原则，你的思想又随时会受到外界事物的影响，那么，巴黎就会不属于你。因为这个汪洋大海有太多的风浪，而一些只能够随波逐流的人，往往很难逃脱被大海吞没的命运。

所以，巴黎是属于艺术家的。正如同巴黎人说：春天是属于巴黎的。

思考与练习

1. 什么是声调？普通话的声调有哪些特点？

2. 什么是调值？什么是调类？调号应标在什么位置上？

3. 朗读小幽默和课文，并体会声调的变化。

4. 新闻播报练习。

北京日报消息：昨天上午7时，天安门广场奥运期间的文化艺术活动拉开了帷幕。奥运期间，北京市文化局将在天安门广场举办一系列形式多样的文化艺术活动。活动包括“祝福奥运”“欢庆奥运”“和谐奥运”“参与奥运”“民俗奥运”“激情奥运”“舞动奥运”七大主题。昨起至8月3日，来自山西、浙江、上海、重庆、广东、河北等省市极具地方特色的50多个优秀节目，以及2008年国际大中学生乐团行进式表演，将让天安门广场的每个清晨都充满欢歌笑语。

光明日报消息：“国之交在于民相亲，民相亲在于心相通。”国际政治的历史和现实反复证明，国家间关系的交好既要有政府高层的硬支撑，也离不开人民心灵交流的软助力。

“一带一路”作为一项具有全球影响力的重大倡议，涵盖的地理范围前所未有。无论是游牧还是农耕，发展中还是发达，内陆国还是岛国，沿线国家的国情可谓千差万别，对“一带一路”的接纳度也层次不一。

“唯以心相交，方能成其久远。”即将在五月举办的“一带一路”国际合作高峰论坛将“民心相通”作为六大主题会议之一，再次显示了中国对“民心”的重视。当越来越多的沿线国家民众把“一带一路”当作自己家的路来支持维护，当越来越多的民众把身边的中国人当好朋友好伙伴，“一带一路”也必然将行稳致远，梦想成真。

第三节　声调的发声及辨正

声调体现在语音具体的音高上，声调的音高是相对的，不是绝对的。在实际发音过程中，声调不管是上升还是下降都应该是滑动变化的，是从一个音高向另一个音高滑动的过程。在发阳平、上声的时候尤其要注意不能跳跃进行。

一、普通话各类声调的实际读法

1. 阴平

阴平的调值最高，为55，属高平调型，因此要读得高而平，要在相对高的音调上，均匀地，平直地进行。在生活语言中，要根据自己的自然声区来定自己的阴平调，不要太高，也不要太低。太高，声带吃力；太低，上声和去声就再低不下去了，要以自己感觉舒服，自然为准。若双音节均为阴平字并且为中重格式的，一般调值要读成44、55。但是东北人和天津人却正相反，他们读成55、33，要依普通话改过来。

例字：

八　趴　妈　发　搭　他　那　拉　旮　咔　哈　家　掐　虾　扎　插
莎　匝　擦　仨

例词：

阴阴：参加　西安　播音　工兵　拥军　东风　交通　磋商　周刊
参军　丰收　秋收　拉丁　非洲　中心　公司　终身　风光
新编　批发　司机　佳音　冲锋　村庄

2. 阳平

阳平调值是35，是高升调型。发音时，声音从不高不低的中声区起音，逐渐升高至阴平处止。像弦乐（如胡琴、提琴）上的滑音，不能像钢琴的按键跃进。发此声调时，东北人尤需注意，不要拐弯或甩出一个小尾巴来。另外，过渡音要完整，切不可从3跳跃至5。

例字：

拔　爬　麻　乏　达　拿　旯　荚　拃　匣　闸　茶　啥　砸　牙　霞
娃　别　洁　学

例词：

阳阳：国旗　直达　答题　滑翔　模型　流传　随时　随同　儿童　团结

联合　离别　停留　人民　强国　弘扬　级别　燃眉　和平　劳模
防滑　名词　南极　言辞　排名　园林　流行　频繁　食堂　原则
文明　鱼塘　轮流　遗传　行情　牛羊　严格　竹林　农民　乘凉
执行　蓬勃

3. 上声

上声调值是214，为低降中升调型。发此声调时，要先降后升（且降短，升长，切不可降长升短）。上声在语流中会发生变调现象（将在变调一节中讲），但在词尾、句尾或单念时应把声调念完整。另外，东北人在读上声字时也容易在尾音处顿一下或拐一个弯儿，这是不对的。

例字：

把　马　法　傻　洒　假　垮　瓦　雅　跛　妥　裸　锁　我　葛　渴
扯　舍　惹　铁　咧　且　写　野　史　紫　洗　礼　挤　汝　楚　窄
海　宰　矮　美　蕊　水　腿

例词：

阴上：批准　发展　班长　听讲　黑板　刚果　灯塔　充满　争取　加紧
思索　艰苦　生产　施展　音响

阳上：华北　黄海　防守　平等　遥远　狭小　泉水　勤恳　寻找　难免
截止　民主　和好　驳倒　国宝

去上：耐久　二百　剧本　下雨　跳伞　问好　运转　下雪　外语　购买
末尾　恰巧　并且　大海　贺喜

4. 去声

普通话去声字比较多，去声调值是51，为全降调型。发此声调时，从上至下要一气贯通，直线行走，不要拐弯。

例字：

判饭　烂汗　颤扇　岸骗　练欠　宴段　灌换　赚涮
倦劝　镟怨

例词：

去去：日月　布告　大厦　惧怕　画像　自传　破例　岁月　射箭　愤怒
庆贺　宴会　创办　浪费　电视　戏剧　毕业　会议　竞赛　大概

阵地 地道 奋斗 贺信 注意 部队 上课 闭幕 电报 挂号
创造 记录 计划 判断 正确 制定 电话 上市 训练 灌溉
惯性 净重

综上所述，四声的读法可以归纳成一首口诀：

阴平起音高平莫低昂，气势平均不紧张。
阳平从中起音向上扬，用气弱起逐渐强。
上声先降转上挑，降时气稳扬时强。
去声高起直送向下降，强起到弱要通畅。

也可用两个字来概括四声的发音取向特点：

阴平—高平阳平—高升上声—低曲去声—全降

二、声调的辨正

汉语的声调具有区别意义的作用，声调不对是造成歧义或语音错误的重要原因之一，因此，正确地掌握声调，学会检验声调是否存在错误，是学好普通话的重要内容之一。

声调，随着汉语的不断发展变化而演变发展。从古代汉语到现代汉语，四声已有了很大变化。古汉语四声分别为平声、上声、去声、入声。按传统说法，平声是平调，上声是升调，去声是降调，入声是短调。《玉钥匙歌诀》中有一首歌诀对古四声做了具体描绘：

平声平道莫低昂，
上声高呼猛烈强，
去声分明哀怨道，
入声短促急收藏。

现代汉语普通话中已没有入声。只有南方某些地区仍保留有入声调。

古四声的平声已分化为现今的阴平和阳平；上声演变为上声和去声，去声仍为去声，入声则分别化入到阴、阳、上、去四声中。

为了准确地掌握四声，首先要读准普通话四声，其次还要知道本方言与普通话四声的对应关系，只有这样才能最快、最有效地纠正不正确的发音。

1. 阴平的辨正

(1) 调值不够高

虽然各方言区基本都有阴平声调，但是有的人在念或说的时候，往往会出现调值不够高的缺陷。阴平的调值是 55，它在语言中的调值应该是最高的，但是有的人往往会念成 11 调。例如：“现在开始播音”中的“播音”两个字。调值应该在最高点 55 上进行，而有的人却把调子掉下来了，念成了最低调 11。听起来，不但声调不对，而且也不和谐悦耳。

(2) 阴平错读成去声

有些方言区，例如天津人，常把阴平读成去声。“天天如此”中的“天天”(tiān tiān) 两个字本调应是高平，却读成低降，像是“掭掭”(tiàn tiàn)。已故著名相声演员高英培的《钓鱼》非常有名。其中一句“二他妈妈，再烙一张饼。”中的“妈妈”便是典型的天津方言调“骂骂”。

例词：

播音 (bōyīn)	吹箫 (chuī xiāo)
骂街 (mà jiē)	听话 (tīng huà)
诗歌 (shī gē)	唱歌 (chàng gē)
出发 (chū fā)	飞机 (fēi jī)
电灯 (diàn dēng)	大家 (dà jiā)
客厅 (kè tīng)	列车 (liè chē)
信心 (xìn xīn)	故乡 (gù xiāng)
似乎 (sì hū)	卫星 (wèi xīng)
射击 (shè jī)	丧失 (sàng shī)
希望 (xī wàng)	公共 (gōng gòng)
音乐 (yīn yuè)	波浪 (bō làng)

(3) 阴平错读成上声

有的方言区的人阴平调拐弯，结果阴平调变得像是上声。比如把“茶杯”说成了“茶北”，“纸张”说成了“纸掌”。

例词：

鲜花 (xiān huā)	咖啡 (kā fēi)

灯光（dēng guāng） 丰收（fēng shōu）
江山（jiāng shān） 端庄（duān zhuāng）
农村（nóng cūn） 年轻（nián qīng）
围巾（wéi jīn） 留心（liú xīn）
财经（cái jīng） 轮班（lún bān）
影星（yǐng xīng） 北京（běi jīng）
减轻（jiǎn qīng） 统一（tǒng yī）
认真（rèn zhēn） 列车（liè chē）
竞争（jìng zhēng） 客观（kè guān）
信息（xìn xī） 健康（jiàn kāng）

2. 阳平的辨正

(1) 阳平错读成阴平

有的方言区，如内蒙古等地的人常把阳平错读成阴平。例如把“方糖”（fāng táng）说成“方汤”（fāng tāng）“去年”（qù nián）说成“去拈”（qù niān）。

例词：

双簧（shuāng huáng） 洋相（yáng xiàng）
权力（quán lì） 年轻（nián qīng）
不同（bù tóng） 不平（bù píng）
人生（rén shēng） 其他（qí tā）
联欢（lián huān） 提纲（tí gāng）
金鱼（jīn yú） 花篮（huā lán）
钢琴（gāng qín） 树林（shù lín）
善良（shàn liáng） 动摇（dòng yáo）
睡眠（shuì mián） 漫谈（màn tán）
毛笔（máo bǐ） 停止（tíng zhǐ）
文化（wén huà） 群众（qún zhòng）

(2) 阳平错读像去声

我国南方一些地区的人，易把阳平错读成降调，像是去声。例如把“学生”（xué shēng）读成“穴僧”（xuè sèng），把“权力”（quán lì）说成“劝力”

(quàn lì)，把“实行”(shí xíng)说成“试幸”(shì xìng)。

例词：

回忆(huí yì) 树林(shù lín)
教材(jiào cái) 内容(nèi róng)
告别(gào bié) 运行(yùn xíng)
学校(xué xiào) 别墅(bié shù)
杂志(zá zhì) 年代(nián dài)
杂草(zá cǎo) 男女(nán nǚ)
食品(shí pǐn) 全体(quán tǐ)
人民(rén mín) 食堂(shí táng)
轮流(lún liú) 遗传(yí chuán)
明天(míng tiān) 毛巾(máo jīn)
乘车(chéng chē) 南方(nán fāng)

3. 上声的辨正

(1) 上声调值不完全

上声的调值是214，发音时，要前短后长。但是有的人由于习惯，往往读得前长后短，致使声调不完全。上声字在单念或在词尾、句尾时不变调，所以应当念完全。

例词：

操场(cāo chǎng) 方法(fāng fǎ)
歌舞(gē wǔ) 黑板(hēi bǎn)
思想(sī xiǎng) 基础(jī chǔ)
分手(fēn shǒu) 钢笔(gāng bǐ)
词典(cí diǎn) 牛奶(niú nǎi)
长久(cháng jiǔ) 文选(wén xuǎn)
平坦(píng tǎn) 平等(píng děng)
报纸(bào zhǐ) 妇女(fù nǚ)
戏曲(xì qǔ) 历史(lì shǐ)
彻底(chè dǐ) 地点(dì diǎn)

后果（hòu guǒ）　　汉语（hàn yǔ）

(2) 上声错读成去声

普通话的上声字最少，大多数方言的上声与普通话相同。但也有些方言如吴方言，尤其是浙江方言容易把上声字念成降调，像是去声字。又例如西北人："是你"（shì nǐ）说成"是腻"（shì nì），"网上"（wǎng shàng）说成"旺上"（wàng shàng），"大海"（dà hǎi）说成"大害"（dà hài），把"好人"（hǎo rén）说成"耗人"（hào rén）。

例词：

发表（fā biǎo）　　英勇（yīng yǒng）
开水（kāi shuǐ）　　花草（huā cǎo）
修理（xiū lǐ）　　发展（fā zhǎn）
长短（cháng duǎn）　　皮袄（pí' ǎo）
评比（píng bǐ）　　结果（jié guǒ）
没有（méi yǒu）　　烦恼（fán nǎo）
购买（gòu mǎi）　　翅膀（chì bǎng）
幻想（huàn xiǎng）　　大胆（dà dǎn）
放手（fàng shǒu）　　电影（diàn yǐng）
汇演（huì yǎn）　　默写（mò xiě）
各种（gè zhǒng）　　字母（zì mǔ）

4. 去声的辨正

(1) 去声错读成阳平

像四川等方言区，常把去声错读成阳平，或类似阳平的声调。如"四川"（sì chuān）说成"sí cuān"，"报告"（bào gào）说成"báo gáo"，"下地"（xià dì）说成"霞敌"（xiá dí）。

例词：

黑暗（hēi' àn）　　发动（fā dòng）
声调（shēng diào）　　工作（gōng zuò）
开会（kāi huì）　　中外（zhōng wài）
兄弟（xiōng dì）　　同伴（tóng bàn）

排队（pái duì）　　矛盾（máo dùn）
服务（fú wù）　　信心（xìn xīn）
预防（yù fáng）　　论文（lùn wén）
课堂（kè táng）　　负责（fù zé）
大海（dà hǎi）　　戏剧（xì jù）
毕业（bì yè）　　会议（huì yì）
部队（bù duì）　　电视（diàn shì）

(2) 去声错读成上声

南方有些方言把去声错读成中升或低降升，像是上声。例如：“看一看”（kàn yi kàn）读成“砍一砍”（kǎn yi kǎn），“急躁”（jí zào）说成“及早”（jí zǎo）。

例词：

变化（biàn huà）　　世界（shì jiè）
再见（zài jiàn）　　致敬（zhì jìng）
贡献（gòng xiàn）　　定论（dìng lùn）
现代（xiàn dài）　　步骤（bù zhòu）
电动（diàn dòng）　　近似（jìn sì）

5. 方言与普通话调值比较

在学习普通话声调时，可将自己方言中的声调与普通话中的声调进行比较详细的对照，从而发现其中的差别，以便学习、纠正。现将一些主要方言点与普通话同调类的调值进行比较，列表如下。

例字调值调类方言点	阴平	阳平	上声	去声	入声
	妈	麻	马	骂	
北京	55 ˥	35 ˧˥	214 ˨˩˦	51 ˥˩	
沈阳	33 ˧	35 ˧˥	213 ˨˩˧	41 ˦˩	
天津	11 ˩	55 ˥	24 ˨˦	42 ˦˨	

续表

例字调值调类方言点	阴平	阳平	上声	去声	入声
	妈	麻	马	骂	
济南	213	42	55	21	
西安	21	24	53	45	
兰州	53	31	42	24 或 44	
成都	44	31	53	13	
昆明	44	31	53	13	
长沙	33	13	41	55 或 21	24
南京	32	14	22	44	5
广州	55 或 53	21 或 11	35 或 13	33 或 22	5　2 33　22

三、声调综合练习

在声调读不准的情况下可按调型打手势以辅助练习，帮助纠正。

1. 看书—砍树　优等—油灯　练习—联系
及早—急躁　朝阳—照样　秃子—兔子
礼貌—狸猫　伙计—活计　英勇—应用
通知—统治　管理—官吏　包围—保卫
胜利—生理　知道—指导　报复—包袱
传播—船舶　殡仪—兵役　扬言—养颜

2. 政治—正直—争执
支援—志愿—职员
时间—实践—事件
指示—致使—知识
珍惜—枕席—镇玺
自恃—自始—姿势—子时

3. 喝杯咖啡 (hē bēi kā fēi)　中央机关 (zhōng yāng jī guān)
今天出发 (jīn tiān chū fā)　珍惜光阴 (zhēn xī guāng yīn)
非常匆忙 (fēi cháng cōng máng)　中国青年 (zhōnng guó qīng nián)
科学发明 (kē xué fā míng)　真诚帮忙 (zhēn chéng bāng máng)
发展生产 (fā zhǎn shēng chǎn)　观赏花草 (guān shǎng huā cǎo)
稀有金属 (xī yǒu jīn shǔ)　修理钢笔 (xiū lǐ gāng bǐ)
帮助工作 (bāng zhù gōng zuò)　公事公办 (gōng shì gōng bàn)
工作需要 (gōng zuò xū yào)　中外音乐 (zhōng wài yīn yuè)
乘车回家 (chéng chē huí jiā)　南方农村 (nán fāng nóng cūn)
其他国家 (qí tā guó jiā)　明天联欢 (míng tiān lián huān)
牛羊成群 (niú yáng chéng qún)　符合原则 (fú hé yuán zé)
严格执行 (yán gé zhí xíng)　蓬蓬勃勃 (péng péng bó bó)
男女平等 (nán nǚ píng děng)　停止行走 (tíng zhǐ xíng zǒu)
牛奶食品 (niú nǎi shí pǐn)　联系实际 (lián xì shí jì)
实事求是 (shí shì qiú shì)　繁重劳动 (fán zhòng láo dòng)
互相竞争 (hù xiāng jìng zhēng)　特约信息 (tè yuē xìn xī)
认真去听 (rèn zhēn qù tīng)　调查事实 (diào chá shì shí)

按劳付酬（àn láo fù chóu）
尽职尽责（jìn zhí jìn zé）
汉语课本（hàn yǔ kè běn）
胜利闭幕（shèng lì bì mù）
创造纪录（chuàng zào jì lù）
课堂教学（kè táng jiào xué）
各种报纸（gè zhǒng bào zhǐ）
放手大胆（fàng shǒu dà dǎn）
电报挂号（diàn bào guà hào）
正确判断（zhèng què pàn duàn）

4. ba

巴 拔 把 爸

po

坡 婆 叵 破

mao

猫 毛 卯 貌

fang

方 房 纺 放

di

低 迪 底 第

tong

通 铜 桶 痛

niu

妞 牛 纽 拗

liao

撩 僚 了 寥

gu

姑 鼓 固

ke

科 壳 渴 客

han

酣 韩 喊 翰

ju

居 局 举 剧

qing

青 晴 请 罄

xiang

香 祥 响 项

zhi

支 值 指 制

cheng

称 诚 骋 秤

shen

深 神 审 慎

ru

儒 乳 入

zuo

作 昨 左 坐

cai

猜 财 彩 蔡

sui

虽 绥 髓 岁

bai

掰 白 柏 拜

pao

抛 袍 跑 炮

jia

家 戛 假 驾

qin

亲 琴 寝 沁

xie

歇 谐 写 谢

lian

莲 敛 练

chuang

窗 床 闯 创

wa

蛙 娃 佤 袜

huan

欢 环 缓 宦

guai

乖 拐 怪

xue

薛 学 雪 穴

yun

晕 耘 允 孕

quan

圈 权 犬 券

5. 中国伟大　山河美丽　天然宝藏　资源满地　阶级友爱　中流砥柱
工农子弟　千锤百炼　身强体健　精神百倍　心明眼亮　光明磊落
山明水秀　花红柳绿　开渠引灌　风调雨顺　阴阳上去　非常好记
高扬转降　区别起落

6. 以第一个字的声母为序

b

百炼成钢　波澜壮阔

暴风骤雨　壁垒森严

p

排山倒海　喷薄欲出

鹏程万里　普天同庆

m

满园春色　名不虚传

满腔热情　目不转睛

f

发愤图强　翻江倒海

丰功伟绩　赴汤蹈火

d

大快人心　当机立断

颠扑不破　斗志昂扬

t

谈笑风生　滔滔不绝

天衣无缝　推陈出新

n

鸟语花香　逆水行舟

能者多劳　宁死不屈

l

老当益壮　雷厉风行

力挽狂澜　龙飞凤舞

g

盖世无双　高瞻远瞩

攻无不克　光彩夺目

k

开卷有益　慷慨激昂

克敌制胜　快马加鞭

h

豪言壮语　和风细雨

横扫千军　呼风唤雨

j

艰苦奋斗　锦绣河山

继往开来　举世无双

q

千军万马　气壮山河

晴天霹雳　群威群胆

x

喜笑颜开　响彻云霄

心潮澎湃　栩栩如生

zh

辗转反侧　朝气蓬勃

咫尺天涯　专心致志

ch

超群绝伦　称心如意

赤子之心　出奇制胜

sh

山水相连　舍生忘死

深情厚谊　生龙活虎

r

饶有风趣　人才辈出

日新月异　如火如荼

z

赞不绝口　责无旁贷

再接再厉　自知之明

c

沧海一粟　层出不穷

灿烂光明　从容就义

s

三思而行　所向披靡

四海为家　肃然起敬

小幽默

校长作报告

杜　青

俗话说，故土难离，乡音难改。某高校的女校长，为了改掉自己的方音语调，总想拜师学说普通话，怎奈工作太忙，难以如愿。但是普通话语音问题已引起了校长的注意。

一次，在全院教职工大会上作关于《教学管理试行办法》的报告。校长说："这个方案今年是试行。"说到这儿，她忽然意识到"试行"这两个字音说得可能不标准，就进一步解释说："试行不是试行（实行）。试行是试行的试行，不是试行（实行）的试行（实行）。"听到这儿，大家已经完全理解了校长的意思，不过好像听校长说了一段绕口令似的，不禁都开心地大笑起来。

课文

1. 诗

我的祖先叫炎黄

方　芳

当我登上那古老的城墙，
抚摸着斑驳褪色的柱梁，
当我极目凭栏远望，
总会有一丝酸涩冲进胸膛，
仿佛听到一个声音对我呼喊：
记得吗？你的祖先叫炎黄！
我依稀看到，
有位老人悲悯的目光，
他带着弟子们周游列国、寻求理想。
隐士们超然地嘲笑他的恓恓惶惶，
他却坚定地行走在让天下和谐大同的路上！
他的声音响彻了两千年来华夏大地的学堂，
他的名字和学说传遍东洋和西洋！
我依稀看到，

有一条大鱼生活在北溟那个地方，
它化作一只巨鸟，在天地之间翱翔。
有如垂天之云般的翅膀，虽九万里亦可扶摇直上。
是庄子，赋予我们可以囊括天宇、逍遥无尽的胸膛！
我依稀看到，
有个青年名叫嵇康，
他正在刑场上弹奏一曲绝响，
那宽袍博带在风中飞扬。
多少年过去了，依旧有余音绕梁。
断绝的是《广陵散》的曲谱，
永垂不朽的是他的傲骨和姿态，优雅地面对死亡。
我的祖先叫炎黄，这里有深厚的文化滋养，
我是华夏儿郎，两千五百年的文明在我血液里流淌。
我也曾梦回大汉番邦，苏武正在贝尔加湖边牧羊。
十九年坚贞不移不卑不亢地面对着单于的劝降。
他让异族领略了什么叫气节和高尚，让后世千年敬仰。
我似乎看到在那寒冷的北方，
正有一支军队征战沙场，
敌人说，有岳家军在，我们打不了胜仗。
可叹英雄遭忌，谗士高张。
无奈一缕忠魂终于消散在西湖之旁。
潇潇雨歇中，我依稀见到有人把它插进土壤，
那是将军用过的，一支宁折不弯的缨枪！
哦，那是蒙古的铁骑在横冲直闯，
他们开辟了横跨欧亚大陆的巨大牧场。
他们把一个瘦弱的文人关进了牢房。
金钱、美女、杀头、官位宰相，都无法让他投降。
他吟着《正气歌》和《过零丁洋》。
忽必烈慨然长叹：我征服了整个世界，却征服不了文天祥！

时间的车轮悠悠荡荡，终于在甲申那年失了方向。
瘦西湖畔，梅花岭上，
为了纪念一个叫史可法的文弱书生而建起了一座祠堂。
因他不愿散开高束的发髻，更不肯脱去自己民族的汉装。
他决定与城共存亡，用性命坚护信仰。
历史鉴证：
残酷的杀戮，如山的尸骨，也不能把民族精神埋葬！
我的祖先叫炎黄，苏武岳飞文天祥，是我们民族的脊梁，
我是华夏儿郎，胸腔里蕴藏着两千五百年的信仰！
我也曾魂飞汉宫，与司马迁秉烛倘佯，
他那深受腐刑的身体孱弱痛伤，
但无法动摇他秉笔直书历史的信仰，
留给我们“无韵之离骚，史家之绝唱”，
更让我们铭记什么是责任和担当！
我也曾梦回大唐，和杜甫翻阅篇章，
我无法忘记他那忧郁的目光，
难道他在忧虑那为秋风所破的草房？
他说：不！我忧虑的是天下所有的寒士们，
何时能一起欢笑在广厦宽堂！
我仿佛来到洞庭湖旁，
滕子京正在阅读朋友寄来的文章，
“先天下之忧而忧，后天下之乐而乐”，
范仲淹他那让人高山仰止的品格，
千百年来的书生们读到荡气回肠。
我的祖先叫炎黄，杜甫司马迁范仲淹是民族的天良。
我是华夏儿郎，灵魂里有两千五百年的民族责任历史担当！
记得吗？一群褐发蓝眼的豺狼，
带着坚船利炮，拆了我们的庙宇，毁了我们的殿堂。
多少无辜百姓，颠沛流亡，

多少仁人志士，奋起反抗，
血洒疆场决不叫国土沦丧，民族灭亡！
百年之后的今天，我们穿着西装，
品着法国红酒，欣赏着肖邦，
还把国籍迁到西洋，宣誓效忠他族女皇。
我的心中多么忧伤！
我们讲民主自由，却丢掉了仁义伦常。
我们盖起音乐殿堂，却不识角徵官商。
我们科技进步普及互联网，却遗弃了兰亭的曲水流觞。
那个声音又在无奈地对我呼喊：
“还记得吗？你的祖先叫炎黄！他们曾经创造出璀璨的辉煌！”
在哪里，那个礼仪之邦？
在哪里，那个信义之乡？
在哪里，我的华夏儿郎？
为什么我热泪盈眶？为什么我痛断肝肠？
因为我对这片土地爱得深沉，对这个民族爱得久长！
我不愿祖先的智慧无人赞赏，
不愿我们的端午、清明要靠高丽人去宣扬。
我渴望拾起自己的文化，
欣赏琴的高远，剑的清刚。
爱慕松竹坚贞，梅兰芬芳。
在历久弥新的四书五经中寻找信仰！
记住吧！记住吧！
我的祖先叫炎黄，曾经有一个时代叫汉唐。
有一条河流叫长江，有一对图腾叫龙凤。
有一块热土叫：君子国度，礼仪之邦！！！
我是华夏儿郎，为这片热土，这个民族，
燃烧自己的热血和希望！

2. 文

故宫博物院

黄传惕

在北京的中心，有一座城中之城，这就是举世闻名的紫禁城，现在人们叫它故宫。紫禁城是明朝和清朝两代的皇宫，是我国现存的最大最完整的古代宫殿建筑群，有500多年的历史了。这座封建帝王的宫城，现在已经成为我国最大的博物院。

紫禁城有4座城门：南面有午门，北面有神武门，东西有东华门、西华门。整个宫城呈长方形，占地72万平方米，有大小宫殿70多座、房屋9000多间。周围环绕着10米多高的城墙，墙外是50多米宽的护城河。城墙的四角上，各有一个玲珑奇巧的角楼。故宫建筑群规模宏大，形体壮丽，建筑精美，布局统一，集中体现了我国古代建筑艺术的优良传统和独特风格。

紫禁城中的太和殿也叫金銮殿，高28米，面积2380多平方米，是故宫最大的大殿。在湛蓝的天空下，它那金黄色的琉璃瓦重檐殿顶，显得格外辉煌。殿檐斗栱①、额枋②、梁柱，装饰着青蓝点金和贴金彩画。正面是12根红色大圆柱，金琐③窗，朱漆门，同台基相互衬映，色彩鲜明，雄伟壮丽。

太和殿是皇帝举行重大典礼的地方。皇帝即位、生日和元旦、冬至等都在这里举行仪式。每逢大典，殿外的白石台基上下跪满文武百官，中间御道两边排列着仪仗旗帜，皇帝端坐在金銮宝座上。大殿廊下，鸣钟击磬，乐声悠扬。台基上的香炉和铜龟、铜鹤里点起檀香或松柏枝，烟雾缭绕，笼罩着一层神秘色彩。封建帝王凭借着雄伟的建筑和精心的仪仗安排，来显示他们的威严，把自己神化为受命于天的真龙天子，以便巩固他们的封建统治。

（选自初级中学课本《语文》第三册，有删改）

① 斗栱：我国传统木结构建筑中的一种支承构件。

② 额枋（fāng）：额，匾额；枋，两柱之间起联系作用的横木，断面一般为矩形。

③ 琐：连环形花纹。

思考与练习

1. 你能帮助小幽默中的女校长把“试行”“实行”区别开吗？为什么？

2. 朗读课文，注意听你的声调是否正确。

3. 念准下列各对词组的声调，注意它们的差别。

饱满—爆满	田野—甜液	燎原—瞭远
大家—打架	电灯—点灯	裁决—采掘
报纸—抱直	历史—立式	进取—禁区
汉语—韩语	政权—证券	告诉—高速
注意—主义	汇演—会厌	装置—壮志
音乐—隐约	时间—事件	敬意—惊异
人生—认生	文章—蚊帐	长方—厂房
出发—处罚	家乡—假想	仁义—任意
摆脱—拜托	才华—菜花	敷衍—赴宴
词典—疵点	实验—试验	松鼠—松树
省长—生长	写作—协作	通知—同志
孤立—鼓励	医治——致	一间——件
自习—仔细	几年—纪念	会长—徽章

4. 朗读下列成语，并标出每个字的声调。

襟怀坦白	耀武扬威	罄竹难书	豁然贯通
燎原烈火	慷慨激昂	来日方长	来龙去脉
妙手回春	破釜沉舟	痛改前非	异口同声
披星戴月	作威作福	旁门左道	左右逢源
醉生梦死	浪子回头	两袖清风	牢不可破
高风亮节	逍遥法外	泛滥成灾	抛砖引玉
高朋满座	龙腾虎跃	超群绝伦	好大喜功
脑满肠肥	造谣惑众	张冠李戴	道貌岸然
广开言路	相安无事	胸无点墨	瓜田李下

5. 朗读下列绕口令，体会声调的变化。

黄毛猫偷吃灌汤包

王家有只黄毛猫，
偷吃汪家灌汤包，
汪家打死王家的黄毛猫，
王家要汪家赔黄毛猫，
汪家要王家赔灌汤包。

阴平、阳平

大猫和小猫

大猫毛短，
小猫毛长，
大猫毛比小猫毛短，
小猫毛比大猫毛长。

阴平、阳平

梁木匠和梁瓦匠

梁木匠，梁瓦匠，
俩梁有事齐商量，
梁木匠天亮晾衣裳，
梁瓦匠天亮量高粱。
梁木匠晾衣裳受了凉，
梁瓦匠量高粱少了粮。
梁瓦匠思量梁木匠受了凉，
梁木匠谅想梁瓦匠少了粮。

阴平、阳平、上声、去声

小柳和小牛

路东住着刘小柳，
路南住着牛小妞，
刘小柳拿着大皮球，
牛小妞抱着大石榴，
刘小柳把大皮球送给牛小妞，
牛小妞把大石榴送给刘小柳。

阴平、阳平、上声

老史捞石

老师老是叫老史去捞石，
老史老是没有去捞石，
老史老是骗老师，
老师老是说老史不老实。

阴平、阳平、上声、去声

妈妈骑马

妈妈骑马，
马慢，妈妈骂马。
舅舅搬鸠，
鸠飞舅舅揪鸠。
姥姥喝酪，
烙酪姥姥捞酪。
妞妞哄牛，
牛拗，妞妞拧牛。

阴平、阳平、上声、去声

梨和栗

老罗拉了一车梨，
老李拉了一车栗。
老罗人称大力罗，
老李人称李大力。
老罗拉犁做梨酒，
老李拉栗去换梨。

阳平、上声、去声

刘兰柳

蓝衣布履刘兰柳，
布履蓝衣柳兰刘，
蓝柳拉犁来犁地，
蓝刘播种来拉耧。

阳平、上声

胡家村里十五户

胡家村里十五户，
十五户组织了互助组。
互助组长是胡老五，
老五领导互助不含糊。
十五户户户来互助，
胡户助罗户，
罗户助马户。
估一估，粮食增产一成五，
户户都变成余粮户。
罗户马户胡老五，
组织合作迈大步。

阳平、去声

七个姑娘来摘果儿

一二三，三二一，
一二三四五六七，
七六五四三二一，
七个姑娘来摘果儿，
七个花篮儿手中提，
七个果子摆七样，
苹果、桃儿、石榴、柿子、
李子、栗子、梨。

阳平、上声、去声

第6章　音节

第一节　普通话音节结构的特点

音节，是由一个音素或几个音素组成的，在听觉上是最容易分辨出来的语音单位。一般地讲，一个汉字就是一个音节，因此普通话音节界限较为清楚。当然也有例外，例如儿化音的字词，像“花儿”（huār）、“事儿”（shir）、“根儿”（gēnr）、“字儿”（zir）等就是两个汉字一个读音。

通过分析，普通话音节结构具有以下几个特点：

1. 普通话音节结构比较简单、整齐，其总体结构共包括声母、韵母、声调三个组成部分。

2. 每个音节，最多有四个音素，最少只有一个元音音素。例如“笑”（xiào）为四个音素，“鹅”（é）为一个音素。

3. 普通话音节以元音为主体，少则一个多则三个。若三个元音连续排列时，依次分别为韵头、韵腹、韵尾三部分。例如“娇”（jiāo）中的“i”为韵头，“a”为韵腹，“o”为韵尾。

4. 有的汉语音节没有辅音。有辅音的音节，其辅音位置也比较固定，或在音节开头做声母，或在音节末尾做韵尾。如“夸”（kuā）中“k”辅音为声母，“常”（cháng）中的“ch”辅音为声母，“ng”辅音为韵尾。在汉语音节里没有两个以上辅音连续排列的形式。

5. 每一个汉语音节都有一个能区别意义的声调。

6. 汉语普通话音节元音多，辅音少。元音为乐音，辅音为噪音，因此普通话乐音丰富，再加上抑扬起伏变化的声调，就使得汉语普通话极富音乐性。

普通话音节结构表

结构成分 / 例字		声母	韵母				声调
			韵头（介音）	韵腹（主要元音）	韵尾		
					（元音）	辅音	
衣	yī			i			阴平
鸭	yā		i	a			阴平
爱	ài			a	i		去声
要	iào		i	a	o		去声
云	ǘn			ü		n	阳平
洋	iáng		i	a		ng	阳平
古	gǔ	g		u			上声
阔	kuò	k	u	o			去声
北	běi	b		e	i		上声
绣	xiù	x	i	o	u		阴平
存	cún	c	u	e		n	阳平

第二节　普通话声韵调的配合

一、声母和韵母的配合关系

在普通话音节中，不是每一个声母和每一个韵母都可以任意相拼、相组合的，它们之间的配合有很强的规律性。

声母和韵母的配合，多与声母的发音部位和韵母的开口呼、齐口呼、合口呼、撮口呼密切相关，请看下面声韵母配合表：

韵母 / 声母	开	齐	合	撮
b、p、m	包	票	木（只限于 u）	○
f	法	○	富（只限于 u）	○
d、t	他	叠	多	○
n、l	朗	牛	诺	虐
g、k、h	钢	○	花	○
j、q、x	○	姐	○	区
zh、ch、sh、r	站	○	穿	○
z、c、s	造	○	租	○
零声母	傲	亚	威	约

从上表不难看出，声韵的配合有以下几条规律：

1. b、p、m 可以和开口呼、齐齿呼、合口呼（只限于 u）韵母相拼，不能和撮口呼相拼。

2. f 只跟开口呼、合口呼（限于 u）韵母相拼，不能与齐齿呼、撮口呼韵母相拼。

3. d、t 可以和开口呼、齐齿呼、合口呼韵母相拼，不能和撮口呼韵母相拼。

4. n、l 可以和开口呼、齐口呼、合口呼、撮口呼四类韵母相拼。

5. g、k、h、zh、ch、sh、r、z、c、s 只跟开口呼、合口呼韵母相拼，不能跟齐齿呼、撮口呼韵母相拼。

6. j、q、x 可以和齐齿呼、撮口呼韵母相拼，却不能和开口呼、合口呼韵母相拼。

了解了声母和韵母的拼合关系，就可以避免在拼读、拼写上出现差错，还可纠正方音。例如声母 f，不能和齐齿呼韵母 i 相拼，但是上海人却把“飞”读成“fi”。

二、声、韵、调的配合关系

声母和韵母相拼之后，并不一定都能形成四种声调。例如 h 和 en 相拼，只有三种声调：阳、上、去，没有阴平调。m 和 in 相拼只有两种声调：阳、上，没有阴、去声调，而 z 和 en 相拼就只有一个上声声调。有的只有一个字，如“俩”(liǎ)。请看下面《普通话声韵调配合总表》。

普通话声韵调配合总表

调＼声	韵											
	a				ia				ua			
	阴	阳	上	去	阴	阳	上	去	阴	阳	上	去
b	巴	拔	把	霸								
p	趴	爬		怕								
m	妈	麻	马	骂								
f	发[1]	乏	法	发[2]								
d	搭	达	打	大								
t	他		塔	踏								
n	那[7]	拿	哪	纳								
l	拉	旯	喇	辣			俩					
g	旮	嘎	尕	尬					瓜		寡	挂
k	咖		卡[3]					夸		垮	跨	
h	哈	蛤[4]	哈[5]						花	华		化

续表

调 \ 声	韵 a				ia				ua			
	阴	阳	上	去	阴	阳	上	去	阴	阳	上	去
j					加	荚	假	架				
q					掐		卡[6]	恰				
x					虾	匣		下				
zh	渣	闸	眨	诈					抓		爪	
ch	插	茶	蹅	诧								
sh	沙	啥	傻	煞					刷		耍	刷[8]
r												
z	匝	杂										
c	擦											
s	撒		洒	萨								
o	啊	啊	啊	啊	鸦	牙	雅	讶	娃	蛙	瓦	袜

注：1. 发生 2. 头发 3. 卡车 4. 蛤蟆 5. 哈达 6. 卡子 7. 娃 8. 刷白

调 \ 声	韵 o				uo				e				è				ie				üe			
	阴	阳	上	去	阴	阳	上	去	阴	阳	上	去	阴	阳	上	去	阴	阳	上	去	阴	阳	上	去
b	玻	博	跛	簸													鳖	别	瘪[1]	别[2]				
p	泼	婆	笸	破													撇[3]		苤					
m	摸	摩	抹	末																灭				
f		佛																						
d					多	夺	朵	惰	得								爹	叠						

续表

声＼调	o				uo				e				è				ie				üe			
	阴	阳	上	去	阴	阳	上	去	阴	阳	上	去	阴	阳	上	去	阴	阳	上	去	阴	阳	上	去
t					拖	驼	妥	拓				特					贴		铁	帖				
n						挪		糯									捏			孽				虐
l					啰	螺	裸	洛	勒			乐							咧	列				略
g					锅	国	果	过	歌	革	葛	个												
k								阔	科	咳	渴	课												
h					豁	活	火	货	喝	合		贺												
j																	街	洁	姐	借	撅[4]	决		倔[5]
q																	切	茄	且	怯	缺	瘸		确
x																	歇	鞋	写	谢	靴	学	雪	穴
zh					桌	浊			遮	折	者	浙												
ch					戳			绰	车		扯	彻												
sh					说			硕	奢	蛇	舍	社												
r								弱			惹	热												
z					嘬	昨	左	坐		则		仄												
c					搓	痤		错				策												
s					梭		锁					色												
o					窝		我	卧	阿[6]	鹅	恶[7]	饿	欸[8]				噎	爷	野	叶	约			月

注：1. 干瘪 2. 别扭 3. 撇开 4. 撅折 5. 倔脾气 6. 阿附（迎合） 7. 恶心 8. 又音 ei

调 声	韵																							
	i [ʃ]				i [ʃ]				er				i				u				ü			
	阴	阳	上	去	阴	阳	上	去	阴	阳	上	去	阴	阳	上	去	阴	阳	上	去	阴	阳	上	去
b													逼	鼻	比	蔽	逋	醭[1]	补	布				
p													批	皮	痞	譬	扑	仆	普	铺				
m													眯	迷	米	密		模[2]	母	暮				
f																	夫	扶	府	富				
d													低	敌	底	地	都	独	赌	度				
t													梯	题	体	剃	秃	徒	土	兔				
n													妮	泥	你	腻		奴	努	怒			女	衄
l													哩	梨	李	利	撸	卢	鲁	路		驴	旅	虑
g																	姑	骨[3]	古	故				
k																	枯		苦	库				
h																	呼	湖	虎	互				
j													鸡	集	挤	寄					居	橘	举	句
q													妻	齐	起	气					区	渠	取	趣
x													西	席	洗	细					虚	徐	许	絮
zh					知	直	纸	志									猪	竹	煮	助				
ch					吃	池	齿	翅									初	除	楚	处				
sh					诗	时	史	世									书	秫	黍	树				
r								日										如	汝	入				
z	资		紫	字													租	族	祖					
c	疵	瓷	此	刺													粗			醋				
s	丝		死	四													苏	俗		素				
o										儿	耳	二	衣	移	椅	意	乌	无	五	雾	迂	鱼	雨	遇

注：1. 白醭 2. 模子 3. 骨头

调\声	韵															
	ai				uai				ei				uei			
声	阴	阳	上	去	阴	阳	上	去	阴	阳	上	去	阴	阳	上	去
b	掰	白	百	拜					杯		北	贝				
p	拍	牌	迫[1]	派					胚	赔		配				
m		埋	买	卖						眉	美	妹				
f									非	肥	匪	肺				
d	呆		歹	代					得[3]		得[9]		堆		对	
t	胎	台		太									推	颓	腿	退
n			乃	耐							馁	内				
l		来		赖					勒[10]	雷	儡	类				
g	该		改	盖	乖		拐	怪			给		规		鬼	贵
k	开		凯	忾			蒯	快					亏	葵	傀	愧
h	咳	孩	海	害		淮		坏	黑				灰	回	毁	惠
j																
q																
x																
zh	斋	宅	窄	债	拽[4]		跩[5]	拽[6]				这[11]	追			坠
ch	拆	柴			揣	膗[7]	揣[8]	踹					吹	垂		
sh	筛		色[2]	晒	衰		甩	帅		谁[12]				谁	水	税
r														蕤	蕊	锐
z	灾		宰	再						贼					嘴	最
c	猜	才	采	菜									崔		璀	脆
s	鳃			赛									虽	随	髓	岁
o	哀	皑	矮	爱	歪		崴[9]	外	欸				威	围	委	胃

注： 1. 迫击炮 2. 掉色 3. 儿（吆喝声） 4. 拽子 5. 跩来跩去 6. 拽上门 7. 肥胖肉松 8. 揣摩 9. 崴水 10. 勒死 11. 又音 12. 又音

调 \ 声	韵															
	ao				iao				ou				iou			
	阴	阳	上	去	阴	阳	上	去	阴	阳	上	去	阴	阳	上	去
b	包	雹	保	报		标	表	鳔								
p	抛	袍	跑	炮	飘	瓢	漂[4]	票	剖[6]	抔	掊					
m	猫	毛	卯	帽	喵	苗	秒	妙	哞	谋	某					谬
f											否					
d	刀	捯[1]	岛	到	雕			吊	兜		斗	豆	丢			
t	滔	逃	讨	套	挑	条	窕	跳	偷	头		透				
n	孬	挠	脑	闹			鸟	尿				耨	妞	牛	纽	拗
l	捞	劳	老	涝	撩	聊	了[5]	料	搂	楼	篓	漏	溜	流	柳	六
g	高		稿	告					钩		狗	够				
k			考	靠					抠		口	叩				
h	蒿	豪	好	号					齁	侯	吼	后				
j					焦	嚼	绞	叫					揪		酒	就
q					锹	桥	巧	俏					丘	求	糗[7]	
x					消	肴	小	笑					休		朽	秀
zh	招	着	找	罩					周	轴	肘	皱				
ch	抄	巢	炒						抽	绸	丑	臭				
sh	梢	韶	少	绍					收	熟	手	瘦				
r		饶	扰	绕						柔		肉				
z	糟	凿[2]	早	造					邹		走	奏				
c	操	曹	草	操[3]								凑				
s	骚		扫	臊					搜		叟	嗽				
o	凹	敖	袄	傲	妖	摇	咬	要	欧		藕	呕	忧	油	有	又

注：1. 倒线 2. 凿子 3. 又音 4. 漂白 5. 了结 6. 解剖 7. 面条儿糗了

调＼声	韵															
	an				ian				uan				üan			
	阴	阳	上	去	阴	阳	上	去	阴	阳	上	去	阴	阳	上	去
b	般		板	半	边		扁	便[3]								
p	潘	盘		判	偏	便[4]	谝[5]	骗								
m	颟	蛮	满	慢		眠	免	面								
f	番	凡	反	饭												
d	单		胆	旦	颠		典	电	端		短	段				
t	滩	谈	坦	叹	天	田	舔	掭	湍	团	疃	彖				
n	囡	难[1]	蝻	难[2]	蔫	年	碾	念			暖					
l		兰	懒	烂		连	脸	练		鸾	卵	乱				
g	甘		敢	干					官		管	灌				
k	刊		砍	看					宽		款					
h	鼾	寒	喊	汗					欢	还	缓	换				
j					坚		减	见					捐		捲	卷
q					牵	前	浅	欠					圈	全	犬	劝
x					先	贤	显	现					宣	玄	选	镟
zh	毡		展	战					专		转	赚				
ch	搀	蝉	产	颤					川	船	喘	串				
sh	山		闪	扇									拴			涮
r		然	染								软					
z	簪	咱	攒	赞					躜		纂	钻				
c	参	残	惨	灿					蹿	攒		窜				
s	三		伞	散					酸			算				
o	安		俺	岸	烟	言	演	宴	弯	完	晚	万	冤	园	远	怨

注：1. 难过 2. 灾难 3. 便利 4. 便宜 5. 夸耀、能说

调／声	韵															
	en				in				un				ün			
	阴	阳	上	去	阴	阳	上	去	阴	阳	上	去	阴	阳	上	去
b	奔		本	笨	彬			殡								
p	喷[1]	盆		喷[2]	拼	贫	品	聘								
m	闷[3]	门		闷[4]		民	敏									
f	分	坟	粉	奋												
d				扽[5]					敦		盹	钝				
t									吞	屯		褪				
n				嫩		您										
l					拎	林	廪	吝	抡	轮	埨[9]	论				
g	根	哏	艮[6]	亘							滚	棍				
k			肯	裉					坤		捆	困				
h		痕	很	恨					昏	魂		混				
j					金		锦	近					均			俊
q					亲	秦	寝	沁						群		
x					心			信					熏	寻		训
zh	针		枕	镇					谆		准					
ch	嗔	陈	碜	衬					春	纯	蠢					
sh	深	神	审	慎							吮	顺				
r		人	忍	认								闰				
z			怎						尊		撙	捘				
c	参[7]	岑							村	存	忖	寸				
s	森								孙		损					
0	恩			摁[8]	因	银	引	印	温	文	稳	问	晕	云	允	运

注：1. 喷水 2. 喷香 3. 闷热 4. 烦闷 5. 扽一扽 6. 艮萝卜 7. 参差 8. 摁电铃 9. 土埨

调 声	韵											
	ang				iang				uang			
	阴	阳	上	去	阴	阳	上	去	阴	阳	上	去
b	邦		榜	棒								
p	乓	旁	耪	胖								
m	牤	忙	莽									
f	方	房	仿	放								
d	当		党	荡								
t	汤	唐	倘	烫								
n	囔	囊	曩	齉		娘		酿				
l	啷[2]	郎	朗	浪		良	两	亮				
g	刚		岗	杠					光		广	逛
k	康	扛		抗					筐	狂		况
h	夯	航		巷[1]					荒	黄	谎	晃
j					江		讲	匠				
q					腔	墙	抢	呛				
x					香	详	想	向				
zh	张		掌	丈					庄		奘	壮
ch	昌	长	厂	唱					窗	床	闯	创
sh	商		赏	上					双		爽	
r	嚷	瓤	壤	让								
z	脏			葬								
c	仓	藏										
s	桑		嗓	丧								
o	肮	昂		盎	央	羊	仰	样	汪	王	网	望

注：1. 巷道 2. 啷当

声＼调	韵 eng 阴	eng 阳	eng 上	eng 去	ing 阴	ing 阳	ing 上	ing 去	ueng 阴	ueng 阳	ueng 上	ueng 去	ong 阴	ong 阳	ong 上	ong 去	iong 阴	iong 阳	iong 上	iong 去
b	崩	甭	绷	迸	兵		丙	病												
p	烹	朋	捧	碰	乒	平														
m	朦	蒙	猛	梦		明	酩	命												
f	风	逢	讽	奉																
d	登		等	凳	丁		顶	定					东		董	冻				
t		腾			听	亭	挺	梃					通	同	统	痛				
n		能				宁	拧	佞						农		弄[3]				
l	⿰口楞[5]	棱	冷	楞		零	领	令						龙	垄	弄[4]				
g	庚		梗	更													工		巩	贡
k	坑																空		孔	控
h	亨	横[1]		横[2]													烘	红	哄	讧
j					京		景	镜											窘	
q					青	晴	请	庆										穷		
x					星	形	醒	性									凶	雄		
zh	争		整	正									中		肿	仲				
ch	称	成	逞	秤					充	崇	宠	铳								
sh	生	绳	省	胜																
r	扔	仍								荣	冗									
z	增			赠									宗		总	纵				
c	噌[5]	层		蹭									聪	从						
s	僧												松	㞞[6]	耸	送				
o					英	营	影	硬	翁		蓊	瓮					雍	颙	永	用

注：1. 横行 2. 强横 3. 玩弄 4. 弄堂 5. 象声词 6. 无能

小幽默

国宴插曲

里根回忆录记述了这样一段趣事：

我们以国宴款待法国总统密特朗的时候，他和夫人以及南希和我走进国宴厅，按照习惯，每个人都站着，等待南希引导密特朗走到她的餐桌，我引导密特朗夫人走到我的餐桌。

南希和密特朗走向他们的餐桌，但是密特朗夫人却像是冻结在地板上。我悄声说："我们应该到那边去。"但是她还是没有动，她很安详地对我说了一句法语，我没有听懂。她再说一遍，我摇摇头，我还是不懂她在说什么。

突然，有个翻译跑到我身边说："她在对你说，你踩住她的晚礼服了。"

课文

1. 诗

我们要快乐

杜　青

我们曾经奉献过，
现在从未后悔过。
面对生活我们要快乐。
放开歌喉歌唱祖国，
跳起舞来拥抱生活。

教书育人是职责，
培养人才为祖国。
呕心沥血也值得。
面对生活幸福又快乐。
面向未来我们朝气蓬勃。

2. 文　　善良无须考核

导演沃尔特在选角色的时候，挑选了很多艺校里的学生，但都不够满意。

一天，为此一筹莫展的沃尔特到城市西郊办事，在火车站的站前广场上遇到了一个十多岁的擦鞋小男孩。小男孩问道："先生，您需要擦鞋吗？"沃尔特低头看看自己脚上刚刚擦过不久的皮鞋，摇摇头拒绝了。就在沃尔特转身走出十几步之际，忽然见到那个小男孩红着脸追上来，眸子里现出祈求的光："先生，我整整一天没吃东西了，您能借给我几个钱吗？我从明天开始多多努力擦鞋，保证一周后把钱还给您！"沃尔特看着面前这个衣衫褴褛、肚子干瘪的小男孩，不由得动了怜悯之心，就掏出几枚硬币递到小男孩手里。小男孩感激地道了一声"谢谢"后，一溜烟地小跑着离开了。沃尔特摇了摇头，因为这样的街头小骗子他已经司空见惯了。

半个月后，沃尔特已经将借钱给小男孩的事忘得一干二净。不料，在他又一次经过西郊火车站时，突然看到一个瘦小的身影离的老远就向他招手喊道："先生，请等一等！"等到对方满头大汗地跑过来把几枚硬币交给他时，沃尔特才认出这是上次向他借钱的那个擦鞋小男孩。小男孩气喘吁吁地说："先生，我在这里等您很久了，今天总算把钱还给您了！"沃尔特看着自己手里被汗水濡湿的硬币，心头陡然荡漾起一股暖暖的热流。

沃尔特再次端详面前的小男孩，忽然发现他很符合自己脑海中构想的小男孩。"给，主人给你的，就不用还了。"沃尔特神秘一笑，又说，"明天你到市中心的影业公司导演办公室来找我，我会给你一个很大的惊喜。"

第二天一大早，门卫就告诉沃尔特，说外面来了一大群孩子。他诧异地出去一看，就见那个小男孩兴奋地跑过来，一脸天真地说："先生，这些孩子都是同我一样没有父母的流浪孩子，他们也渴望有惊喜！"

沃尔特真没想到一个穷困流浪的孩子竟会有一颗如此善良的心！通过反复观察和筛选，沃尔特发现在这些孩子中，确实有几个比小男孩更机灵，更适合出演剧本中的小主人公，但他最后还是只把小男孩留了下来，并且在录用合同的免试原因一栏中只写了这样几个字：善良无须考核！因为他觉得他很善良，在自己面临困境的时候，却把本属于自己一个人的希望，无私地分享给别人，这是怎样的一种善良啊！而电影中的孩子，正是这样一个善良、博大、无私的人。

这个小男孩叫文尼斯基。在沃尔特的执导下，文尼斯基在剧中成功扮演了小男孩主人公的角色，《中央车站》也获得柏林国际电影节金熊奖等诸多桂冠。

若干年后，已成为一家影视文化公司董事长的文尼斯基写了一部自传体《我的演艺生涯》。在书的扉页上面，是沃尔特的亲笔题字：善良无须考核。下面则是他给予文尼斯基的评价："是善良，曾经让他把机遇让给别的孩子；同样也是善良，让人生的机遇不曾错过他！"

思考与练习

1. 普通话音节结构具有哪几个特点？

2. 给小幽默《国宴插曲》注音，并依据声韵调配合总表检查是否有错误？

3. 朗诵课文《背上一百斤爱上路》体会汉语的音乐性。

4. 依据《普通话声韵调配合总表》修正下列音节的拼写错误。

mé（模）	móng（蒙）	puó（婆）
dēn（灯）	luì（类）	jào（叫）
giě（给）	zhiào（照）	būn（奔）
siōu（搜）	jüān（捐）	xáng（祥）

5. 可借助字典将《声韵配合表》及《普通话声韵调配合总表》中的例字，更换数次，以加深声韵调配合的记忆与理解。

6．练习播送下面稿件。

听众朋友，你们好！在这次《边走边看》节目里给大家播送刘济民写的散文《不是天堂，胜似天堂》的片段：

朋友，您见过天堂吗？您听说过天堂吗？您想象过天堂是一种什么样的景象吗？

2001 年金秋时节，2002 年春夏之交，我有幸两次走访九寨沟，总觉得那就是真正的人间天堂了。

九寨沟是个彩色的世界，赤橙黄绿青蓝紫各色植物姹紫嫣红，色彩斑斓，其中最为突出的是那绿色。绿色，是九寨沟的底色。

九寨沟的山，处在南北植物过渡地带，针叶林、阔叶林种类繁多，漫山满沟的各色各样的植物群落组成了延绵起伏的绿色长廊。那奇特的绿色，是铺天盖地、无处不在的绿，是扑面而来、伸手可及的绿，是青翠欲滴、充满灵性的绿，是春夏秋冬四季常绿不衰的绿，绿得鲜艳，绿得醉人，绿得使人眼明心动，感觉周身舒畅。

九寨沟更为奇特的是水。"黄山归来不看山，九寨归来不看水。"水是九寨沟最为奇特的景观。看了九寨沟的水，也许天下任何地方的水都要相形见绌了。

九寨沟的水，清幽澄澈，形态各异，遍布山林、沟壑之中，动静相宜，有声有色，蔚为奇观。

刚才你听到的是《不是天堂，胜似天堂》的散文片段。好了，这次节目就到这儿，明天见！

第三节　音节的拼读与拼写

一、音节的拼读

1. 复韵母要读最终的复合音

复韵母是由 2 个音素或 3 个音素组合而成的，前面已经讲过，它们的发音不是跳跃式的拼接关系，而是滑动式的过渡关系。"üe"的发音，是由"ü"的唇形、舌位向"ê"的唇形、舌位过渡，而不是"ü"和"ê"的相拼。但是有的韵母，例如 ia、ua、iao……的发音，i 和 a 相拼，u 和 a 相拼，i 和 ao 相拼，也能发出"呀、洼、腰"的音，因此有的人在拼读或拼写音节的时候，就容易把复韵母拆开来读或拆开来写，这样做，就很容易造成拼读或拼写上的错误。例如"叫"(jiào) 在拼写的时候，就很容易把韵头 i 丢掉，写成 (jào)。再例如"我"

(wǒ)，若把韵母拆开来拼读就很容易出现(wě)的差错。

2. 声母要准，韵母要稳

声母要准，就是在读一个音节时，一定要先把声母的成阻部位弄准、咬真，做到成阻准确，除阻有力。只有声母发得准而有力，这个字音才能立得住。声母就好像是牵引车，韵母全靠它来拖。例如"到"(dào)，若声母"d"弱而无力，含含糊糊，这个字音绝对发不好。

韵母要稳，有了声母的带动，韵母要稳稳当当地出来，发的时候，从容而饱满，响亮而圆润，要有始有终。尤其唇形要到位，否则就很容易出现语音错误造成歧义。例如"学"(xué)，韵母要有一个撮唇动作，这个音节才算发准了，若没有这个撮唇动作，就很可能读出一个"鞋"(xié)的音，而造成歧义。因此，在拼读音节时，韵母的唇形动作一定要准确到位。

3. 声母短韵母长，两音相连猛一撞

音节在有声母的情况下，声母和韵母的关系是拼合关系。在拼读的时候，声母要准而短，韵母要长而响，两音猛一相拼，发出最终的音节字音。例如"好"(hǎo)，声母h和韵母ǎo，猛一相撞，拼读出音节"好"的字音。近十多年来，小学语文教学，在教汉语拼音时，试用直呼教学法，即不现拼现读，而是视整个音节的声韵调立即一次读出。这种方法缩短了拼读过程，加快了视读速度，效果也很好。

二、拼写

汉语音节及汉语的拼写有很多规则。

1. 汉语音节的拼写

汉语音节的拼写，《汉语拼音方案》中已作了明确规定，请详见书中的《汉语拼音方案》，在此不再赘述。

2. 汉语的拼写

在此仅就《汉语拼音正词法基本规则》中的几条重要规则加以强调，供拼写时注意。

(1) 拼写普通话基本上以词为书写单位。例如：

酒 (jiǔ)　　家 (jiā)　　装 (zhuāng)
快 (kuài)　　很 (hěn)　　朋友 (péng yǒu)
山东 (Shān dōng)　　签名 (qiān míng)　　打架 (dǎ jià)
非常 (fēi cháng)　　美丽 (měi lì)　　图书馆 (tú shū guǎn)
巧克力 (qiǎokèlì)

(2) 人名

①汉语人名，按姓和名分写，姓和名的开头字母大写。笔名、别名等，按姓名写法处理：

鲁迅 (Lǔ Xùn)　　王蒙 (Wáng Měng)　　诸葛亮 (Zhūgě Liàng)
宋江 (Sòng Jiāng)　　阮小七 (Ruǎn Xiǎoqī)　　梅兰芳 (Méi Lán fāng)

②姓名和职务、称呼等分开写，职务、称呼小写：

王部长 (Wáng bùzhǎng)　　赵书记 (Zhào shūjì)
钱先生 (Qián xiānshēng)　　张小姐 (Zhāng xiǎojiě)

③老、小、大、阿等称呼大写：

老包 (Lǎo Bāo)　　小孙 (Xiǎo Sūn)
大李 (Dà Lǐ)　　阿花 (A Huā)
丁老 (Dīng Lǎo)

④已经专名化的称呼连写，开头字母大写：

孔子 (Kǒngzǐ)　　西太后 (Xītàihòu)
包公 (Bāogōng)　　小沈阳 (Xiǎoshěnyáng)

(3) 地名

①汉语地名中的专名和通名分写，每一分写部分开头字母大写：

北京市 (Běijīng Shì)　　燕山 (Yān Shān)
河北省 (Héběi Shěng)　　洞庭湖 (Dòngtíng Hú)

②自然村镇名称和其他不需要分专名和通名的地名连写：

大北窑 (Dàběiyáo)　　定福庄 (Dìngfúzhuāng)
周口店 (Zhōukǒudiàn)　　王村 (Wángcūn)

(4) 非汉语人名、地名本着“名从主人”原则，按罗马字母（拉丁字母）原文书写：

乌兰夫（Ulanfu） 马克思（Marx）
牛顿（Newton） 奥巴马（Obama）
拉萨（Lasa） 巴黎（Paris）
东京（Tokyo） 伦敦（London）

(5) 汉语化的音译名词，按汉字译音拼写：

非洲（Feizhōu） 东南亚（Dōngnányà）
德国（Déguó） 美国（Měiguó）

(6) 句子开头的字母、诗歌每行开头的字母大写：

你好吗？ Nǐ hǎo ma？
锄禾日当午 Chú hé rì dāng wǔ
汗滴禾下土 Hàn dī hé xià tǔ
关关雎鸠 Guān guān jūjiū
在河之洲 Zài hé zhī zhōu

(7) 移行时，要按音节移行，并在没写完处加一短横：短横在前行之末。不能把一个音节拦腰截断，半截子移行。

……zǒngéryán–
zhī，……（总而言之，……）

不能写成：

……zǒng ér ya–
n zhī，……

3. 标调问题

如何标调在《汉语拼音方案》中已有规定：“声调符号标在音节的主要母音上，轻声不标。”问题是变调的音节该不该标调？该如何标调？尤其是“一”、“不”该怎样标调才会更好？值得商榷。因为这个问题常常给不太熟悉变调知识的中外人士在辨读、拼写上带来困难。特别是外国人学习汉语声调本来就很困难，再加上变调问题更是困难。

比如拼写“一个”“一根”“一帮一派”“一朝一夕”，如果按实际读值标调算不算错？如果算错，《现代汉语词典》有 yí、yì 调，但它却又没有相应的例词。再比如读“一五一十”“一时一刻”“不必”“不会”“不对”等词，如果按本调念算不算错呢？如果算错，却又从字典词典中查不到该如何去读，它的真正的实际读音是什么？所以常常会出现读的对，写的错或写的对，读的错，使人很苦恼。

而且《现代汉语词典》“一”注有三个音：yī、yí、yì，“不”注有两个音：bú、bù。遗憾的是“一”“不”除本调之外的声调没有例词。那么哪一个“一”读 yí 或者该读 yì 呢？在词典里就很难查到了。

是不是可以在词典中直接标出例词的实际读音，这样是不是就可以减少读者的一些疑惑和烦恼呢？这是作者个人的一些想法，不一定对，提出来商榷。

三、普通话语音小结

从音素到音节，可画一个一览表对普通话语音系统及应掌握的知识加以总结：

- 音素
  - 元音（发音特点）
  - 辅音（发音特点）
- 音节（音节结构）
  - 声母
    - 双唇
    - 唇齿阻
    - 舌尖前阻
    - 舌尖中阻
    - 舌尖后阻
    - 舌面阻
    - 舌根阻
    - （发音部位）——唇、舌、腭
    - （发音方法）——塞，擦，塞擦，边，鼻
    - （发音阶段）——成阻，持阻，除阻
  - 韵母
    - 结构成分
      - 单韵母（发音条件及特点）
      - 复韵母（发音特点及分类）
        - 二合复韵母
          - 前响
          - 后响
        - 三合复韵母——中响
        - ——拼写上的简写形式
        - 鼻韵母
          - 前鼻韵母
          - 后鼻韵母
    - 四呼
      - 开口呼——无韵头
      - 齐齿呼——i 韵头
      - 合口呼——u 韵头
      - 撮口呼——ü 韵头
  - 声调
    - 调值——实际音高
    - 调类——调的分类
    - 调号——标写符号

第四节　词的轻重格式

词的轻重格式是指读多音节词汇时，它们的轻重基本定式。造成这种轻重定式的原因是多方面的。有约定俗成的读词习惯，也有音节本身的音高、音程的长短以及音强上的强弱等因素构成。这种词的轻重格式和语言表达中的重音不同。词的轻重格式是基本不变的定式，而语言表达中的重音是会随着语言目的、思想情感及规定情景的不同而不同。例如在分别读"北京"、"南京"这两个词时，它们的格式应该是中重格式。但是在"你去北京还是南京"中，由于"北"和"南"是语句重音，所以读的时候就要前重后轻。而这个轻重的表现已不再是词的轻重格式而是语句重音的体现。再比如："我是北京广播学院的学生。"一句，它会由于语言目的、语言背景的不同，重音的位置也会不同。"谁是北京广播学院的学生？""我是北京广播学院的学生。"重音应放在"我"字上。"你是不是北京广播学院的学生？""我是北京广播学院的学生。"重音应该放在"是"字上。以此类推，这句话中的每一个词都有可能成为一个话语目的的重音，所以说，语句重音的位置是可变的，而词的轻重格式是不变的。

在语句中非重音词语一般应该按照词的轻重格式去读，如果违背了这个轻重格式，听起来就会感到很不自然。

在普通话中双音节词语占绝对优势。据"《现代汉语常用词词频词典》统计，双音节词 31333 条（占总数 61%），三音节词 5129 条（占 10%），四音节词 4566 条（占 9%），单音节词 5416 条（占 12%）"（刘坚主编：《20 世纪的中国语言学》，第 345 页，北京大学出版社 1998 年版）。

一、两字词的轻重格式主要有两种：中重、重轻，且中重居多数

1. 中重格式

例词：

安全　按时　白菜　班长　包围　保留　背后　奔跑　毕业　遍地　冰箱
彩色　产品　衬衫　诚恳　创造　词典　答案　代表　到达　的确　电影

动身　对象　电池　发烧　放假　粉碎　复述　赶紧　高尚　功课　骨骼
观测　广泛　海洋　黑夜　后悔　辉煌　集团　简直　酱油　结果　敬礼
距离　科研　宽阔　朗读　力气　列车　楼梯　美丽　面对　名胜　难道
能源　盘旋　苹果　企图　清晰　群岛　日常　沙滩　食堂　蔬菜　思索
宿舍　特殊　田野　顽强　万岁　武术　吸引　鲜艳　学习　演出　业余
意外　阴谋　英语　勇敢　邮局　预备　原谅　约会　允许　再见　珍珠
指挥　资本　奖牌

2. 重轻格式

例词：

爱人　包子　本事　扁担　玻璃　伯伯　苍蝇　叉子　成分　出来　除了
窗户　聪明　匆匆　错误　打听　大爷　大夫　耽误　灯笼　底下　弟弟
点心　动静　冬天　豆腐　队伍　多么　哆嗦　耳朵　凤凰　告诉　胳膊
个子　功夫　姑娘　骨头　后边　糊涂　护士　恢复　回来　伙计　技术
家伙　价钱　阶级　金子　看见　咳嗽　客气　窟窿　困难　老实　厉害
凉快　贸易　眉毛　迷糊　明白　脑袋　暖和　佩服　便宜　漂亮　亲戚
清楚　热闹　认识　容易　商量　神仙　石头　舒服　态度　痛快　徒弟
晚上　误会　媳妇　显得　消息　效率　新鲜　学生　摇晃　意见　月亮
招呼　智慧　组织　座位　总是　庄稼　照顾　丈夫　干部　玫瑰

二、三字词的轻重格式多为中轻重和中重轻格式

1. 中轻重格式

例词：

办公室　博物馆　天安门　国务院　动物园　工程师　积极性　技术员
教材科　解放军　咖啡厅　老百姓　来不及　没关系　摩托车　葡萄酒
热水瓶　收音机　一条龙　运动会　怎么办　星期天　研究所　五一节
维生素　居委会　芭蕾舞　护身符　播音员　黄梅戏　基督教　北京市

2. 中重轻格式

例词：

不至于　大个子　看样子　老大爷　老太太　小伙子　一路上　一下子
牛脾气　硬骨头　明摆着　没关系　枪杆子　命根子　不由得　小弟弟

三、四字词的轻重格式多为中轻中重格式

例词：

欢声笑语　一五一十　移风易俗　一马当先　龙飞凤舞　奇装异服
花好月圆　不相上下　不劳而获　不由自主　不求甚解　一帆风顺
一团和气　岂有此理　调查研究　吞吞吐吐　一望无际　万马奔腾
根深蒂固　丰衣足食　日积月累　大大方方　稀里哗啦　义不容辞

关于词的轻重格式，众多语音专家都做过研究。有些问题的认识是一致的，比如，对两字词有没有重中格式的认识基本上就趋向一致，大家认为重中格式不存在。对有些问题的认识就不完全统一。比如，对四字词轻重格式的认识就不完全统一，有人主张存在中轻轻重的格式。对次重、次轻的认识也不完全相同。词的轻重格式是相比较而言的，是相对的，有时甚至是模糊的。因此在实际应用中不必过分较真儿或抠得太死，只要符合基本规律，符合人们的听觉习惯就可以，因为语言是活的东西。

小幽默

狗 叫

蒋利红

一只母老鼠带着一群小老鼠散步，突遇一只猫，小老鼠吓得慌作一团。母老鼠不慌不忙地学了几声狗叫，吓跑了猫。

于是母老鼠对小老鼠说："看见了吧，孩子们，掌握一门外语是多么重要！"

课文

1. 诗

屈原故里行

纪 宇

去乡里，访屈原的故乡，
山何其高峻，水何其悠长！
只顾贪看七里峡的风姿，
竟连向导也把时间遗忘。
当暮色从悬崖跌落在峡谷，
转眼间，面前已是一片迷茫，
那皎洁明亮的月亮呢？
莫非被夜的幽灵偷隐藏？
林涛在耳畔轻轻地摇荡，
河水在身边神秘地喧响，
我们摸索着向前迈步，
此刻，多么需要一线灯光……
当皓月从山背后露出面庞，
我第一次发现有这么美的月亮！
冰清玉洁的瀑布从半空泻下，
山谷变成一条镀银的画廊。
正是在这山峡的幽暗中，
更显出明月的美丽和高尚。
我把丢失的山路找回来了，
从脚下一直铺进那小小村庄。
走在洒满银辉的山路上，
我年轻的心禁不住跳荡：
这月光曾照亮屈原的竹简，
这小径曾听过屈原的吟唱。
想屈原诗不就像遍野的月色，
给黑夜中的人们带来希望；
这月色不正是屈原的诗魂，
雷鸣电闪都不曾把它损伤。
诗有月魂，月有诗心，
诗心月魂织成美妙的乐章。
因此，屈原从家乡的小路走进史册，
跨入万世不朽的诗的殿堂。
诗人呵，如今你在何方？
我向明月招手，询问嫦娥和吴刚。
哦，我想起在你殉国的汨罗江里，
你不死的灵魂正拥抱着月亮！

2. 文　　我的南方和北方

赵凌云

自从认识了那条奔腾不息的大江，我就认识了我的北方和南方。

我的南方和北方相距很近，近得可以隔岸相望；我的北方和南方相距很远，远得无法用脚步丈量。

大雁南飞，用翅膀缩短着我的南方与北方；燕子归来，衔着春泥表达着我的北方与南方。

我的南方，也是柳永和李煜的南方。一江春水滔滔东流，流去的是落花般美丽的往事和芬芳。梦醒时分，定格在杨柳岸晓风残月中的那种忧伤，也注定只能定格在南方才子佳人幽怨的面庞……

我的北方，也是李白和高适的北方。烽烟滚滚，战马挥缰。在胡天八月的飞雪中，骑马饮酒的北方将士，正开进着刀光剑影的战场，所有的胜利与失败，最后都化作了边关冷月下的一排排胡杨……

我曾经走过黄山、衡山、峨眉、雁荡，寻找着我的南方，我的南方却在乌篷船、青石桥、油纸伞的深处隐藏。在秦淮河的灯影下，我凝视着我的南方；在寒山寺的钟声里，我倾听着我的南方；在富春江的柔波里，我拥抱着我的南方。我的南方啊！杏花春雨，小桥流水，莺飞草长。

我曾经走过天山、昆仑、长白、太行，寻找我的北方。我的北方却在黄土窑、窗花纸、蒙古包的深处隐藏。在风沙走石的戈壁滩，我与我的北方并肩歌唱；在塞外飞雪的兴安岭，我与我的北方沉思凝望；在苍茫一片的山海关，我与我的北方相视坚强。我的北方啊！大漠孤烟，长河落日，唢呐嘹亮。

都说我的南方富饶，可那万亩稻田、千里水乡，是父辈们用汗水和泪珠浇灌，是改革者用勇气和智慧酝酿。不论是大名鼎鼎的鱼米之乡，还是深圳、温州、小港，闪亮的名字，其实是斧凿刀刻一般，拓（tà）印在爸爸妈妈的皱纹上！

都说我的北方贫穷，可是我分明听到了，听到了振兴老东北，开发大西北的战鼓隆隆作响；听到了那停产多年的老机床又开始欢快地歌唱；听到了劳动号子、安塞腰鼓响彻九曲黄河旁；听到了爸爸用粗糙的大手拂去汗珠后的步履铿锵……我知道，你醒了，我的北方！从古到今，那条奔腾不息的大江就像一根琴弦，弹奏着几多兴亡，几多沧桑。

在东南风的琴音里，我的南方雨打芭蕉，荷香轻飘，婉约而又悠扬！

在西北风的琴音中，我的北方雪飘荒原，腰鼓震天，凝重而又张狂！

我的南方和北方，我的北方和南方，我的永远的故乡和天堂！

思考与练习

1. 如何才能拼读好音节？
2. 按拼写规则给小幽默注音。
3. 朗诵课文，注意字音是否正确。
4. 拼写下列词语，请注意拼写规则。

上旬　信心　上学　少许　绣球　线索　爆破　出入　皮袄　漂亮

儿童　摇曳　外语　义务　饥饿　怪才　原油　威严　旅顺　大连

光明磊落　爱憎分明　颠三倒四　民康物阜　世外桃源

赏心悦目　波澜壮阔　春兰秋菊　得天独厚

5. 指出下列词组在拼读中的错误，并加以改正。

mē suǒ（摸索）　　réng míng（人民）

tén fī（腾飞）　　zhì shī（自私）

níng qiǎo（灵巧）　　huó puō（活泼）

chuī liú（吹牛）　　zī sì（知识）

6. 指出下列词组在拼写中的错误，并加以改正。

资源（zī uán）　　秩序（zhì xǜ）

推辞（tuēi cí）　　温度（uèn dù）

要求（iāo qióu）　　晕船（ū chuán）

乌鸦（ū yiā）　　义务（yì wù）

7. 朗读下列绕口令，字音要准，做到快而不乱。

板凳宽，扁担长

板凳宽，扁担长，
扁担没有板凳宽，
那个板凳没有扁担长。
扁担绑在那板凳上，
板凳不让扁担绑在那板凳上，
那个扁担偏要绑在那板凳上。

面铺门朝南

出前门，往正南，
有个面铺面冲南。
面铺外，挂着一个蓝布棉门帘，
给它摘了那个蓝布棉门帘，
面铺还是面冲南；
给它挂上那个蓝布棉门帘，
面铺还是面冲南。

满天星

天上看，满天星。
地下看，有个坑。
坑里看，有盘冰，
坑外长着一老松，
松上落着一架鹰，
鹰下坐着一老僧，
僧前点着一盏灯，
灯前搁着一部经，
墙上钉着一根钉，
钉上挂着一张弓。
说刮风，就刮风，
刮得那男女老少难把眼睛睁，
刮散了天上的星，刮平了地下的坑，
刮化了坑里的冰，刮断了坑外的松，
刮飞了松上的鹰，刮走了鹰下的僧，
刮灭了僧前的灯，刮乱了灯前的经，
刮掉了墙上的钉，刮翻了钉上的弓。
只刮得：星散、坑平、冰化、松倒、
鹰飞、僧走、
灯灭、经乱、钉掉、弓翻的一个
绕口令。

十道黑

一道黑，两道黑，三四五六七道黑，
八道九道十道黑我买了一个烟袋乌木杆儿，
我是掐着它的两头儿那么一道黑。
二姑娘描眉来演戏，瞧着她的镜子那么两道黑，
粉皮墙，写川字，横瞧竖瞧三道黑。
象牙桌子乌木腿儿把它放着在那炕上那么四道黑。

我买了一只母鸡不下蛋把它搁着在那笼里捂到黑。
挺好的骡子不吃草把它牵着在那街上溜到黑。
买了一只小驴不套磨把它背上它的鞍鞴骑到黑。
三姑娘南洼去割菜，丢了她的镰刀拔到黑。
月课儿的小孩得了病，团几个艾球灸到黑。
卖瓜子儿的打瞌睡，哗啦啦啦撒了这么一大堆，
他的笤帚簸箕不凑手那么一个儿一个儿拾到黑。

豆油灯

我家有一盏豆油灯，妹妹拿起就要扔。
还说从今点电灯，再也不要点豆油灯。
奶奶赶忙拉住她，不让妹妹点了电灯就扔了豆油灯。
妹妹问：点电灯要比点豆油灯亮，
点豆油灯哪有点电灯明，
为什么有了电灯还留着豆油灯？
奶奶说：点电灯是比点豆油灯亮，
点豆油灯当然没有点电灯明，
可看见豆油灯就能想起过去苦，
大干四化力量增。
妹妹听了奶奶话，
看了电灯又看豆油灯，
电灯油灯闪闪明，照得心里红彤彤。

大丰收

生产队长老江，在社员大会上讲：
今年咱们大丰收，
交了公粮，分了口粮，
卖了余粮，留了种子粮，
还留下十七万六千五百四十四斤储备粮。

队委会研究，咱们要盖个粮仓，
全体社员再商量商量
看看咱这粮仓盖成啥样？
社员们一听心欢畅，异口同声把话讲：
咱该修两座杨木房梁的大粮仓，
好装下咱那十七万六千五百四十四斤储备粮。
不一会儿门外套好了四辆两轮大马车，
社员们高兴得七一嘴八一舌，
也不知哪两辆拉杨木房梁哪两辆拉粮？
基干民兵大钢和二强，一个劲儿地往前抢：
队长我负责那两辆拉杨木房梁！
老江我负责那两辆拉粮！
队长老江连忙讲：别抢！别抢！
你们先组织青年突击队，
然后你们爱拉哪两辆就拉哪两辆。
我负责组织起我们这些老小伙在家破土砌墙，
于是社员们马上投入战斗，
拉房梁的拉房梁，拉粮的拉粮，
打夯的打夯，砌墙的砌墙，
这一天一夜谁也没有闲着，一直干到大天亮。
当太阳升起的时候，
已经盖好两座杨木房梁的大粮仓，
正准备着装那十七万六千五百四十四斤储备粮。

百家姓

百家姓，姓百家，
念错了，闹笑话。
念念看，差不差？
查贾萨车柴沙夏
彭朋庞潘包白皮
马麦梅莫牟茅墨
方黄王汪万范花
房洪冯凤丰封翁

傅胡吴伍邬武乌
仇周赵招曹寿邵
张常蒋章尚商姜
廖楼吕卢陆刘鲁
李赖雷林龙梁凌
牛年聂倪宁侬南
高顾郭葛古柯戈
甘耿关管邝康孔
陈郑沈程申岑曾
任饶荣戎融容阮
翟赤祁齐薛戚季
何贺郝侯韩霍惠
佟东童董仲钟庄
朱诸瞿褚祝储楚
许徐舒苏宋孙随
史诗石师施池斯
尹易应殷严言鄢
俞余袁游尤姚尧
陶屠郜唐汤谭党
狄丁邓杜铁滕戴

绕口令集锦

数九寒天冷风嗖，
年年春打六九头。
正月十五龙灯会，
有一对狮子滚绣球。
三月三王母娘娘蟠桃会，
大闹天宫孙悟空把这个仙桃偷。
五月当五端阳节，
白蛇许仙不到头。
七月七传说名叫天河配，
牛郎织女泪双流。
八月十五云遮月，
月里嫦娥犯忧愁。

要说愁净说愁，
唱一段绕口令说说愁。
虎也愁狼也愁象也愁鹿也愁，
骡子也愁马也愁，羊也愁牛也愁
狗也愁猪也愁鸭也愁鹅也愁，
蛤蟆愁螃蟹愁蛤蛎愁乌龟愁，
鱼愁虾愁各有分由。
虎愁不敢把山下，
狼愁野心不改耍滑头，
象愁鼻长皮又厚，
鹿愁脑袋七叉八叉长犄角。
马愁背鞍行千里，
骡子愁得一世休，
羊愁从小把胡子长，
牛愁愁得犯牛轴。
狗愁改不了净吃屎，
猪愁离不开臭水沟。
鸭子愁得扁了嘴，
鹅愁脑袋长了个崩儿了头。
蛤蟆愁了一身脓包疥，
螃蟹愁得净横搂。
蛤蛎愁得闭关又自守，
乌龟愁得不敢露出头，
鱼愁离水不能走，
虾米愁空枪乱扎没准头。

前门楼子九丈九，
四门三桥五牌楼，
出了便门往东走，
离城四十到通州。
通州有六十六条胡同口，
里面住着六十六岁的刘老六，
他家有六十六间好高楼，
楼里有六十六瓶桂花油，
桌上摆六十六匹绿绉绸，
绸上绣六十六个狮子滚绣球；
楼外有六十六根檀木轴，
轴上拴六十六头大青牛，
牛上驮六十六只大马猴。
六十六岁的刘老六坐在门外啃骨头，
打南边来了一条狗，
这条狗好眼熟，
好像我那大大妈家，大大眉毛，
大大耳朵，大大鼻子，大大口，
大大妈家獒头狮子狗；
打北边又来一条狗，
那条狗更眼熟，
好像我那二大妈家，二大眉毛，
二大眼睛，二大耳朵，二大鼻子，
二大口，
二大妈家獒头狮子狗。
这两条狗抢骨头，抢成仇，
撞倒了六十六座好高楼，
碰洒了六十六瓶桂花油，
油了那六十六匹绿绉绸，
脏了那六十六个狮子滚绣球，
楼外头碰倒了六十六根檀木轴，
吓惊了六十六头大青牛，
吓跑了六十六只大马猴。
六十六岁的刘老六打死了狗，
重盖起六十六间好高楼，
收起来六十六瓶桂花油，
洗干净六十六匹绿绉绸，
洗净了六十六个狮子滚绣球，
楼外头又栽起来了六十六根檀木轴，
牵回来六十六头大青牛，
逮回来六十六只大马猴。

正月里正月正，
姐妹二人去逛灯。
大姑娘名叫粉红女，
二姑娘名叫女粉红，
粉红女身穿一件粉红袄，
女粉红身穿一件袄粉红。
粉红女怀抱一瓶粉红酒，
女粉红怀抱一瓶酒粉红，
二人找到无人处，
推杯换盏饮刘伶。
女粉红喝了粉红女的粉红酒，
粉红女喝了女粉红的酒粉红，
女粉红喝了个酩酊醉，
粉红女喝了个醉酩酊。
女粉红见了粉红女就打，
粉红女拉着女粉红就拧。

女粉红撕破粉红女的粉红袄，
粉红女撕了女粉红的袄粉红。
二人打罢松了手，
自己买线自己缝。
粉红女买了一条粉红线，
女粉红买了一条线粉红，
粉红女缝反缝缝粉红袄，
女粉红反缝缝缝袄粉红。

高高山上一老僧，
身穿衲衣几千层，
若问老僧年高迈，
曾记得黄河九澄清，
五百年前清一澄，
一共四千五百冬。
老僧教了八个小徒弟，
八个徒弟个个有法名：
大徒弟名叫青头愣，
二徒弟名叫愣头青，
三徒弟名叫僧三点，
四徒弟名叫点三僧，
五徒弟名叫崩胡卢巴，
六徒弟名叫巴胡卢崩，
七徒弟名叫随风倒，
八徒弟名叫倒随风。
老师父教他们八种艺，
八仙过海各显能。
青头愣会打磬，
愣头青会撞钟，
僧三点会吹管，
点三僧会吹笙，
崩胡卢巴会打鼓，
巴胡卢崩会念经，
随风倒会扫地，
倒随风会点灯。
老师父叫他们换一换，
不知换成换不成。
愣头青打不了青头愣的磬，
青头愣撞不了愣头青的钟，
点三僧吹不了僧三点的管，
僧三点吹不了点三僧的笙，
巴胡卢崩打不了崩胡卢巴的鼓，
崩胡卢巴念不了巴胡卢崩的经，
倒随风扫不了随风倒的地，
随风倒点不了倒随风的灯。
老师父一见有了气，
要打徒弟整八名，
眼看八个徒弟要挨打，
门外走进五位云游僧，
五位僧人把情讲，
叫他们后院数玲珑。
玲珑宝塔十三层，
数完单层回来数双层，
谁要是数过来谁就是大师兄，
谁要是数不过来玲珑塔，
叫他夜间罚跪到天明。

玲珑塔，塔玲珑，

玲珑宝塔第一层。
一张高桌四条腿，
一个和尚一本经，
一个铙钹一口磬，
一个木拉鱼子一盏灯，
一个金钟整四两，
西北风一刮响花楞。
玲珑塔，塔玲珑，
隔看二层数三层。
三张高桌十二条腿，
三个和尚三本经，
三个铙钹三口磬，
三个木拉鱼子三盏灯，
三个金钟十二两，
西北风一刮响花楞。
玲珑塔，塔玲珑，
玲珑宝塔第五层。
五张高桌二十条腿，
五个和尚五本经，
五个铙钹五口磬，
五个木拉鱼子五盏灯，
五个金钟二十两，
西北风一刮响花楞。
玲珑塔，塔玲珑，
玲珑宝塔第七层。
七张高桌二十八条腿，
七个和尚七本经，
七个铙钹七口磬，
七个木拉鱼子七盏灯，
七个金钟二十八两，
西北风一刮响花楞。
玲珑塔，塔玲珑，
玲珑宝塔第九层。
九张高桌三十六条腿，
九个和尚九本经，
九个铙钹九口磬，
九个木拉鱼子九盏灯，
九个金钟三十六两，
西北风一刮响花楞。
玲珑塔，塔玲珑，
玲珑宝塔十一层。
十一张高桌四十四条腿，
十一个和尚十一本经，
十一个铙钹十一口磬，
十一个木拉鱼子十一盏灯，
十一个金钟四十四两，
西北风一刮响花楞。
玲珑塔，塔玲珑，
玲珑宝塔十三层。
十三张高桌五十二条腿，
十三个和尚十三本经，
十三个铙钹十三口磬，
十三个木拉鱼子十三盏灯，
十三个金钟五十二两，
西北风一刮响花楞。
玲珑塔，塔玲珑，
我往回数玲珑宝塔十二层。
十二张高桌四十八条腿，

十二个和尚十二本经，
十二个铙钹十二口磬，
十二个木拉鱼子十二盏灯，
十二个金钟四十八两，
西北风一刮响花楞。
玲珑塔，塔玲珑，
玲珑宝塔第十层。
十张高桌四十条腿，
十个和尚十本经，
十个铙钹十口磬，
十个木拉鱼子十盏灯，
十个金钟四十两，
西北风一刮响花楞。
玲珑塔，塔玲珑，
玲珑宝塔第八层，
八张高桌三十二条腿，
八个和尚八本经，
八个铙钹八口磬，
八个木拉鱼子八盏灯，
八个金钟三十二两，
西北风一刮响花楞。
玲珑塔，塔玲珑，
玲珑宝塔第六层，
六张高桌二十四条腿，
六个和尚六本经，
六个铙钹六口磬，
六个木拉鱼子六盏灯，
六个金钟二十四两，
西北风一刮响花楞。
玲珑塔，塔玲珑，
玲珑宝塔第四层，
四张高桌十六条腿，
四个和尚四本经，
四个铙钹四口磬，
四个木拉鱼子四盏灯，
四个金钟十六两，
西北风一刮响花楞。
玲珑塔，塔玲珑，
玲珑宝塔第二层，
两张高桌八条腿，
两个和尚两本经，
两个铙钹两口磬，
两个木拉鱼子两盏灯，
两个金钟整八两，
西北风一刮响花楞。
玲珑塔，塔玲珑，
一数数到大天明。

高高山上一小庙儿，
里边住了一个小神道儿，
头上戴了一顶乌纱帽儿，
身上穿了一件蓝布罩儿，
腰里头系着一根草药儿，
足底下蹬着那靴造儿，
眼睛好像铜泡儿，
耳朵好像扇套儿，
鼻子好像钌铞儿，
他的小嘴一张像火灶儿。

四个小鬼抬轿儿，
前边来了一个胡闹儿，
一跪跪在了当道儿：
你不给我怀抱儿，
我拆了你的小庙儿。
这可吓坏了神道儿，
正了一正乌纱帽儿，
抖了一抖蓝布罩儿，
紧了一紧草药儿，
蹬了蹬靴造儿，
眨巴眨巴铜泡儿，
呼扇呼扇扇套儿，
呱嗒呱嗒钌铞儿，
叭叽叭叽火灶儿，
吓得那四个小鬼不敢抬轿儿。

第7章　语流音变

语言是思想情感的直接现实，它是人类用以相互交流、相互了解的重要交际工具。在人们的语言交际中一连串的话语便形成了一定的语流，在这语流当中就不可避免地会发生音素与音素之间，音节与音节之间相互影响，相互制约，而产生的一些语音上的细微变化，这便是我们常说的语流音变。

语流音变现象，在中外语言中普遍存在，只是这些变化比较细微，而且变化后的词义大多没有发生变化，因此常被人们所忽略，但也有些词义发生变化的，故而对此不能不加以注意。只有了解、掌握了语流中的音变规律，学习普通话才算学到了细致之处，无论是中国人还是外国人，说起普通话才会更加纯正、地道。

第一节　音变

一、儿化

（一）儿化及表示法

“er”本是一个独立的音节，但是在汉语普通话里，单独念“儿”韵的词很少，它常常和字词结合起来，并在词中处于词尾的位置，如:“事儿”“刺儿”“小花儿”“好玩儿”等。由于在口语中，长期与前面的音节连读，便产生了连音的变化，使“er”失去了它原有的独立性，被化入到了前一个音节中，只保留了一个卷舌动作，最终使两个音节变成了一个读音，这种语音变化就叫作儿化。前面那个音节的韵母，由于附加上了一个卷舌动作，我们就称它为“儿化韵”，意思就是这个韵母被儿化了。如称“花儿”中的“花”韵母为儿化韵。

普通话韵母除 ê、er 以外，都可以儿化。《汉语拼音方案》中规定在原韵母之后加写上一个“r”，即表示儿化。例如：

大伙儿 dà huǒr　　坎肩儿 kǎn jiānr

香味儿 xiāng wèir　　去哪儿 qiù nǎr

心眼儿 xīn yǎnr　　一道儿 yí dàor

（二）儿化的作用

儿化不是一种单纯的语音现象，它有着确定词性、词义和修饰等方面的作用。

1. 确定词性的作用

盖（动词）——盖儿（名词）

尖（形容词）——尖儿（名词）

破烂（形容词）——破烂儿（名词）

亮（形容词）——亮儿（名词）

2. 区别词义的作用

头（脑袋）——头儿（领导、首领、一端）

眼（眼睛）——眼儿（窟窿眼儿）

白面（面粉）——白面儿（白色粉末或毒品）

信（书信）——信儿（消息）

半天（形容时间长）——半天儿（一个上午或一个下午）

3. 表示小、可爱、喜欢、亲切或轻蔑、鄙视等多种感情色彩或语气

小牛儿　小孩儿　宝贝儿　心尖儿　小草儿

小花儿　门缝儿　一会儿　火柴棍儿　小偷儿

小崽儿　小丑儿　没错儿　有趣儿　栽面儿

靠边儿　差点儿　豆腐丝儿　小不点儿

4. 北京话口语习惯沿袭下来的

①说哪儿去了，没边儿，没沿儿的！

②一大早儿就走了，遛弯儿去了。

③这天儿真好！明儿见。

④买几个糖包儿吃。

⑤刚多大点儿，就学会花钱了。

（三）儿化运用的基本原则

普通话以北京语音为标准音，但不是任何一个北京人说出来的话都是标准音。老北京满口儿化音，有时发音不清，也不合规范。所以说，以北京语音为标准音，是以有一定文化水平的北京人在比较正式的场合说的话，也就是经过规范化的北京语音为标准音。儿化是北京话里突出的语音现象，这种语音现象又是非常细致、非常复杂的，有时甚至是模棱两可，难以确定的。这就给运用和阅读带来了一定的困难，其中一些语音问题至今还没有一个好的办法给以明确的规定。那么到底应该怎么办呢？一般情况下，可以遵循以下两条基本原则去做：

第一，凡是有区别词性、词义或表示某种情感的，该儿化的，一定要儿化。如下例。

(1) 这儿真漂亮！

(2) 头儿头儿脑儿脑儿的都去了，我们也得去。

(3) ……发现这些厂家无论生产技术还是管理水平，都是世界一流的，可出产的名牌产品，却只能打上老外的牌子，自己赚点加工费。（摘自通讯《今日李宁》）

(4) 这种饺子皮薄馅大，非常好吃。

(5) 从下午1点到4点为自学时间，你真的一点儿都不知道吗？

(6) 你吃早点了吗？你能不能早点儿出来？

第三句中的“赚点”和第四句中的“皮薄馅大”虽然没有写出儿化，但在读的时候应该儿化，读成“赚点儿”“皮儿薄馅儿大”。

再举一例，中央人民广播电台在报告新闻时，曾遇到这样一句话：“向前看，还是向钱看？”“前”与“钱”在听觉上难以区分，这让播音员有些为难。著名播音员播音指导夏青说：“在钱字后面加上一个儿化音。”如此，便使“前”与“钱”区分开了。

第二，凡是可儿化，可不儿化的，就不要儿化。特别是广播、电视中，或在重要的文章中，郑重、庄严的场合中，能不儿化，尽量不要儿化，以示严肃、庄重、大气。如下例。

(1) 中国政府宣告：浦东新区向世界开放，这一石破天惊之举，使所有关注中国命运的人们顿时懂得，在改革开放推进了十年之后，中国又在改革开放的棋局上大胆稳健地投下了一颗牵动全局的棋子。(通讯《九十年代看浦东》)

"棋子"在这里不能读成"棋子儿"。因为它所表示的是一个国家举足轻重的、重大的战略举措，因此不能儿化。

(2) 有一家农民办的大饭店，叫"由由饭店"这名字的意思是，田字出头，念由，由由，表示农民要出头，参加改革开放。(通讯《九十年代看浦东》)

这段话中"田字出头"要儿化，"表示农民要出头"不能儿化。这两个"头"表示的是两个意思，一个讲的是笔画，一个是表示农民打破了旧观念，冲出了田字的小圈子，勇于参加改革开放的勇气。

(3) 李宁悻悻地说："我算什么？在去夺取金牌的时候，身上穿着的是外国名牌运动服，为国外名牌产品做活广告。"(通讯《今日李宁》)

(4) ……还有听众写给他的一大沓慰问信……

以上两例"牌""沓"可儿化也可不儿化。

(四) 儿化的发音

有些人，尤其是南方人、外国人，不大会发儿化音，其实学习起来并不难，请注意以下几点：

1. 不能把儿化韵拆开来读，而应该把它作为一个韵母来读。例如"味儿"(wèir) 不能读成 wèi er 要把 wèir 合并在一起读。

2. 在读儿化音节时，到最后的韵尾处，只要把舌尖轻轻地卷起即可。注意，不要紧张，舌头不要僵硬动作不要过大。只要这样做了，就可发好儿化音。

3. 有些时候，er 韵母是不能化入到前一个音节中去的，而要独立成为一个音节。例如，诗歌、歌词等韵律较强的文学作品。比如：

(1) 请听歌曲《花儿为什么这样红》。

(2) 请听《回延安》。

心口呀莫要这么厉害地跳，
灰尘呀莫把我的眼睛挡住了……

手抓黄土我不放，
紧紧儿贴在心窝上。
……
手把手儿教会了我，
……

其中的“花儿”“紧紧儿”“手儿”的“儿”要按独立音节去读。

（五）加儿化韵尾的规律

加儿化韵尾就是加一个卷舌动作。如果韵母的发音动作与儿化卷舌动作不冲突，儿化时只要在韵尾处加上个卷舌动作即可。如果与卷舌动作冲突，就要在卷舌的同时变更原来韵母的音色。其规律如下：

1. 韵腹或韵尾是 a、o、e、ê、u 的韵母儿化，在原韵母之后加上一个卷舌动作。

例：

原韵母	例词	儿化音变
a	哪儿	nǎr
iao	鸟儿	niǎor
e	山歌儿	shān gēr
ie	台阶儿	táijiēr
u	水珠儿	shuǐzhūr

2. 韵尾是 i 的韵母儿化，失落韵尾，变成主要元音加上卷舌动作。

例：

原韵母	例词	儿化音变
ai	小孩儿	xiǎohár
ei	刀背儿	dāober

3. 收 –n 的韵母儿化，失落韵尾 –n，多数是主要元音加上卷舌动作，少数是主要元音后加〔r〕。

例：

原韵母	例词	儿化音变
an	脸蛋儿	liǎndàr
Ian	一点儿	yidiǎr

4. 收 –ng 的韵母儿化，–ng 韵尾同前面的主要元音合成鼻化元音，同时加上卷舌动作。

例：

原韵母	例词	儿化音变
ang	帮忙儿	bāngmángr
ìang	亮儿	liàngr

5. i、ü 两韵儿化，在原韵母之后加上〔r〕音，i、ü 仍保留。

例：

原韵母	例词	儿化音变
i	小鸡儿	xiǎojīr
ü	小曲儿	xiǎoqǔr

6. –i（前）–i（后）韵母儿化，–i（前）–i（后）失落，变成〔r〕。

例：

原韵母	例词	儿化音变
i（前）	棋子儿	qízr
i（后）	树枝儿	shùzhr

小幽默

问　路

有一个南方人，第一次到北京来，道路很不熟悉。一天，他参观了故宫以后，想顺便到王府井大街逛一逛。人家告诉他，要去王府井，最好从故宫东门儿出去，那样走很近。他出了故宫东门儿，没走多远就遇见了一个十字路口儿。他犯愁了，到底往哪边儿走才是王府井呢？正巧这时过来一个七八十岁的老头儿。他赶紧跑过去问："老大爷，到王府井怎么走哇？"

老头儿说："同志，我耳朵可有点儿背，您问什么井？我们这儿早就没有井了，都用自来水儿。"

"不，老大爷，我是问王府井那条街在什么地方！"

"哦，王府井啊！您从这儿一直往东边儿走，顶多有一二里地，就是一个十字路口儿。到了十字路口儿您就别再往东边儿走了，那儿是金鱼胡同；您也别往北边儿拐，往北边儿走是灯市口儿；您得往南边儿拐，一拐弯儿就是王府井北口儿了。"

"谢谢大爷！"

"不客气。"

这位南方来的同志，一边儿走一边儿念叨着："东边儿，南边儿，北边儿……我们南方只说左边儿右边儿，怎么北京这么多边儿？哎呀，王府井在哪边儿来着？啊，有了，反正我哪边儿都没去过，我就东边儿、南边儿、北边儿都走它一趟，岂不逛得更痛快！”

课文

1. 诗

世界上最远的距离

泰戈尔

世界上最远的距离，
不是生与死的距离，
而是我站在你面前，
你不知道我爱你。
世界上最远的距离，
不是我站在你面前，
你不知道我爱你，
而是爱到痴迷，
却不能说我爱你。
世界上最远的距离，
不是我不能说我爱你，
而是想你痛彻心脾，
却只能深埋心底 。
世界上最远的距离 ，
不是我不能说我想你，
而是彼此相爱，
却不能够在一起。

世界上最远的距离，
不是彼此相爱，
却不能够在一起，
而是明知道真爱无敌，
却装作毫不在意。
世界上最远的距离，
不是树与树的距离，
而是同根生长的树枝，
却无法在风中相依。
世界上最远的距离，
不是树枝无法相依，
而是相互瞭望的星星，
却没有交汇的轨迹。
世界上最远的距离，
不是星星之间的轨迹，
而是纵然轨迹交汇 ，
却在转瞬间无处寻觅。

世界上最远的距离，
不是瞬间便无处寻觅，
而是尚未相遇，
便注定无法相聚。

世界上最远的距离，
是鱼与飞鸟的距离，
一个在天上，
一个却深潜海底。

2. 文

谁活得都不容易

尹　斌

那天，我们哥儿几个气儿都不顺。累死累活干了一年，完成了生产定额却兑现不了奖金。因与厂头儿吵了一架，二子还被停发了一个月的工资。现在这事儿，可不就是宁得罪畜生，别惹火了头儿嘛！

中午，我们几个在厂门口的一家小馆儿"涮"了一顿之后，正往回走，只听一个大嗓门儿当街叫道："赶紧把你这玩意儿摘了滚蛋！再让爷们儿瞧见你在这儿摆摊儿，看不砸了你的家伙事儿。"

"有热闹，瞧瞧去。"二子生性最爱凑热闹，是属于那种稍有点动静就伸脖子的人，前几天跟厂头吵架，就是为着厂办主任老孙在厂里喝醉酒后，因误进女厕所，而被刘姐骂得狗血喷头所引起的。也怪他一时冲动，三拳两脚便把老孙打了个鼻青眼肿。后来厂头 让他写份儿检查，而他却一口咬定，是老孙先对刘姐嘴里不干不净的，又说厂里没钱发奖金，却有钱请客，你当头儿的心里就不愧得慌吗？结果就被停发了一月的工资，说是付老孙的医药费了。

"你耳朵聋啦？再不摘，老子可要动手了！"那大嗓门儿是个卖水果的汉子，只见在他的摊位前，一个二十出头的女孩儿，小脸儿涨得通红，正要伸手去摘挂在电线杆上的一块牌子，牌子上写的是一首小诗："尘土遮得住您的双脚，却挡不住我的真情。我愿用自己的双手，为您擦去脚上的灰尘。"下面是一行小字："擦皮鞋，一次一元。"原来是那卖水果的汉子嫌她影响了自己的生意，想赶她走。

"等等！"二子止住那女孩儿问道，"你是新来的吧，怎么以前没见过你呀？”“嗯。”那女孩儿怯生生地点点头道：“单位不景气，发不出工资都快半年了，我也是实在没办法了，这才只好出来——试试。”

二子一听，脸立马就沉了下来，扭头问那汉子：“怎么着，哥们儿，想赶人家走？”

那汉子扫了我们哥儿几个一眼，声音顿时低了下来：“没有啊！我是看她生意不好，想叫她挪到一个好地儿去。”

“生意不好？谁说的！我这鞋可有日子没擦了，正想见见新呐。”二子说完，又冲我们几个挤了挤眼。

“没错，哥们儿这鞋也该擦了，去去晦气！”我们几个跟着哄道。

那女孩儿感激地望了我们一眼，随后蹲下身去，拿起了鞋擦儿……

“少上点儿油，照你这么擦，那还不得赔到姥姥家去！”二子一边让那姑娘给他擦鞋，一边起劲儿地指点道。

在回厂的路上，一个哥们儿对二子打趣道：“你干吗那么照顾那丫头呀？是想套磁吧？”

“少扯淡！”二子一脸严肃地说道：“这年头，谁活得都不容易！”

（摘自《北京广播电视报》1998年第9期）

思考与练习

1. 儿化有哪些作用？试举例说明。

2. 在运用和阅读中应怎样处理儿化字音？

3. 朗读小幽默体会儿化音的发音。

4. 为课文《谁活得都不容易》注音，并把课文中应当读儿化而没有写出儿化音的字词找出来。

5. 朗读下列儿化词语。

那儿　这儿　哪儿　把儿　字儿　水儿　事儿　词儿　盆儿　坠儿　准儿

错儿　子儿　座儿　叶儿　信儿　气儿　腿儿　调儿　尖儿　味儿　顺儿

伴儿　花儿　根儿　刺儿　棍儿　劲儿
碰瓷儿　掉碴儿　号码儿　盖盖儿　没准儿　抽签儿　鞋带儿　下坡儿
门槛儿　脸蛋儿　快板儿　笔杆儿　下班儿　小车儿　豆芽儿　药方儿
一下儿　小辫儿　一撇儿　差点儿　溜边儿　聊天儿　土豆儿　干活儿
熊猫儿　雨点儿　凉席儿　针尖儿　麦芒儿　喜字儿　松子儿　书本儿
有事儿　一片儿　旁边儿　窍门儿　拐弯儿　圆圈儿　小院儿　花瓣儿
绕远儿　大婶儿　火星儿　心眼儿　串门儿　半截儿　压根儿　打盹儿
三轮儿　手印儿　使劲儿　对门儿　电影儿　半道儿　早早儿　面条儿
自个儿　大伙儿　酒窝儿　年头儿　纽扣儿　模特儿　多会儿　八成儿
跟前儿　人缘儿　一对儿　薄皮儿　大馅儿　秦桧儿

6. 练习下列绕口令，巩固儿化音。

练字音儿

进了门儿，倒杯水儿，
喝了两口运运气儿，
顺手儿拿起小唱本儿，
唱一曲儿，又一曲儿，
练完了嗓子我练嘴皮儿，
绕口令儿，练字音儿，
还有单弦儿牌子曲儿，
小快板儿，大鼓词儿，
越说越唱我越带劲儿。

儿化韵

一个老头儿

一个老头儿，上山头儿，
砍木头，砍了这头儿砍那头儿，
对面儿来了个小丫头儿，
给老头儿送来一盘儿小馒头儿，
没留神撞上一块大木头，
栽了一个小跟头儿。

儿化韵

小兰儿上庙台儿

有个小孩儿叫小兰儿，
挑着水桶上庙台儿，
摔了一个跟头拣了个钱儿。
又打醋，
又买盐儿，
还买了一个小饭碗儿。
小饭碗儿，
真好玩儿，
没有边儿
没有沿儿，
中间儿有个小红点儿。

儿化韵

鸡蛋变糖葫芦儿

我们那儿有个王小三儿，
在门口摆着一个杂货摊儿。
卖的是煤油火柴和烟卷儿，
红糖白糖花椒大料瓣儿，
鸡子儿挂面酱醋和油盐儿，
糖葫芦一串儿又一串儿，
花生瓜子儿还有酸杏干儿。
王小三儿不识字儿，
写账记账他净闹笑话儿。
街坊买了他六个小鸡子儿。
他就在账本上画了六个小圆圈儿。
过了两天人家还了他的账，
他在账单上画了一道儿就勾了圈儿。
到了年底又跟人家去要账，
他说人家短了他一串儿糖葫芦儿，
没有给他钱儿。

儿化韵

集体装在心里头

小铁头，小柱头，
学习雷锋有劲头，
放学后，捡砖头，
跑了东头跑西头，
捡砖头，几筐头，
送到猪场砌墙头，
墙头长，高过头，
乐得他俩直点头。
人人夸，小哥俩：
"集体装在心里头！"

儿化韵

莲花儿灯

莲花儿灯，
莲花儿灯，
今儿个点了明儿个扔。

儿化韵

一树枣儿

出东门，过大桥，
大桥底下一树枣儿。
拿着竿子去打枣儿，
青的多，红的少，
一个枣、两个枣、三个枣、四个枣、
五个枣、六个枣、七个枣、八个枣、
九个枣、十个枣、九个枣、八个枣、
七个枣、六个枣、五个枣、四个枣、
三个枣、两个枣、一个枣。
这是一个绕口令，一气儿说完才算好。

儿化韵

小门脸儿

你别看就那么两间小门脸儿，
你别看屋子不大点儿。
你别看设备不起眼儿，
可售货员的服务贴心坎儿。
有火柴，有烟卷儿，
有背心儿，有手绢儿，

有蜡烛、盘子、小瓷碗儿，
还有刀子、勺子、小铁铲儿。
起个早儿贪个晚儿，
买什么都在家门前儿。

儿化韵

7. 朗诵下面的小诗。

柳条儿青，柳条儿长

柳条儿青，柳条儿长，
柳条儿随风在摇荡，
摇来了春天，
摇来了小鸟，
摇得那湖水闪闪亮。

柳条儿青，柳条儿长，
柳条儿随风在摇荡，
我做支柳笛吹起来，
嘀呖呖像鸟儿在歌唱。

柳条儿青，柳条儿长，
柳条儿随风在摇荡，
请来春姑娘荡秋千，
秋千挂在柳条儿上。

二、语气助词“啊”的音变

当语气助词“啊”处在语句末尾时，由于受到前面那个音节末尾音素的影响，常常会发生音变。

语气词“啊”的音变规律：

1. 前面的音素是 i、ü 时，读“呀”（yā）。例：

A. 你到哪儿去啊？（或写成“呀”）

B. 这个小孩儿真可爱啊！（或写成“呀”）

2. 前面的音素若是 u（包括 ao、iao）时，读“哇”（wā）。例：

A. 您去哪儿住啊？（或写成“哇”）

B. 真可笑啊！（或写成“哇”）

C. 这树真高啊！（或写成“哇”）

3. 前面的音素若是 n 时，读“哪”（nā）。例：

A. 好大的烟啊！（或写成“哪”）

B. 什么人啊！（或写成“哪”）

C. 这事真冤啊！（或写成“哪”）

4. 前面的音素是 ng 时，读 ngā，仍写成“啊”。例：

A. 这个有什么用啊？

B. 真漂亮啊！

C. 这个馒头真硬啊！

5. 前面的音素若是 i（后）时，读“rā”，仍写成“啊”。例：

A. 这是一首多么好的诗啊！

B. 你倒是快点儿吃啊！

6. 前面的音素若是 i（前）时，读〔za〕，仍写作“啊”。例：

A. 你来过几次啊？

B. 多帅的字啊！

7. 前面的音素是 a、o（ao、iao 除外）e、ê 时读“yā”，写成“呀”。（有时也可读成“啦”）例：

A. 原来是他呀！

B. 这儿的人真多呀！

C. 这可是他毕生的心血呀！

D. 真得好好谢谢啦！（……呐！……哪！）

E. 你怎么了啊？（“了”“啊”合音读“啦”）

8. 还要看语句表达的是怎样的一种思想感情和怎样的一种心理意向，从而准确、灵活地确定“啊”的读音。

小幽默

智力测验

A. 听说你很聪明，是吗？

B. 对啦！人家都说我聪明。我自己也觉得不笨。

A. 那我说个谜语你猜猜，怎么样？

B. 你说吧。猜谜语我可一猜一个准儿。

A. “田地”的“田”字，出头儿，念什么？

B. 念“自由”的“由”啊！

A. 错了。

B. 怎么错了？

A. 我这个“田”字，从下面出头儿。

B. 噢！从下面出头儿啊！那念“甲”。

A. 我再出个谜语你猜猜。

B. 好，你再说一个。

A. “田地”的“田”字，出头儿，念什么？

B. 怎么又是“田”字出头啊？这我猜着了。上边儿出头儿，念“由”，下边儿出头儿，念“甲”。

A. 又错了。

B. 怎么又错了？

A. 这回我是上下都出头儿。

B. “田”字上下都出头儿……噢，那念“申请”的“申”。

A. 对了。我出一道数学题，你算算，怎么样？

B. 行啊！我数学也不错。

A. 一加一，等于几？

B. 这连一年级小学生都会算，等于二啊！

A. 错了。

B. 又错了？

A. 等于零。

B. 怎么等于零呢？

A. 我吃饭的时候，盘子里有一个丸子，我夹起来吃了，盘子里还有丸子吗？

B. 没有了。

A. 这不是一夹一，等于零吗？

课文

1. 诗

九月，属于教师

烟雨苍茫

刚刚送走了夏的炽烈
不觉已是秋色旖旎
也许
只有在这拔节、抽穗和成熟的季节
人们才会将你想起
也许，只有在这吹却浮华的风中
人们才会读出你生命的含义

九月，属于教师
在无边的苍翠和金黄里
秋光辉映着你深情的笑脸
讲台萦绕着你美好的希冀
虽说登上讲台，只有一步之遥
但是，你为每天能走好这一步
不惜以青春韶华为阶梯
世俗总是在口头上把你“高高抬起”
哪知道，你的每一步都坚实地踏在，
这一方浸透着五千年文明的土地

九月，属于教师
在丰收的欢笑里
你又踏上一片新的芳草地
教室外，色彩变换
演绎着大自然的四季
教室内，你用蘸满爱的笔
把四季的灵韵
播洒在每一颗求知的心里
谁说这三尺讲台
没有春花秋月，冬雪夏雨
谁说这方寸之间
没有高天流云，大江东去

九月，属于教师
在日渐强劲的秋风里
枝头摇响的不仅是花瓣的风铃
还有你的一寰心雨
一生选择黑色的夜空为背景
你无怨又无悔
无数双花季的眼睛里都写着
你无瑕的美丽
有人说你平淡，哪知道
你把生活的多彩
一笔一划写进了东方的晨曦
有人说你沉默，哪知道
没有这寂静的天幕

怎么能够凸显
一颗颗新星闪烁、腾起的声光
绽放在寰宇

九月，属于教师
教师，却不只属于九月
因为，你把春天的底片
印在了秋天的丰硕中
因为，你把金子般的故事
洒在了四季的阳光里
相传，世界上最大的河流
曾经是海洋最小的女儿
是你，用青春和热血
激起她一路奔涌的波涛

世界上最高的山峰
曾经是海洋最小的儿子
是你，用洪荒之力
在沧桑中把他高高托起

九月，属于教师
教师，却不只属于九月
你用心灯点亮了每个孩子的梦
又在追梦的路上甘做人梯和火炬
待到“百年梦圆”时
大海会铭记你的情怀
高山会铭记你的哺育
曾经的“诗和远方”会有你的故事
岁月的长河会后浪前浪永不停息

2. 文

语言是人拥有的最大财富

赵鑫珊

得出这个结论，不是来自书本，也不是来自冥思苦想，而是来自我的一段既尴尬又痛苦的经历。

1993 年初秋，为了体验生活，我硬是在离比利时不远的一座德国难民营待了七天七夜。来自乌克兰、保加利亚、罗马尼亚、土耳其、前南斯拉夫、尼泊尔和波兰等 9 个国家的三十几个难民住在一幢战前的老屋里。这些人的文化素质较差，只会说各自的母语。有的只能吐出几个俄语单词。而我只能说德语和英语。

七八个人住一间，上下铺。有间屋子是厨房兼食堂，各人做各人的饭菜。我们天天朝夕相处。但语言障碍使我们的交际水平一下子倒退了 10 万年。个个像个聋哑，靠打手势或点头摇头说话。

尼泊尔人更惨、更狼狈。有一回他做夜班，想请土耳其人为他去超市代买些黄油、面包，他只好打手势。我站在旁边看着他们用手势交谈，心里突然有种“周口店北京猿人”身处洞穴的原始感觉。

我们吃得很好，天天香肠、鸡蛋和果汁。但那只是猪圈里的生存，而不是现代人的高质量生活。造成生活质量低下的全部原因只是因为大家不能说一种都能听懂的“共同语言”。

关于一些日常具体事物还能用手势去比划。若要交流内心思想感情，涉及抽象事物，便是不可能的。有一回，天下雨，波兰人站在窗口眺望远处的树林和黄昏的寒鸦。我坐在沙发上看书，发觉他很苦闷、茫然，乡愁里头有种孤独和惆怅的情绪。我很想去采访他，采访他作为一个难民在德国的复杂心境。我用德语、英语说了好几遍“乡愁”、“孤独”和“惆怅”，他都没有听懂，只是耸耸肩，苦笑着。我相信，在那一刹那间，他和我的脸上都布满了尴尬，甚至是痛苦。因为我无法用手势去说出这三个概念，尤其是惆怅。

如果我懂波兰语，或者他能说德语，那该有多好！

人，是因为有了能相互沟通的语言才把自己的生存提高到了生命的阶段。决定生活质量高低的，原来不仅仅是衣食住行，最重要的恐怕是拥有能与人们交际的语言。没有语言能力的人才是一贫如洗。当然，打手势也是一种语言。不过，这种原始语言绝不能把人的动物性生存提高为人的生命。

生命质量高低，又往往取决于你拥有抽象语言的多寡。在你的词汇里，要是没有“惆怅”、“茫然”和“无限”，并且将它们告诉对方，那么，你的生命质量就绝不会高到哪里去——这是难民营那段经历教给我的。

思考与练习

1. 朗诵下面小诗《红薯滚下坡》。

村边有条清水河，河岸是个小山坡。

村民坡上挖红薯，闹闹嚷嚷笑呵呵。

忽听河里一声响，河水溅起一丈多，
吓得我急忙大声喊："谁不小心掉下河？"
大家一听笑呵呵，一个姑娘告诉我：
"不是有人掉下河，是个红薯滚下坡！"

2. 简述语气助词"啊"音变的基本规律。

3. 根据"啊"的音变规律说出小幽默中每一处"啊"的正确读音。

4. 朗读下列绕口令，体会"啊"音变是否正确。试把它们改成读音更准确的字。写不出的，注上拼音。

可爱的孩子

这些孩子啊，真可爱啊，
你看啊！他们多高兴啊。
又是作诗啊，又是吟诵啊，
又是画图画啊，又是剪纸啊。
又是唱歌儿又是跳舞啊，
啊！他们多幸福啊！

"啊"的变化

张果老

拍、拍、拍！
谁呀？
张果老哇！
怎么不进来呀？
怕狗咬哇！
衣兜里装的什么呀？
大酸枣哇！
怎么不吃呀？
怕牙倒哇！
胳肢窝里夹着什么呀？
破棉袄哇！
怎么不穿上啊？
怕虱子咬哇！
怎么不叫你老伴儿拿拿呀？
老伴儿死了。
你怎么不哭哇？
盒儿啊，罐儿啊，我的老伴儿啊！

"啊"的变化

鸡鸭猫狗

鸡呀，鸭呀，猫哇，狗哇，
一块儿水里游哇！
牛哇，羊啊，马呀，骡呀，
一块儿进鸡窝呀！
狼啊，虫啊，虎哇，豹哇，
一块儿街上跑哇！
兔哇，鹿哇，鼠哇，孩儿啊，
一块儿上窗台儿啊！

"啊"的变化

第二节　变调

一、轻声

（一）轻声的概念及性质

1. 轻声的基本概念

普通话中的每一个音节都有它自己独立的声调，可是在语流中，许多词或句子中的音节发生了音变，整个音节弱化，失去了原有的声调而读成了一个又短又轻的调子，这就是轻声。

轻声是一个非常模糊、不确定的声调，因此掌握起来有一定的难度。普通话中真正总读轻声的字不多，而且在单念时，还要读它原有的声调。例如"们""的"等字在词句中多读轻声，但在单念时，仍要读它们原有的阳平、去声声调。由于轻声只是一种语流中的音变现象因此轻声不被看作是一种独立的调类，汉语拼音方案规定轻声不必标调。

轻声音节的位置往往在词的中间或其他音节的后面，而绝不会出现在词或句子的开头音节中。例如：

他们　好的　石头　　云彩　　怎么

豆腐　对呀　小伙子　姑娘们

2. 轻声的基本性质

(1) 轻声在声音四要素中，主要体现在音长和音强上，而一般声调的性质主要体现在音高上。轻声的特点是在发音时，用力特别小，音强比较弱且音长短。

(2) 轻声有区别意义或词性的作用。例如：

玻璃（名）——剥离（动）

东西（指物）——东西（方向）

瞎子（指人）——虾子（虾卵）

地方（具体的地儿）——地方（中央与地方）

大方（不俗气或不吝啬）——大方（指专家学者，内行人）
买卖（指做生意）——买卖（买与卖）
兄弟（指弟弟）——兄弟（哥哥和弟弟）
地道（够标准的）——地道（地下坑道）
实在（确实）——实在（老实）
报酬（薪水）——报仇（雪耻）
眼睛——眼镜（词义不同）

（二）确定轻声的基本规律

1. 吧、吗、呢、啊、哪、啦、呀、哇等语气词，读轻声。

如：走吧！　去吗？　怎么啦？　说呀！　好哇！

2. 的、地、得、着、了、过、们等助词，读轻声。

如：我的　慢慢地　跑着　误过　走了　朋友们　好得很

3. 名词或代词的后缀：子、儿、头、么等读轻声。

如：桌子　那儿　木头　什么

4. 单音节的方位词或词素：里、上、下、边、面读轻声。

如：家里　桌上　地下　那边　里面

5. 表示趋向的动词、读轻声。

如：过来　出去　走出去　跑进来

6. 叠音名词及动词的末一个音节以及夹在重叠动词中间的“一”或“不”等，读轻声。

如：妈妈　姥姥　看看　写写　走走　说说
跑一跑　试一试　去不去　看不看

7. 某些量词：个、头、条读轻声。

如：两个人　三头牛　四条毛巾

8. 多位数词中的数位词，如“十、百、千、万”等读轻声。

如：三万五千二百六十五

9. 动词后面的某些补语常读轻声。

如：打开　关上　站住

10. 人称代词做宾语时，常读轻声。

如：找我　请你　喊他

11. 口语中，许多双音节词中（历史悠久的常用词）的第二个音节，常读轻声。

如：姑娘　粮食　行李　清楚　商量　明白
太阳　告诉　打听　窗户　玻璃　萝卜
大夫　编辑　闺女　扫帚　晃荡　阔气
扎实　凉快　规矩　多么　朋友　唠叨
年成　困难　部分　铺盖　跳蚤　柴火
热闹　稳当　状元　疏忽　状态　打扮
玫瑰　葡萄　机灵　眼睛　舒服　漂亮

小幽默

办卡

某君急于炒股，便去办股民账户卡。

“深市还是沪市？”小姐问。

某君一愣，心中暗想：股东就够可以了，还尊称我绅士，多带劲！可是我和护士没有一点儿关系呀，于是说：“绅士不敢当，我不是护士。”

“没说你是护士，问你办深市还是沪市？”

某君又一愣，难道炒股还得演戏？“我不扮绅士，也不扮护士！”

“两种都不办，你来干什么？起哄。”

课文

1. 诗

小姑的亲事

张志民

不是我当嫂子的架子大，
事到如今要拿你一把。
咱为人就为到底，
这送人就送到家。
只不过呀，小秀芝，
有个话儿，可得先说下。

头年春天，
是你说人家三锁儿好，
思想进步、干活泼辣，
让嫂我出去串串门儿，
你们要在这儿谈谈话。

这门儿也串了，话儿也谈了，
哪知你以后又变了卦。
倒不是怪你又变了卦，
婚姻的事儿别人当不了你的家。
只是说你那颗心，
不知是阵什么风，
转眼就给刮迷了。
秀芝你说说，
这变卦到底是为什么？

你不说，
我也猜个不差啥。
你想想，
你都说过些什么话！
你说：
“三锁儿虽好，
可出息没多大。
还不是扛一辈子锄头，
赶一辈子牛尾巴！”
如今对你实说了吧，
那村里没人不笑话：
“秀芝瞧不起做庄稼，
觉得村里盛不下！”
问问她吃的穿的从哪儿来？
问问她在哪儿长大？

你嫂我哩没说啥，
肚里可也不断骂。
一是替三锁儿不服气，
多么好的小伙儿，
你甩了人家。
再是我心里火气大，
你那么瞧不起庄稼汉，
那你哥哥他，

该算个啥？
眼下，你托我去找三锁儿，
替你去赔礼倒没啥。
可冷不丁地找上人家门儿，
见面儿可说些什么话？
人家要问：
“以前为啥变卦？
如今为啥又找到家？”
我该怎回答？

你不愿说，
让嫂我替你说了吧，
你那点儿心事儿，
都在我手心儿拿。
为啥又喜欢起小三锁儿，
就是因为咱村儿起了变化，
三锁儿开起了拖拉机，
人家再也不赶牛尾巴！

说句咱姑嫂的贴己话，
你的主意总算拿定了，
要不是看你的主意定，
今天，你劳不了我的驾！
虽说是劳了驾，
可成不成还在你们俩。
人家要是乐意，
你们就再谈谈话，
嫂我再出去串串门儿，
麻烦不着啥！

你好好在这儿等着，
想想来了说什么。
以前许你变卦，
如今也许人还价儿。
不过只要他肯到这儿来，
十成就有个七八！

2. 文

年 轻

[德] 塞缪尔·乌尔曼

年轻，并非人生旅程的一段时光，也并非粉颊红唇和体魄的矫健。

它是心灵中的一种状态，是头脑中的一个意念，是理性思维中的创造潜力，是情感活动中的一股勃勃的朝气，是人生春色深处的一缕东风。

年轻，意味着甘愿放弃温馨浪漫的爱情去闯荡生活，意味着超越羞涩、怯懦和欲望的胆识与气质。而60岁的男人可能比20岁的小伙子更多地拥有这种胆识与气质。没有人仅仅因为时光的流逝而变得衰老，只是随着理想的毁灭，人类才出现了老人。

岁月可以在皮肤上留下皱纹，却无法为灵魂刻上一丝痕迹。忧虑、恐惧、缺乏自信才使人佝偻于时间尘埃之中。

无论是60岁还是16岁，每个人都会被未来所吸引，都会对人生竞争中的欢乐怀着孩子般无穷无尽的渴望。

在你我心灵的深处，同样有一个无线电台，只要它不停地从人群中，从无限的时间中接受美好、希望、欢欣、勇气和力量的信息，你我就永远年轻。一旦这无线电台坍塌，你的心便会被玩世不恭和悲观失望的寒冷酷雪所覆盖，你便衰老了——即使你只有20岁。但如果这无线电台始终矗立在你心中，捕捉着每个乐观向上的电波，你便有希望超过年轻的80岁。

所以只要勇于有梦，敢于追梦，勤于圆梦，我们就永远年轻！

千万不要动不动就说自己老了，错误引导自己！年轻就是力量，有梦就有未来！

思考与练习

1. 什么叫轻声？轻声为什么不标声调？

2. 轻声一般出现在句子或词语的什么位置上，试举几例。

3. 你知道小幽默和课文中哪些字词该读轻声吗？试举几例。

4. 朗诵课文，体会在口语中字音的变化。

5. 轻声有区别意义或词性的作用吗？举例说明。

6. 朗读下列词语，体会轻声的发音。

衣裳　干净　先生　知识　消息　吩咐　容易　明白　毛病　黄瓜　眉毛
葡萄　活泼　云彩　随和　凉快　喜欢　毛糙　牡丹　脑袋　好处　打扮
打听　眼睛　比方　认识　母亲　队伍　想法　衣服　月亮　力气　故事
照顾　漂亮　快活　地方　记性　困难　事情　老爷　休息　耳朵　情形
头发　学生　知识　师傅　丈夫　结实　舒服　老实　便宜　麻烦　糊涂
精神　笑话　相声　委屈　参谋　嘱咐　称呼　和尚　佩服　宽敞　篱笆

机灵 稳当 吓唬 岁数 见识 柴火 合同 大方 衙门 翻腾 我们
咱们 什么 怎么 多么 本子 梳子 为了 得了 好了 爸爸 太太
姑娘 有的 似的 觉得 省得 免得 接着 跟着 觉着 里头 骨头
馒头 拳头 学过 听过 见过 躲开 离开 打开 放开 拦住 站住
盖上 关上 拿去 过去 送来 对吗 走吧 书呢 谁的 粮食 部分
瞧见 面积 动弹 尾巴 骆驼 聪明 麻烦 嘴巴 胳膊 灯笼 功夫
哆嗦 庄稼 芝麻 蘑菇 干粮 窝棚 唾沫 斗篷

7. 朗读下列绕口令，注意轻声的发音。

屋子里有箱子

屋子里有箱子，
箱子里有匣子，
匣子里有盒子，
盒子里有镯子；
镯子外面有盒子，
盒子外面有匣子，
匣子外面有箱子，
箱子外面有屋子。
“子”轻声

天上日头

天上日头，
地上石头，
桌上纸头，
手掌指头，
嘴里舌头，
树上枝头，
集上市头。
轻声

老姥姥

老姥姥问姥姥，
姥姥老问老姥姥。
麻妈妈问妈妈，
妈妈老问麻妈妈。
轻声

二、上声的变调

普通话上声字除单念或在词尾、句尾时声调不变外，其他情况都要发生变化。可以说上声字声调的变化最大、最多，它在与其他音节结合时，不是丢掉下降的部分，就是失掉上升的部分。

（一）上声变调基本规律

1. 上声在非上声字前面变为半上，即由 214 变为 211。

如：

(1) 阴平前

首都　普通　始终　许多　奖杯　马车

旅居　铁丝　雨衣　海军　好多　浅滩

(2) 阳平前

祖国　语言　主持　改革　讲台　坦白

简洁　酒席　取材　口型　演员　彩虹

(3) 去声前

广大　晚饭　感谢　守候　典范　稿件

讨论　主见　美术　妥善　买卖　美丽

(4) 轻声前

脑袋　尾巴　比方　马虎　伙计　姐姐

老婆　板子　耳朵　老爷　躲着　眼睛

2. 上上相连时，第一个上声，变成近似阳平，即由 214 变成 35。

如：

(1) 两个上声字相连

野草　水果　友好　演讲　首长　彼此　勇敢　反省　小姐

许久　水桶　洗澡　冷水　橄榄　简短　奖赏　旅美　铁网

(2) 三个上声字相连，有的，前两个上声，变成近似阳平，有的，第一个上声也可以变成半上。这要依据词语的搭配和习惯读法而定。

如：

展览馆　洗脸水　讲演稿　冷水澡　勇敢者

橄榄果　古典舞　纸老虎　小组长　姐姐好

（二）其他声调连续变调

除上声之外，例如阴阳相连、去去相连等词语，虽然第一个音节的声调也有些许变化，但是它们和原声调的调形以及趋势、走向是完全一致的，只是在音高或音长上发生了一点点变化。因此，可以忽略不计。比如阴阴相连时，播音、参加、非洲、磋商等，声调要读作44、55，第一个音节的音高略低点。去去相连时，大厦、破例、宴会、创办等，声调要读成53、51，第一个音节由全降变成半降，虽然降的程度不同，但都是降，趋势没有变。为了简化普通话的学习，为了不给学习普通话造成太多的困难，这些小的、细微的变化，可以不计较。

三、“一”“不”的变调

（一）“一”的变调

“一”的原声调是阳平55，除了上声字之外，“一”的变调也可以说是最多的。除了单念、序数词或在词语句子末尾时念本调，其他情况都要发生声调变化。

“一”的读法有四种：

1. 读原声调：阴平。

如：一　第一　三七二十一　万一　统一　“八一”　一楼（第一层）

一班（第一班）　说一不二　数一数二　一九九一（年）　“十一”

2. 在去声前读阳平。

如：一架　一样　一岁　一片　一旦　一切　一再

一触即发　一见如故　一去不回　一步登天

3. 在非去声前读去声。

如：一天　一根　一般　一头　一直　一早　一楼（全楼）

一班（全班）　一五一十　一往情深　一贫如洗　一丘之貉

一言为定　一知半解　一帆风顺

4. 夹在词语中间时，读轻声。

如：走一走　看一看　想一想　跳一跳

（二）“不”的变调

“不”的原声调是去声（51），它的变调和“一”基本相同。

"不"的读法有三种：

1. 在非本调前（即非去声前）、单念或在词语、句子末尾时，读原声调。

如：不多　不高　不成　不好　不朽　不可一世　不拘一格

不求甚解　不可磨灭　功不可没

2. 在去声前，读阳平。

如：不但　不利　不会　不去　不变　不至于　不速之客

不露马脚　不亦乐乎　不必客气　不屑一顾

3. 夹在词语中间时，读轻声。

如：了不起　吃不了　说不准　差不多　用不着　关不住

请不来　去不去　好不好

（三）"一""不"辩读

一心一意　一好一坏　一偏一正　一模一样　一丝一毫　一心一意

一朝一夕　一板一眼　一边一个　一惊一乍　一天一变　一明一暗

不闻不问　不好不坏　不去不行　不离不弃　不三不四　不偏不倚

不伦不类　不说不爽　不卑不亢　不管不顾　不紧不慢　不干不净

小幽默

言不二价

丁　乙

齐白石是享誉中外的画坛泰斗。

成名之后，他曾经贴出告示，公布画价："白石画虾，十两一只。"画虾一只，索价纹银十两，足证其技艺之精。

尽管价钱昂贵，登门求虾者仍然不少。一位富人见了画价，心中盘算了一番，于是，以白银35两向画家购画。他洋洋自得，以为必有赚头：已付纹银35两，总得画四只虾吧？次日，画家作品已成，富人展卷一瞧，画上只有三只虾！“不对呀，那多余的5两白银岂不白送了！”富人正待开言，仔细一看，发现还有半只虾隐身于水草之中，只见一截虾尾。

求画者只有哑然失笑。

课文

1. 诗

红高粱，你红透了辽阔的北方

绿意紫晴

簇拥在一起，似漫天的火烧云，
肆意地铺展，如翻滚的热浪。
你是黑土地点亮的一束束火炬，
你是青纱帐编织的红色梦想。

没有百花的芳香，
却能在你纤细的枝干前，
聆听到生命顽强拔节的脆响。
没有大树伸展的虬枝，
却能从你青葱的叶脉中，
感受到生生不息的力量。

当春雨唤醒沉睡的种子，
你正在为明天孕育着希望。
当秋风吹拂丰收的大地，

你黑红的脸庞露出一副憨厚的模样。
你挺直的腰身，透出一股北方汉子的倔强。
你啊，你是用汗水书写在大地上的火红火红的诗行！

红高粱啊，红高粱！
你见证了嫩江畔打响的抗战第一枪。
勇士们的热血，一直在你的体内流淌。
那漫山遍野的红高粱啊，
就像一个个紧攥的铁拳
聚起抗日的怒潮，挺起救国的脊梁。
你用丰盈的琼浆养育横扫千军的将士，
你用血肉之躯筑起天然的杀敌屏障，
你啊，你是民族气节熊熊燃起的火光！

酿一坛高粱红，香飘十里；
饮一碗高粱酒，热血贲张。
冲天的豪情将唢呐吹得震天响，
一曲《我的家在东北松花江上》，
唱出了一个民族不甘沦陷的悲壮。
你紧挽龙的臂膀，送勇士去前方，
你啊，你是镶在北方胸前的一枚永不褪色的徽章。

你的炽热，是田野不灭的圣火；
你的纯朴，是心底捧出的慈祥。
你的坚韧，是不屈精神的写照；
你的无私，滋养出一辈辈铁血儿郎。

走近红高粱，一股热烈的气息扑面而来。
亲近红高粱，就如同拥抱养育我们的爹娘。

那热腾腾的红米饭啊，
是永远也品不够的家乡味儿。
漂泊在外的游子，
在梦中，也会向你深情地眺望。
红高粱啊，红高粱！
你的怀里，揽入多少相拥的恋人。
你的梦里，融入多少耕耘者的畅想。
你的丰硕，圆了黑土地世代人的梦。
你的激情，散发出耀眼的光芒。

尽管你缺少江南水乡的婉约，
但你一棵棵，一行行，
如蔓延的星火燃烧在广袤的北方大地，
像一面面旗帜，迎风飘扬。
那醉人的火红啊！
就是黑土地诠释的地老天荒。
红高粱啊，红高粱！
你温暖着华夏的心扉，
你红透了辽阔的北方！

2. 文

冰岛中文

李春　杜青 / 摘

中国人是太多太多了，但在遥远的冰岛，却“人以稀为贵”。所以我的冰岛之行受到了热烈的欢迎。许多人想见我，当然不是见一个作家，而是见一个中国人。一对青年夫妇尤其要见我，因为他们竟然会讲中文。

把我请到家中，他们告诉我，五年前，他们得到一本学中文的小册子，还有一本《汉英词典》，就开始自学。到现在，已经学得不错，什么话都能说。可惜没见过中国人，只能自己对话。今天终于有了机会！讲中文之前，他们继续用英文告诉我，他们还取了中文名字，小伙子叫王老龙，姑娘叫张小凤。

他们互相看了看，王老龙先开口了："先生李，请你欢我们的迎！"

我睁大眼睛，半天没眨一下。——他说的是什么呀。正在这时，张小凤也开口了："我们真愿意见你到高兴，非非常。"

我还愣着，王老龙更来了精神："一个人的中国相当奇怪在冰岛，所有人的冰岛欢多多的迎对中国。"他们满意地微笑，我才来得及惋惜地想了一下：只凭一本薄薄的小册子，他们学偏了，学成了稀奇古怪的"冰岛中文"。

他们意犹未尽，非要和我做中文对话。我急忙用英语谦虚地说：虽然是中国人，可惜我讲的是方言。能不能由他们对话，我来听。想了一下，他们告诉我，来一段"爱情对话"，就绘声绘色地说开了。

"啊，王老龙。"

"呀，张小凤！"

"请你被我爱。"

"请你被我爱也。"

"你是一个甜心我的，非常。"

"你是更一个甜心我的，非非常。"

"天涯海角，那感情的我们万水千山。"

"天涯海角，万水千山。"

他们说得如醉如痴，我却听得稀里糊涂。这天涯海角的冰岛中文，真的把我抛进了万水千山。

分手的时候，他们依依不舍，真挚地用全新的"冰岛中文"向我告别。

王老龙说："先生李，我们高今天的兴太。"

张小凤说："你被我们发现了朋友，已经。"

他们还说："你不得不再来家我们。我们是朋友，每个别人。"

我走出他们的家门，一边招手，一边试着说："我不得不再来家你们。那感情的我们万水千山，非非常。"

他们满意地笑着，一面使劲握手。

思考与练习

1. 举例说明上声变调的基本规律。

2. 朗读小幽默和课文，并确定文中“一”“不”的正确读音。

3.《冰岛中文》中青年夫妇的话，你看明白了吗？请用标准的普通话将他们的语言重新表述一遍。

4. 确定下列词语中带着重号的音节的声调该怎样念。

美满　武装　写作　小说　鼓舞　感情　雨伞　首都　老练　语法　舞蹈
广场　引导　简短　反省　海浪　始终　老师　解说　简单　首先　检查
解决　隐瞒　脸盆　忍耐　武术　可怕　巧妙　访问　古代　土地　水田
举行　典范　考试　晚报　请假　火车　北京　友好　了解　古典　野草
打假　所以　影响　往往　品种　本领　理解　小组　美好　表演　管理
只好　所有　采取　手指　眼光　展开　紧张　主观　本身　保持　祖国
委员　准备　伟大　只要　改变　巩固　广泛　软件　采访　炒股　永远
我们　母亲　懂得　脑子　老实　嫂子　椅子　老爷　歌舞　操场　花草
黑板　男女　词典　历史　戏曲　下岗　巧手　水獭

5. “一”、“不”在什么情况下变调，在什么情况下不变调，举例说出基本规律。

6. 依据变调规律，确定下列词语中“一”“不”的声调，该如何念，并用实际调值标在“一”字或“不”字上。

一般　一边　一半　一并　一划　一带　一旦　一定　一道
一度　一概　一共　一律　一瞥　一瞬　一体　一向　一隅
一朝　一再　一行　万一　统一　初一　划一　归一　专一
一败涂地　一板一眼　一帆风顺　一知半解　一触即发　一蹴而就
一见钟情　一脉相承　一诺千金　一气呵成　一文不名　一枕黄粱
一拍即合　始终如一　以防万一　整齐划一　百里挑一　一朝一夕
一唱一和　一模一样　一时一刻　一丝一毫　一心一德　一五一十
不安　不必　不便　不才　不但　不当　不定　不乏　不端　不断

不凡　不妨　不符　不公　不苟　不顾　不惑　不禁　不仅　不堪
不愧　不仁　不爽　不韪　不详　不宜　不配　不辣
不辨菽麦　不相上下　不甘寂寞　不共戴天　不寒而栗　不见经传
不解之缘　不可理喻　不落窠臼　不平则鸣　不求甚解　不同凡响
不修边幅　不足为训　不言而喻　不足挂齿　不知不觉　不卑不亢
不郎不秀　不三不四　不闻不问　不骄不躁　不痛不痒　不见不散
不伦不类　不即不离　不干不净　不偏不倚　不屑一顾　不拘一格
不赞一词　不名一文　不可一世　不经一事　不长一智　不置一词
一尘不染　一成不变　一蹶不振　一毛不拔　一窍不通　一丝不苟
一着不慎　一文不名　一言不发　一不做二不休　说一不二　一去不返

7. 朗读下列文字，留意字音的变调。

一个老僧一本经

一个老僧一本经，
一句一行念得清，
不是老僧爱念经，
不会念经当不了僧。

“一”“不”变调

不怕不会

不怕不会，就怕不学。
一回学不会再来一回，
一直到学会，
我就不信学不会。

“一”“不”变调

赶集

一二三，三二一，
一二三四五六七，
七六五四三二一。
一个姑娘来摘李，
一个小伙儿来摘梨，
一个小孩儿来摘栗。
三个人一齐出大力，
收完李子、栗子、梨，
一起拉到市上去赶集。

“一”变调

为四化共同迈大步

有一个小伙子，手拿着一束鲜花，
在一个公园门口，等待一位好姑娘。
这位好姑娘，骑着一辆自行车，
从一个拐角出来，
一直骑到公园门口。
俩人一见如故，
并肩携手一同走进大门口。
他们一边走，一边把情话倾诉。

一个说：我一定努力学习天天进步。
一个说：我一定好好工作决不落后。
俩人越谈越热乎……
一同表示要在攻关小组立新功，
为建设四化共同迈大步！

"一"变调

人心齐，泰山移

这地区连年都缺雨，
农业生产上不去。
是坐等老天送雨来，
还是造库修渠赶上去？
人心齐，泰山移。
立下愚公移山志，
男女老少齐出力，
造了争气库，
挖了争气渠，
支渠接干渠，毛渠接斗渠，
清水哗哗到田里。
管你下雨不下雨，
要与老天争高低。

变调

辛厂长和申场长

辛厂长，申场长，
同乡不同行。
辛厂长声声讲生产，
申场长常常闹思想。
辛厂长一心只想革新厂，
申场长满口只讲加薪饷。

变调

望夜空，满天星

望夜空，满天星，光闪闪，亮晶晶。

好像那，小银灯，大大小小、密密麻麻、闪闪烁烁，数也数不清。

仔细看，看分明，原来那群星分了星座还起了名。

按亮度，分了等，一等、二等、三等、四等、五等，六等一共分六等。

谁最亮，是一等，谁最暗，是六等。

一等到六等，总共不过六千九百多颗是恒星。

更有那无数无名点点繁星看也看不清，要想看清它，请你借助现代化的天文望远镜。

变调

发音要领口诀

学好声韵辨四声，阴阳上去要分明。
部位方法须找准，开齐合撮属口形。
双唇班报劈百波，舌尖当地泥楼逗；

舌根高狗可耕湖，舌面精坚七减息。
翘舌主争池日时，平舌资次早在私；
擦音发翻飞分复，送气查柴产彻称。
合口呼午枯胡古，开口河坡歌安争；
撮口虚学寻徐剧，齐齿衣优摇业英。
前鼻恩因烟弯稳，后鼻昂迎中拥生。
咬紧字头归字尾，阴阳上去记变声。
循序渐进坚持练，不难达到纯和清。

第三节　语音的修订

语音的修订应遵循以下几个基本原则。

一、以北京音为标准音

普通话的定义，首先就是“以北京语音为标准音”，所以，首先遵循的最重要的原则，就是以北京音为标准，不可以混杂着方言语音成分和色彩。

二、约定俗成原则

“约定俗成”的原则，是服务于大众的原则。语音是有历史渊源，有历史传承的。祖祖辈辈，几代人，甚至几百年、几千年都是这样念的，这样传承下来的，已经约定俗成了。就是因为已经约定俗成，所以人们不仅易读还易懂，因此不应该轻易改动。

三、慎之又慎原则

语音的修订一定要建立在广泛的调查、深入的研究、严格的论证的基础之上，因为它牵扯的面太广太大了，所以，一定要慎之又慎，可改可不改的尽量不要改。

仅举三个常用词为例：

1. 呆板

《现代汉语词典》第 7 版这样注释 [呆板]：dāibǎn（旧读 ái（癌）bǎn）。

其实，这个词的修订过程是原来读 dāibǎn（呆板），后修订读 áibǎn，（癌板）好不容易读习惯了，又修订回读 dāibǎn（呆板）。

2. 果实累累与罪行累累

《现代汉语词典》中：[累累] 接连成串的样子：果实累累 léiléi（雷雷）。

《现代汉语词典》中：[累累] 形容累计得多：罪行累累 lěilěi（磊磊）。

“累累”乃“多多、累积”之意。同样是形容“多”，为什么“果实累累（雷雷）”与“罪行累累（磊磊）”的读音却截然不同呢？这不能不令人困惑不解。

3. 心宽体胖

“心宽体胖”的“胖”字，人们一直都读“心宽体胖 pàng（胖）”。现在修订读“心宽体胖 pán（盘）”。

这一修订让国人有点儿晕，不知道为什么要修订成读“pán（盘）”？ 也不太懂“pán（盘）”为何意？

《现代汉语词典》第 7 版是这样注释的 [胖 pán]，安泰舒适：心广体胖。

再看看“安泰”、“舒适”《现代汉语词典》中又是如何注释的：

[安泰]：平安；安宁：阖家安泰。

[舒适]：舒服安逸：环境舒适；舒适的生活。

由此看来，用“安泰舒适”即“平安、安宁、舒服安逸、环境舒适”来诠释“胖”字，显然有些词不达意，牵强附会，起码不够贴切，值得商榷。

其实，像“果实累累”、“心宽体胖”、“呆板”这样的词汇，原来的读音既形象易懂，又准确无误，且早已约定俗成，又何必修订，成为孤例呢？反复修订的后果只会给人们造成不必要的困扰和混乱。

为了保持读音的稳定性、持久性、延续性，对语音的修订应尽量做到慎之又慎。

小幽默

价 值

小鸡问母鸡：可否不用下蛋，带我出去玩啊？母鸡道：不行，我要工作！小鸡说：可你已经下了这么多蛋了！母鸡意味深长地对小鸡说：一天一个蛋，菜刀靠边站，一月不生蛋，高压锅里见。

课 文

1. 诗

家

小时候，
家就是妈，妈就是家。
没有妈，哪有家？
说是要回家，其实是找妈。
妈妈您在哪儿？在哪儿都是家。
妈妈不在哪儿，哪儿就不是家。

长大后，
还是觉得，妈就是家，家就是妈。
不是妈，哪来的家？
闲来说想家，其实是想妈。
进了家，先喊妈。
喊不应，去找妈。
见着妈，算到家。

哎…… 为什么？
人到最难处，总是想回家？
人到最苦时，总是先想妈？
人到最无奈，总是先喊妈……

一辈子了，忆忆想想，
哪里是世界上最美好的家？
让我大声说：
妈妈！只有您那温暖的怀抱，
才是我一生中最感安全幸福的家！

2. 文　　像对待领导一样对待父亲

前些天，工作出了些差错，搅得我心神不安。那天晚饭后，父亲打来了电话，说："赶明儿我去给你们送冬白菜，自家种的，你们不用买了，省点儿钱……"

听了父亲的话，心情烦乱的我口气有点生硬地说："这大冷天的，你折腾啥？两蛇皮袋白菜能值几个钱呀？"正在刷碗的妻子一听情况不妙，赶紧跑来，抢过电话，一边应承着一边谢着父亲。

挂断电话，妻子嗔怪着，说："父亲给我们送白菜也是一片好心啊，你怎么那么说话呀？看看你对待领导那劲头儿，你什么时候能拿出一半来对待父亲呀？"

想想也是，咱对待领导向来是谨小慎微，毕恭毕敬，而对待父亲呢？很多时候似跟"恭"与"敬"还相去甚远，而父亲大概早已习惯了，也从来不跟我计较。别看妻子整天说话没个准儿，这句话还真说到我心坎儿上了。思前想后，实在有些惭愧。以往的就过去了，这次父亲来送白菜，一定要好好对待。

第二天，父亲冒着严寒来了，我赶紧泡上一杯热茶，双手捧到父亲面前。父亲先是愣了，随后赶紧站起来，双手接了过去。他将茶水喝进一半时，我刚端起来要添水，父亲赶紧使劲握住我的手，说啥也不让我代劳了。

父亲有烟瘾，交谈中他曾两次不由自主地掏口袋，可是香烟还没拿出来，又若无其事地把手抽了出来。我知道，他是怕我说他，当我再次察觉他的举动时，我边从茶几下摸出打火机，边告诉他，想抽就抽一支吧。父亲歉意地笑着，目光中满是犹豫，直到我手里的打火机"啪"一声跳出了火苗，他才掏出烟来。我为他点烟时，他夹烟的手指有些颤抖。

午饭后，父亲要返回去了。他想乘公交车再转长途汽车，我决定叫辆出租车送他到长途汽车站。出租车停在父亲身边，我一步上前帮他打开车门，父亲要上车时，我用右手护住车门的上沿，怕父亲碰了头。父亲看到我这一举动，笑容顿时凝固了，用一种诧异又很感动的眼神看了看我，才坐进了车里……

下午四点多，母亲打来了电话，说父亲平安到家了。母亲还说，父亲回到家里很高兴，变得跟小孩子一样，把我给他倒茶、点烟、开车门的事儿，不厌其烦地讲了好几遍……听着母亲的述说，我突然眼角酸酸的、涩涩的，百感交集！

倒茶、点烟、为领导开车门……平日里，我在领导面前不知重复过多少次，而在父亲面前，仅仅做了一次，父亲便记住了、满足了，觉得自己幸福了！想到这些，我心里如猫抓一般难过……

思考与练习

1. 你对语音的修订有什么看法和建议？

2. 朗读下列易错读词组：

恬（甜）静	包庇（必）	酗（序）酒	造诣（意）	粗犷（广）
木屑（泻）	绚（炫）丽	谄（产）媚	棘（集）手	机械（谢）
砧（真）板	谒（叶）见	舐（是）犊	拯（整）救	箴（真）言
哺（捕）育	恪（克）守	修葺（气）	阐（产）述	瑰（归）宝
同胞（包）	赏赐（次）	贮（注）存	纨绔（完库）	迁徙（喜）
澎湃（派）	簇（醋）拥	麻痹（必）	玷（店）污	堤（低）岸
罹（离）难	濒（宾）临	逮捕（带补）	狙（局）击	憧（冲）憬
糟粕（遭破）	掮（钱）客	干涸（河）	畸（机）形	咆哮（袍笑）
手帕（怕）	蓦（末）然	脍炙（快至）	抚恤（序）	褴褛（兰旅）
龋（曲）齿	桎梏（智固）	回溯（速）	鞭挞（踏）	塑（速）料
瞠（称）目	媲（辟）美	讣（负）告	刚愎（闭）	斡（沃）旋
联袂（妹）	赈（镇）灾	汲（集）取	浸（进）透	窠臼（科旧）
潸（山）然	妊娠（任深）	惴惴（坠坠）	针砭（匾）	汩汩（谷谷）
淙淙（从从）	涓涓（捐捐）	膏肓（荒）	取缔（地）	莅（立）临
恐吓（贺）	倥偬（空总）	博鳌（熬）	踱（夺）步	侗（洞）族
即（集）使	友谊（意）	教室（市）		

第 8 章　吐字发声

第一节　发声原理

发声原理

人认识自身远比认识客观世界显得艰难。比如对人自身吐字发声的认识，至今仍有些是未解之谜。但无论怎样，人的发声原理还是符合声学的基本原理。

声音是声带振动，通过空气的传导产生的声波为人们所感知，从而成为人们表情达意的生理和心理活动的物质外壳。语音的主要发音体按声学原理确认：声带是振源，肺和气管呼出的气息是发音的动力，共鸣腔为口腔，鼻腔、咽腔、头腔、胸腔。

气息冲击声带产生振动发出基音。基音通过气体的带动以及人体自身的传导，传至口腔、鼻腔等共鸣腔发生共振产生共鸣，使声音进一步扩大。同时通过口腔的开合及唇舌的动作产生不同的音色——语音，最后形成音流，携带语义信息的音流在这个社会群体约定俗成的语言规则（语音、词汇、语法等）组织下构成了言语活动成果，这便是语言。

在整个吐字发声过程中，气息动力的大小、轻重变化又是受大脑思想情感这个原动力的支配。比如当你喊一个人的名字的时候，你会视距离的远近与高低来调动或调整你气息的强度与力度。近，则省劲，力度小；远，则使劲，力度大。当你欢欣喜悦的时候或伤心悲愤的时候，气息也会随着你情感的不同而发生不同的变化，形成不同的力量和不同的运动方式，使声带产生不同的振动。欢欣喜悦时，气息会显得松弛而轻盈，出来的声音也显得响亮明快。伤心悲愤时，气息会显得滞重而深沉，出来的声音也会显得低沉暗淡。

在艺术语言中讲究"吸气一大片，用气一条线"，就是要会巧妙地用气，用最少的气息，发出最大、最响、最好听的声音。

声带的振动，在高倍显微镜下可以观察到它由于情感和气息冲击力的不同而产生横向与纵向的多层面的，也可以说是复杂的立体形态的振动。声带的长短、宽窄、厚薄、闭合的好坏以及声带肌肉的弹性等都直接影响着一个人声音的好坏，决定着一个人声音的音质。

声带就好像是人体这个乐器上的琴弦，声带宽且长，出来的声音就较低且较宽厚；声带细且短，出来的声音就会高且尖细。可以说，声音是否圆润悦耳、明亮好听，声带起着关键性的作用。而声带又是与生俱来的东西，到目前为止，它还是不可更换的器官，所以说，声音的好坏，先天生理条件起着决定性的作用。那些企图通过声音的训练，彻底改变自己声音的想法可以说是不现实的。世界上还没有哪一位大师能把沙嘶劈哑的声音训练成圆润明亮的声音，因此艺术院校对将要从事语言或声乐工作的人们进行必要的筛选，然后才能进入专业训练也就是情理之中的事了。

口腔是语音的制造厂。声带发出的基音传至口腔、鼻腔等，经过共鸣使声音得到了扩大。在这个过程中口腔以及鼻腔、咽腔、胸腔、头腔等器官发挥了共鸣腔的作用。除此之外，在语音的形成过程中，口腔还起到了一个语音加工厂的作用。由于口腔的开合，舌位的上下前后移动以及唇形的圆展撮等变化，制造出各色语音，从而使人们的思想情感转化成了语言现实，最终使人们得以传情达意，进行交流。在这个语言制作过程中，口腔，特别是唇舌的动作是语音正确与否的关键。

第二节　正确的吐字发声方法

一、出字、立字、归音的技巧

汉语语言艺术在吐字上历来讲究出字、立字、归音。何谓出字、立字、归音？出字在头，立字在腹，归音在尾。头即声母和介音（韵头）；腹为韵腹；尾，韵尾也。出字，即发好声母和介音。立字，就是发好韵腹。韵腹是音节的主体，韵腹发好了，字也就自然立住了，故而叫“立字”。归音就是归好韵尾。韵尾归好了，字才算发完全了。

一个字音发得准确不准确，往往表现在字头或字尾上，即声母和韵尾上。比如 z、c、s 与 zh、ch、sh 不分，n 与 l 不分等，就属于出字不对；韵尾 n 与 ng 不分，或 o、u 等没有圆唇都属于归音不好。因此掌握好出字和归音是字音正确与否的重要环节。同时，掌握好出字、立字、归音的技巧还可以使字音圆润饱满、悦耳好听。那么如何做好出字、立字、归音呢？可参照以下基本原则：

1. 出字有力

一字之头包括声母和介音（韵头）。介音归入字头是因为它和声母结合得比较紧密，而且声母受介音的影响，唇形和口形也会随之发生变化。比如“jiē”（街）、“juē”（撅）两个音节中的“j”的唇形趋向就不一样。“jiē”中的“j”的唇形趋向展唇，而“juē”中的“j”的唇形就趋向撮唇。因此把介音归入字头是符合发音实际的。

出字，要用力在声母，定型在介音。

出字时，声母成阻部位要准确，除阻要有力，口型要定在韵母的“开、齐、合、撮”上。声母是字头的主力，是音节的排头兵。在整个音节中，只有它的气流最强，用力最大。如果把一个音节看作是一列火车的话，那么字头就是这列火车的车头。只有字头有足够的牵引力才能把字腹、字尾带动、带响。也只有出字有力，字音才能真切。但是这并不等于说用力越大越好，还要用得巧。若用力过大过死，字音就会显得笨而拙。可以说，字音对不对，先看字头发得对不对。

2. 立字饱满

立字在韵腹，饱满又响亮。

前面讲过，一个汉语音节可以没有声母、韵头和韵尾，但是绝对不可以缺少韵腹和声调。可见韵腹是多么的重要。字腹即韵腹，它是由元音构成的。它在整个音节中发音最响，音程最长，乐音最丰满，所以只要把字腹这个音节主体发饱满，发响亮，整个音节就算立起来了。也只有把字腹发得响亮饱满，才会达到字正音圆、悦耳好听的效果。

3. 归音完整

韵尾便是字尾。刚才说过，一个字音是否准确、清晰，关键在音节的一头一尾上。字尾归音不完整，音节界限便不清楚，字音也就不会清晰。

首先，归音要完整，交代要清楚。

汉语与俄语、英语等语言不同，除儿化韵是两个汉字一个读音之外，再没有一个音节的一头和前一个音节的一尾相连读的情况，所以要求每个音节归音必须完整。只有归音完整，音节界限才能清楚分明，才不会出现“吃字”或“囫囵吞枣”的毛病。例如“bāotóu”（包头）两个音节，两个字的归音都要有个圆唇动作，否则便不能算是归音完整。

其次，字尾要收得恰当，做到既轻又准。

例如“jiang”（江）中的鼻韵尾“ng”，它本身就是一个比较响的辅音。当归到这个舌根鼻韵尾时，只要舌根抬起即可，千万不可过长过重，否则便会喧宾夺主，出现含混不清的“音包字”现象，声音也会浑浊不明亮。

汉语语音出字归音的全过程也可以用《乐府传声》中的一段话来进行描述。《乐府传声》中说：“欲改其声，先改其形”，必须“总在将此字识真念准，审其字声从口中何处着力，则知此字必如何念法方确”。“唱词不清，此交代不明也。何为交代，一字之音必有首腹尾，必首腹尾已尽，然后再出下一字，则字字清楚。如一字未尽，或已尽而未收足，或收足而交界处未能划断，或划断而下字之头未能矫正，皆为交代不清。”“必尾音尽而起下一字，而下一字之头尤须用力，才能字字清楚。”

二、科学自然的发声方法

1. 用嘴说话喉轻松

有人说话多了，感到嗓子累，甚至会嘶哑。这主要是由于发声位置不对和不会用气息支撑造成的。

在发声原理一节中讲过，口腔是共鸣器也是语音的制造厂。一切语音都是在口腔内形成的，因此声音的响点应当在口腔中，而不应该在喉部，也就是说应当用嘴说话而不应该用喉说话。你可以用手摸着你的喉部，感觉一下有没有较明显的振动，如果振动得比较厉害，说明你的喉较为用力，嗓子就容易疲劳。

另外，用嘴说话，要尽量用嘴的前声腔说话，而不要习惯性地把声音往后拉，否则，会压迫喉头，声音也会缺少亮度和响度。为什么要这样做呢？这和我们的语音有关。汉语普通话21个声母，39个韵母，除了g、k、h、ng之外，其他音素的发音位置基本都在前声腔。即使是g、k、h也要遵循后音前发的基本原则，往前发。同时在吐字发声的过程中，也不难发现，通过对汉语语音的分析不难发现，舌的前半部分的动作最多，也最积极活跃，所以在说话发声时要尽量在前声腔。发声靠后，舌根就容易发硬，喉头就容易发紧，嗓子就容易疲劳或出现喉音过重的毛病。

另外，还要注意的一个问题是，每个字音都要尽力用气息把字音推出去，往前送出口腔，而不要往后拉，闷在嘴中，更不能噎在喉里。否则，声音不但不明亮悦耳，字音还会含混不清，缺少清晰度。所以，吐字一定用嘴，不用喉。

同时发声，不要忘记要有气息的支撑。气息是语言的物理动力，说话的时候除了口齿要干脆利落、清晰准确外，还要有一定的气息支撑。说话的时候，尤其是在大声、高声说话或喊叫的时候应当用上一点丹田气。

“丹田气”就是在发声前或发声过程中，小腹收缩，两胁打开，使气息最大限量地蓄积在体内。在发声的时候，两胁和小腹要有控制，不要让气息像泄了气的皮球似的一下子都跑光。这样，声音就有了比较有力的气息支持，声音也就不容易劈，嗓子也不容易哑了。

2. 用心表达气随情

戏曲理论家徐大椿说：“唱曲之法，不但声之宜讲，而得曲之情为尤重……使词虽工妙，而唱者不得其情，则邪正不分，悲喜无别，即声音绝妙而与曲词相背不但不能动人，反令听者索然无味矣。”这话说得很有道理。

“言为心声”，无论任何语言都是心灵的外化，都是思想情感的直接现实。说自己的心里话，无需人教，大抵都能说得恰到好处，准确无误。但要说好别人的话，就有点勉为其难，不知所措了。原因何在呢？因为那不是自己的心里话。要想把别人的话说得像自己的心里话似的，唯一的办法，就是要把别人的话转变成像自己的心里话似的，那就是要用心去说别人的话。只有用心去理解别人的话，用情去感受别人的话，才有可能真实可信地说好别人的话。

用心去理解，才能明白话说的是什么意思；用情去感受，才能知道话的情感该怎样去表达。但是有的人不是这样，不是先理解感受，而是机械地去念字、去发声。字，力求调值准确；气，尽力用胸腹联合呼吸，可谓是一板一眼、字正腔圆，他认为这才叫艺术语言。至于“情”嘛？可以做作一下，贴上去。岂不知，艺术语言的真谛是在于“以情感人”，只有“情”才是语言的原动力。

有了“情”，“情”就自然能生“气”，因为“气”是随“情”而动的。比如“喜”时，气就洋洋，所以叫“喜气洋洋”；“怒”，则气冲冲，叫“怒气冲冲”。还有“心平气和”“平心静气”“唉声叹气”“气急败坏”“死气沉沉”“气息奄奄”等，这些老祖宗为我们总结出来的经典词语，都说明了“情”能生“气”，“气随情动”的真实道理。所以，切不可忘记，有其“情”必有其“气”的科学真理，一定是先有“情”，后有“气”，绝不可本末倒置，先找气，后补情。

3. 声情并茂是佳境

语言是人的思想情感的直接现实，用语言传情达意进行思想情感的沟通与交流是语言的终极目的，所以，“每字出口先有情，气随情和音势行”，情应是第一位的。然后再以情带声，以声传情，做到声情并茂，才是语言艺术的最佳境界。比如朗诵《雪花》这首诗。

雪　花

像柳絮，像飞蝶，
情绵绵，意切切，
我爱这人间最美的花朵，
白雪飘飘，飘飘白雪。

看她那晶莹的花瓣，
铺满了天边的原野。
看她那轻盈的舞姿，
催开了红梅的笑靥。
啊，白雪飘飘，飘飘白雪，
她赠给大地一片皎洁，
她撒向人间多少欢悦。

是她用纯真的爱情，
滋润着生命的绿叶。
是她把热烈的追求，
献给那美好的季节。
啊，白雪飘飘，飘飘白雪，
她带给人间多少向往，
她纵情欢呼新的岁月。

这首诗抒发的是作者对大自然的热爱之情，表达的是对雪花的赞美之意。

语言优美、洒脱、飘逸。特别是描绘雪花形态的诗句，朗诵的时候，字音不能咬得过实，过死。整篇诗歌吐字应该是轻巧柔美的。气息应该是舒缓虚实结合的，情感应该是热烈由衷的。只有这样才能表现出那美丽的冰凌花飘飘荡荡，漫天飞舞的壮丽景观和“我”对大自然的热恋之情。

春天的后面不是秋

郭小川

朋友，春天的后面不是秋，
何必为年龄发愁，
只要在秋霜里结好你的果子，
又何必在春花面前害羞？
有时候我也着急，
那是因为工作得不顺利，
有时候我也发愁，
那是因为我的祖国还很落后。
我曾踏遍人生的领土，
最后才知道，
人民的事业与世长久，
谁的生命与它结合，
白发就上不了他的头。
我不再有什么别的希望，
只希望人民不再受苦难；
我不再有什么别的要求，
我的要求就在大家的要求里头。
啊，朋友，
春天的后面不是秋，
何必为年龄发愁！

这首诗表现的是作者对生活的理解，对理想的追求，字里行间充满了朋友间的安慰与鼓励，并在情感的交流中讲述着哲理。朗诵这首诗的时候，一字一句都要亲切中肯，富于生活的气息，吐字发声朴实自然，少修饰多口语，情感的交流要坦率而真诚。只有这样才能如朋友间推心置腹，语言才能平实而又不失艺术的魅力。

可是当朗诵岳飞的《满江红》时，吐字发声就不能如此轻松了。比如后半阕中的几句：

怒发冲冠，凭栏处、潇潇雨歇。
抬望眼，仰天长啸，壮怀激烈。
三十功名尘与土，八千里路云和月。
莫等闲，白了少年头，空悲切。
靖康耻，犹未雪；臣子恨，何时灭。
驾长车，踏破贺兰山缺。
壮志饥餐胡虏肉，笑谈渴饮匈奴血。
待从头、收拾旧山河，朝天阙。

在朗诵的时候，吐字要字字千斤，铿锵有力，掷地有声。气息要饱满，富有力度，情感要深沉激烈。句与句之间犹如气贯长虹，一气呵成。不如此便不足以表达出岳飞那不雪国耻绝不罢休的爱国之情和“待从头，收拾旧山河”的宏图大志。

通过以上三首诗不同的艺术处理可以看出，吐字发声无论从形态上还是从色彩上都不应该是一成不变的，它是要随着语言的意思和情感的变化而变化的。如果千字一腔，千篇一律，像吐字机上的流水线，标准化生产，语言便没有了变化。没有了变化便没有了色彩，没有了色彩也就没有了感染力。

最后借用一个口诀来描述吐字发声的基本过程：

每字出口要有情，气随情和音势行。
字头阻气定形准，猛力除阻才发声。
字腹音色要纯净，声音响亮又集中。
字尾归音要圆满，字音结束气方松。
音素过渡要连贯，声调准确语义明。

小幽默

《我不是肺炎》

昨天去买酒精，结账的时候老板问我是不是肺炎？我说不是！她说记得我是肺炎，我强调说我不是肺炎。他说报手机号就知道我是肺炎，是肺炎能打折，还能积分。

我说：请说好你的普通话，尤其在这个时候……是“会员”！

课文

1. 诗

中华颂

何广宇　刘文文

有人问：哪里是你的家？
我回答：向东方走，
有个美丽的地方叫中华。
那是一方灵秀的土地；
盘古开天留下了久远的神话。
黄河水在那里孕育了黄皮肤的儿女，
时代巨人缔造出社会主义国家。

四大发明有我中华，
四大发明始于华夏。
星汉灿烂，
筑起了多少璀璨的灯塔，
紫气东来，
点染出江山如画。

翘首强汉，
你能听到金戈铁马。
回眸盛唐，
你会看到威仪天下。
可强汉盛唐，只是先辈的潇洒。
青春中国，
才是真正的风流年华。
是啊！
改革开放，一次大手笔的抒发。
宏大的谜面，
要用宏大的篇幅才能解答。

春天的故事，
唱响了一个辉煌的时代。
港澳回归，
把屈辱的历史洗刷。
百年奥运，
是中国精神的升华。
嘹亮的国歌，
仿佛还回响在北京的盛夏。
神七飞天，
又留下了一段动人的佳话。
太空里的一面红旗，
映红了地球上的万朵云霞。

也许，
那之前你还看到了一场大灾难。
但大难之中，你才会真正了解我的中华。
就是那一刻，
全天下的龙族儿女成为一家。

亿万人的牵手，
创造了一个感天动地的神话。
这就是我的中华，
五千年的史诗随你妙笔生花。
这就是我的中华，
新时代的画卷任你挥洒勾画。
其实，复兴的谜底不难解答，
和谐社会，
一定能让中华民族繁荣强大。

我的中华，
你是世界民族之林中的喜马拉雅。
我的中华，
你是炎黄子孙心底里永远的牵挂。
薪尽火传，
不用问我们忠诚是什么？
一声召唤，
龙族血脉都将会排列在你的旗帜下。

有人问：哪里是你的家？
我回答：向东方走，
有个美丽的地方叫中华。
请记住，中华是我的家，
中华是我们的家，
中华是我们的家！

2. 文　　天使的名字叫妈妈

佚　名

有一个婴儿即将出生。一天，这个小孩问上帝："他们告诉我，明天你将要把我送到地球，不过我在那儿那么弱小和无助，谁会保护我呢？"

上帝回答道："在你身边有很多天使，我会给你找一个。她会等着你降临，保护你。""还有"，小孩又发问了："如果我不懂他们说的语言，当人们对我说话的时候，我怎样才会理解呢？"

"这很简单"，上帝说："你的天使将会教会你语言中最美丽和最甜蜜的词语，带着最大的耐心和关怀，你的天使将会教会你怎样说话。"

小孩说："我听说地球上有坏人，谁将会保护我呢？"

上帝把手放在小孩身上，说："你的天使将会保护你，甚至会冒生命的危险！"

小孩有点急促，问："上帝啊，如果我现在将要离开，请告诉我，我的天使的名字！"

上帝回答说："你的天使的名字并不那么重要，你可以简单地叫她'妈妈'"。

思考与练习

1. 在出字立字归音方面应注意些什么？
2. 在情声气方面，哪一方面是最重要的？
3. 朗诵下列诗歌体会情声气的结合关系，并把你的感受和体会写出来。

美

美，多么令人陶醉，
美，印在人们的心内。
有人说我像洁白的浪花，
有人说我像含香的玫瑰。
我确实长得很美，
有人把我变成时髦的装束，
有人把我变成攻关的汗水。

长江之歌

胡宏伟

你从雪山走来，春潮是你的风采；
你向东海奔去，惊涛是你的气概。
你用甘甜的乳汁，哺育各族儿女；
你用健美的臂膀，挽起高山大海。
我们赞美长江，你是无穷的源泉；
我们依恋长江，你有母亲的情怀。
你从远古走来，巨浪荡涤着尘埃；
你向未来奔去，涛声回荡在天外。
你用纯洁的清流，灌溉花的国土；
你用磅礴的力量，推动新的时代。
我们赞美长江，你是无穷的源泉；
我们依恋长江，你有母亲的情怀。

奔腾吧，黄河……

易仁寰

你是伟岸的雄性——黄河！
惊涛裂岸，气势磅礴。

多少壮士饮马，
多少豪杰逐波，
一切逆子外寇，
都被埋葬于急流漩涡。
你的每一座浪峰，都是高耸的城垛。

你的河床涌动着激昂的旋律，
涌动着排山倒海的求索。
百折不回的走向，澎湃着爱的呼唤，
心的呐喊，力的聚合……

黄河，你赋予中华民族金黄的
肤色——
那是成熟的颜色，
收获的颜色，
土地的颜色。
我们珍重这肤色，
用它绘就谷穗、齿轮、星座
和龙的传说……

奔腾吧，黄河！
九曲之弯的黄河——
奔腾，才是你的生命，
曲折，磨炼你的性格，
曲折也是一种美，
一种运动和劳作。
弯曲的黄河是一张巨弓，
正射出无坚不摧的拼搏。

你能容纳百川，
所以聚成大河。
你若背弃土地，
势必酿成洪祸。
你与长江、珠江结伴远行，
你与延河、大渡河同一脉络。
你不拒绝亚马逊河、尼罗河、
密西西比河的友好来访，
你还记得伏尔加河，
那逝去的融融清波……

黄河大合唱，
我们民族永恒的战歌。
谁若玷污黄河，
谁若肢解黄河，
那么，五千四百公里长啸
就会把一切噪音淹没。

呵，黄河！
你魅力四射，
光芒四射，
绿色的淡妆，
已嵌上明珠颗颗。
在你秀丽的肩窝，
栖着宁静的和平鸽。

呵，黄河！
你巨浪拍天，
征帆不落，
载涛声八万里，
携昆仑十亿座，
一路浩歌，一路凯歌，
从高原俯冲，
汇入大海的壮阔……

4. 练习下列绕口令，体会气息的运用。

一树枣儿

出东门，过大桥，大桥底下一树枣。
拿着竿子去打枣儿，青的多，红的少。
一个枣，两个枣，三个枣，四个枣，
五个枣，六个枣，七个枣，八个枣，
九个枣，十个枣，九个枣，八个枣，
七个枣，六个枣，五个枣，四个枣，
三个枣，两个枣，一个枣。

这是一个绕口令，一口气说完才算好。

数　旗

广场上，飘红旗，看你能数多少旗？
一面旗，两面旗，三面旗，四面旗，
五面旗，六面旗，七面旗，八面旗，
九面旗，十面旗……

大嘴姑娘

有个大嘴姑娘，为了让自己的嘴显得小一点儿，说话时总找带“u”韵母的字说。

A：您贵姓啊？

B：我姓顾。

A：你叫什么名字啊？

B：我叫顾素。

A：你多大了？

B：我二十五。

A：你在哪儿工作啊？

B：在俱乐部。

A：你在俱乐部负责什么活动啊？

B：管跳舞。

A：你会什么乐器啊？

B：会打鼓。

A：还会什么乐器啊？

B：拉二胡。

A：你会拉什么曲子啊？

B：《天鹅湖》。

A：还会什么曲子？

B：《乡间小路》。

A：刚才你去哪儿了？

B：杂货铺。

A：买的什么啊？

B：一瓶醋。

A：你的书包怎么湿了？

B：哎呀！不好啦，醋全洒啦。

第 9 章　综合练习

一、语音自测练习

语音自测练习（一）

1. 读单音节字词 100 个

姜　恨　存　茬　善　邹　二　尚　扭　佛　迥　勇　躺　诱　铸　瓦
亚　赛　辟　鹅　隔　日　破　学　刻　索　猜　满　式　录　叁　啥
族　撇　耐　泗　碑　速　鸥　镖　勺　膻　剜　票　厌　匀　约　涛
踝　贩　微　帅　要　碎　拦　瞧　跌　坏　栽　傲　页　魂　恼　构
串　旺　癣　闰　腻　邢　荫　凝　浓　咫　燃　卯　孪　吏　款　拘
狡　豁　彪　艾　贷　兑　阐　否　斧　亟　搅　菩　卿　枢　纨　饷
惺　赝　印　邮

2. 读双音节词语 50 个

友谊　暂时　衙内　恶霸　暗语　嘴巴　少爷　坠落　湍急　炙热　应酬
一阵　渲染　垂涎　玉玺　翁婿　囤积　雷霆　下榻　虽然　琼浆　牦牛
屡次　吝啬　累计　旷日　苛求　竭诚　光明　琥珀　抬杠　抚恤　陡峭
村寨　悲怆　稠密　澄清　嗔怪　拌蒜　不怕　猖獗　怵目　葱绿　怠慢
播音　牛奶　不禁　照片　创伤　老头儿　身板儿　地摊儿　写字儿

3. 朗读课文

交友妙诀

休伯特·凯利

“怎么了，鲍勃？”他妈妈问，“你为什么那么不高兴？”

“没人跟我玩。”鲍勃说，“我真希望我们还是住在盐湖城没有搬来。我在那儿有朋友。”

“在这儿，你很快会交上朋友的。”他妈妈说，“等着瞧吧！”

就在这时，响起了轻轻的敲门声。米勒太太打开门。

门口站着一位红发妇女。

“你好，”她说，“我是凯里太太，住在隔壁。”

“进来吧。”米勒太太说，“我和鲍勃都很高兴你来。”

“我来借两个鸡蛋，”凯里太太说，“我想烤个蛋糕。”

“我可以借给你，”米勒太太说，“别着急，请坐一坐，我们喝点咖啡，说会儿话吧。”

那天下午，又有人敲门。米勒太太打开门。

门外站着一个满头红发的男孩。

“我叫汤姆·凯里。”他说，“我妈妈送你这个蛋糕，还有这两个鸡蛋。”

“哎呀，谢谢，汤姆。”米勒太太说，“进来吧，和鲍勃认识认识。”

汤姆和鲍勃差不多一样的年龄。不一会儿，他们吃起了蛋糕，喝着牛奶。

鲍勃问：“你能待在这儿跟我玩吗？”

汤姆说：“可以，我能待一个小时。”

“那么，我们打球吧。”鲍勃说，“我的狗也想跟着一起玩儿。”

汤姆发现跟狗特里克斯一起玩很有意思。他自己没有狗。

“我很高兴你住在隔壁。”鲍勃说，“现在有人跟我玩了。”

“妈妈说我们很快会成为好朋友的。”汤姆回答说。

鲍勃说：“我很高兴你妈妈需要两个鸡蛋。”

汤姆笑了。

“她并不是真的需要鸡蛋，”汤姆说，“她只是想跟你妈妈交朋友！”

（摘《读者文摘》1991年9月）

语音自测练习（二）

1. 读单音节字词100个

叩　或　借　筷　贰　粉　扶　级　抄　背　隘　祠　暗　伴　挂　丰

汇 埂 嘿 跟 恐 抢 均 裙 壤 荣 芹 旁 犬 萍 请 嘉
犊 埠 筐 尽 琼 卵 您 涝 毛 锁 吕 秒 柳 闷 彩 蹬
摧 冻 内 略 若 镇 笋 装 婷 瓮 熊 整 夏 余 袭 蠢
冰 眨 蜘 惹 资 婆 象 砖 遵 站 暂 尤 颓 晓 赞 愿
喂 碗 甜 嗽 透 鸦 抓 阅 醉 谣 税 烛 左 斜 沃 舌
砸 阻 寺 霎

2. 读双音节词语 50 个

渊博 迂腐 油垢 影片 一根 耶稣 嫣红 仰泳 窑洞 匹夫 包子
旅行 葡萄 指示 哀愁 斑马 英雄 统一 倒退 昂扬 边陲 财产
跟随 丰硕 而且 刁钻 荤菜 内疚 恪守 廉价 铭心 奴婢 偶尔
热浪 蔷薇 爽快 彤云 狭隘 挖掘 雍正 硬拽 人民 斡旋 诬蔑
胖墩儿 孙女儿 薄皮儿 遛弯儿

3. 朗读课文

花 语

石剑光

我居住在城郊，且有一小块空闲的土地，每年种些花卉。然而，花圃旁的那条小路，一到雨天尽是泥淖，于是，行人就从花圃里经过，践踏了一些花卉。我常常因这件事而痛惜不已。

一个周末的下午，妻子从单位的锅炉房挑了十几担炉渣，填铺花圃旁的那条小路，神秘兮兮地对我说："以后你的花圃就会安然无恙了。"

我不解地问道："你铺路与我的花圃有什么干系？"

妻子回答说："雨天小路泥泞，行人不得已才从花圃里经过，伤害了你的花卉。"

我不禁惊叹于妻子的精明和细微：行人是为了避免自己摔跟头，或陷入泥淖，才从花圃中经过；如果花圃旁的小路，雨天也便于通行，行人肯定不会去践踏我的花卉。

人与人之间的交往，有的时候又何尝不就是这样呢？有的人伤害对方，完全是出于一种自我保护意识，而且这种意识人皆有之，为了避免自己受到伤害，又无路可走，才出此下策。每个人的心，都是一个花圃，每个人的人生之旅，好比花圃旁的小路，而生活的天空，不仅是风和日丽，也多雨雪。如果人生之旅，"雨雪"天也便于通行，谁愿去践踏别人的花圃？谁愿去伤害别人的心？

我想，每个人在与别人相处的时候，都先想到别人，后想到自己；每个人在希望从别人那里得到爱护之前，先付出一份友好，那么，这个世界将会变得温馨祥和，减少许多遗憾和悲剧。

关顾别人，也就是关顾自己。

（摘自《生活科学大观》）

二、古今诗词

练习要求：

1. 念准每一个音节的声韵调。
2. 注意每首诗词的韵脚及声调变化，表现出诗词的韵律之美，节奏之美。
3. 从内容出发，以情带声，以声传情，做到情、声、气完美结合。

题西林壁

苏　轼

横看成岭侧成峰，
远近高低各不同。
不识庐山真面目，
只缘身在此山中。

望庐山瀑布

李　白

日照香炉生紫烟，
遥看瀑布挂前川。
飞流直下三千尺，
疑是银河落九天。

枫桥夜泊

张　继

月落乌啼霜满天，
江枫渔火对愁眠。
姑苏城外寒山寺，
夜半钟声到客船。

下江陵

李　白

朝辞白帝彩云间，
千里江陵一日还。
两岸猿声啼不住，
轻舟已过万重山。

题菊花

黄　巢

飒飒西风满院栽，
蕊寒香冷蝶难来。
他年我若为青帝，
报与桃花一处开。

凉州词

王翰

葡萄美酒夜光杯，
欲饮琵琶马上催。
醉卧沙场君莫笑，
古来征战几人回！

春　晓

孟浩然

春眠不觉晓，
处处闻啼鸟。
夜来风雨声，
花落知多少。

咏　柳

贺知章

碧玉妆成一树高，
万条垂下绿丝绦。
不知细叶谁裁出，
二月春风似剪刀。

山　行

杜　牧

远上寒山石径斜，
白云生处有人家。
停车坐爱枫林晚，
霜叶红于二月花。

泊秦淮

杜　牧

烟笼寒水月笼沙，
夜泊秦淮近酒家。
商女不知亡国恨，
隔江犹唱《后庭花》。

念奴娇·赤壁怀古

苏　轼

大江东去，浪淘尽，千古风流人物。故垒西边，人道是，三国周郎赤壁。乱石穿空，惊涛拍岸，卷起千堆雪。江山如画，一时多少豪杰。

遥想公瑾当年，小乔初嫁了，雄姿英发。羽扇纶巾，谈笑间，樯橹灰飞烟灭。故国神游，多情应笑我，早生华发。人生如梦，一尊还酹江月。

青玉案元夕

辛弃疾

东风夜放花千树，更吹落，星如雨。宝马雕车香满路。凤箫声动，玉壶光转，一夜鱼龙舞。

娥儿雪柳黄金缕，笑语盈盈暗香去。众里寻他千百度，蓦然回首，那人却在，灯火阑珊处。

初春小雨

韩　愈

天街小雨润如酥，
草色遥看近却无。
最是一年春好处，
绝胜烟柳满皇都。

钗头凤

唐　琬

世情薄，人情恶，雨送黄昏花易落。晓风干，泪痕残。欲笺心事，独语斜阑。难，难，难！

人成各，今非昨，病魂常似秋千索。

角声寒，夜阑珊。怕人寻问，咽泪装欢。瞒，瞒，瞒！

钗头凤

陆　游

红酥手，黄滕酒，满城春色宫墙柳。

东风恶，欢情薄，一怀愁绪，几年离索。错，错，错！

春如旧，人空瘦，泪痕红浥鲛绡透。

桃花落，闲池阁。山盟虽在，锦书难托。莫，莫，莫！

无题（一）

李商隐

昨夜星辰昨夜风，
画楼西畔桂堂东。
身无彩凤双飞翼，
心有灵犀一点通。
隔座送钩春酒暖，
分曹射覆蜡灯红。
嗟余听鼓应官去，
走马兰台类转蓬。

无题（二）

李商隐

相见时难别亦难，东风无力百花残。
春蚕到死丝方尽，蜡炬成灰泪始干。
晓镜但愁云鬓改，夜吟应觉月光寒。
蓬山此去无多路，青鸟殷勤为探看。

清平调

李　白

云想衣裳花想容，春风拂槛露华浓。
若非群玉山头见，会向瑶台月下逢。
一枝红艳露凝香，云雨巫山枉断肠。
借问汉宫谁得似，可怜飞燕倚新妆。
名花倾国两相欢，常得君王带笑看。
解释春风无限恨，沉香亭北倚阑干。

将进酒

李　白

君不见黄河之水天上来，
奔流到海不复回。
君不见高堂明镜悲白发，
朝如青丝暮成雪。
人生得意须尽欢，
莫使金樽空对月。
天生我材必有用，
千金散尽还复来。
烹羊宰牛且为乐，
会须一饮三百杯。
岑夫子，丹邱生，
将进酒，杯莫停。
与君歌一曲，
请君为我倾耳听。
钟鼓馔玉不足贵，
但愿长醉不复醒。
古来圣贤皆寂寞，
唯有饮者留其名。
陈王昔时宴平乐，
斗酒十千恣欢谑。
主人何为言少钱，
径须沽取对君酌。
五花马，千金裘，
呼儿将出换美酒，
与尔同销万古愁。

春　望

杜　甫

国破山河在，城春草木深。
感时花溅泪，恨别鸟惊心。
烽火连三月，家书抵万金。
白头搔更短，浑欲不胜簪。

草

白居易

离离原上草，一岁一枯荣。
野火烧不尽，春风吹又生。

远芳侵古道，晴翠接荒城。
又送王孙去，萋萋满别情。

黄鹤楼

崔 颢

昔人已乘黄鹤去，此地空余黄鹤楼。
黄鹤一去不复返，白云千载空悠悠。
晴川历历汉阳树，芳草萋萋鹦鹉洲。
日暮乡关何处是，烟波江上使人愁。

热爱生命

食 指

也许我瘦弱的身躯像攀附的葛藤，
把握不住自己命运的前程。
那请在凄风苦雨中听我的声音，
仍在反复地低语：热爱生命。

也许经过人生激烈的搏斗后，
我死得比那湖水还要平静，
那请去墓地寻找我的碑文，
上面仍会刻着：热爱生命。

我下决心：用痛苦来做砝码，
我有信心：以人生作为天平。
我要称出一个人生命的价值，
要后代以我为榜样：热爱生命。

的确，我十分珍惜属于我的
那条弯弯曲曲的荒草野径，
正是通过这条曲折的小路，
我才认识到如此艰辛的人生。

我流浪儿般地赤着双脚走来，
深感到途程上顽石棱角的坚硬。
再加上那一丛丛拦路的荆棘，
是我每一步都留下一道血痕。
我乞丐般似的光着脊背走去，
深知道冬天风雪中的饥饿寒冷
和夏天毒日烈火般的灼热，
这使我百倍地珍惜每一丝温情。

但我有着向命运挑战的个性，
虽是屡经挫败，我决不轻从，
我能顽强地活着，活到现在，
就在于：相信未来，热爱生命。

我爱你，中国

佚 名

当灿烂的太阳跳出了你东海的碧波，
你的帕米尔高原上依然是群星闪烁。
当你的北国还是银装素裹的世界啊！
你的南疆早已到处洋溢着盎然的春色。

我爱你，中国！
我爱你敦煌飞天的曼舞轻歌，
杭州西湖的淡妆浓抹，
桂林山水的清奇秀丽，
黄山云海的神秘莫测。

我爱你，中国！
我爱你世界屋脊上布达拉宫的巍峨，
傣家竹楼前如水的月色，
吐鲁番的葡萄哈密的瓜，
呼伦贝尔大草原上的羊群，
就像蓝天上飘动的洁白的云朵。

我爱你，中国！
我爱你青年人的热情奔放，
中年人的深沉不惑，
孩子们天真烂漫的笑脸，
老人们跳起的晚霞迪斯科。

我爱你，中国！
我爱你战国编钟奏出的古曲，
我爱你腾飞时代唱出的新歌，
我爱你黄昏里紫禁城那层层殿宇啊，
我爱你夜色中现代建筑上辉煌的灯火。

我爱你，中国！
我爱你腾空的蘑菇云驱走了荒原的寂寞，
我爱你南极长城传来的电波，
我爱你送走瘟神病魔的喜悦啊，
我爱你奥运史上零的突破。

我爱你，中国！
几度阴晴，几度离合，
几度舒缓，几度壮阔，
我爱你斗争、创造谱写的史册。
几番耕耘，几番收获，
几番荒芜，几番蓬勃，
我爱你血水、汗水浇灌的肥沃。
几多欢乐，几多枯涩，
几多失落，几多赢得，
我爱你坚韧、执着塑造的性格。

我爱你博大的胸怀，
我爱你恢宏的气魄，
我爱你祖祖辈辈，生生不息跳动的脉搏。

我爱你，中国！
你是涅槃的烈火中飞出的金凤凰啊，
你是神州大地上舞动的巨龙。
你是东方的醒狮啊，
你是我们刚刚走过六十九年，
风风雨雨的伟大的人民共和国。

我爱你，中国！
你经历了苦难与蹉跎，
你饱尝了屈辱与折磨。
你有愚昧和不足，
你有弊病与贫弱。
是的，
我们不应妄自尊大，
但我们也绝不妄自菲薄。

我们思虑，我们焦灼，
我们奋发，我们开拓，
我们努力，我们探索，
我们跋涉，我们拼搏！

我们要让你古老的大地焕发出，

更加耀眼的青春的光泽，
我们要让你成为世界民族之林中，
繁荣、富强、文明、民主的佼佼者。

我们为你骄傲，我们为你自豪！
我们热爱你呀，中国！

小草梦（节选）

王　寒

我是一棵无名的小草，
生在这茫茫，茫茫又荒凉的原野上。
我没有美丽的花朵，供人欣赏；
我没有甜蜜的果实，诱人品尝。
我只有一个梦，一个绿色的梦想。
梦想普天大地，变成绿色的海洋。

绿色是纯洁，没有污染、肮脏；
绿色是和平，没有战火、刀枪；
绿色是春天，充满生机、希望。
希望孩子们茁壮成长；
希望年轻人自由歌唱；
希望老年人安度夕阳。

我是这样渺小，
渺小得常常被人遗忘；
我是这样平凡，
平凡得难辨我的模样。
我默默地用生命，
编织着绿色的梦想；
我默默地用生命，
散发着绿色的芳香。

沁园春·雪

毛泽东

北国风光，
千里冰封，
万里雪飘。
望长城内外，
惟余莽莽；
大河上下，
顿失滔滔。
山舞银蛇，
原驰蜡象，
欲与天公试比高。
须晴日，
看红装素裹，
分外妖娆。

江山如此多娇，
引无数英雄竞折腰。
惜秦皇汉武，
略输文采；
唐宗宋祖，
稍逊风骚。
一代天骄，
成吉思汗，
只识弯弓射大雕。

俱往矣，
数风流人物，
还看今朝。

生命的颜色

生命究竟是什么颜色？
谁能告诉我？
一个躺在担架上
却敬着少先队礼的孩子告诉我：
是绿色，
因为解放军叔叔又让他重童年的快乐。

一个头缠绷带，满脸泪痕的老人告诉我：
是蓝色，
因为伞降英雄们从最危险的高度冒死降落。

一群群青春昂扬的莘莘学子告诉我：
是黄色，
因为黄丝带系着我们的心，
感触着你的脉搏。

千千万万热情而真诚的志愿者告诉我：
是红色，
因为那是血液的颜色，
是心的颜色，是中国的颜色。

我们身后有一个强大的祖国，
那是五十六个坚强的脊梁不折！
我们心中有一个强大的祖国，
那是十三亿个声音唱响的团结之歌！

生命究竟是几种颜色？
是纯洁的白，还是热情的黄？
是幽静的蓝，还是充满希望的绿？
或许是那奔腾怒放的红？

每一个热血的国人告诉我：
我们的生命五光十色，
每一抹都会绽放出鲜活。
我们的生命五光十色，
每一色都是不灭的希望之歌！

我站在祖国地图前

纪　宇

我有过梦想：成神，成仙，
生对千里眼，站在一峰之顶，看遍群山；
我曾经渴望：如鹰，如燕，
迎风把翅展，从长江入海口，
飞向江源……
行万里路，是我的心愿；
读万卷书，学水滴石穿。

这不是梦幻：
此刻，我站在祖国地图前，
万山耸立比高，映我眼帘；
百川纵横归海，入我心间。
看五颜六色，都是形象语言；
金黄的是沙漠，深褐的是高山，
碧蓝的是湖泊，翠绿的是平原，

淡青的是沼泽，浅灰的是海湾……
妈妈，我告诉你：
我长得这么健康，
眼如星亮，眉似月弯，
身像松挺，面如花绽，
是因为我有一个
九百六十万平方公里的
巨大的摇篮……
珠穆朗玛峰，举手能摩天；
南沙诸海岛，撒开珍珠串。
五岳竞雄奇，江河扬征帆。
沿江而下，看三峡之险；
登上泰山，望日出壮观。
祖国啊，妈妈，
你的怀抱，
这么宽阔而温暖……

我站在祖国地图前，
像看着母亲的相片，
妈妈，你不老，正当青春盛年。
我向妈妈问好，妈妈含笑不言，
无声更胜有声，我懂得妈妈的深情一片。
看哪里铁路未通？
问何处还是荒原？
沙漠在呼唤绿色，
河水正思念电站……
按照“四化”图样
给妈妈做件衣衫！
我看着祖国地图，
我依偎在妈妈身前……

您好，我的老师

亲爱的老师，您好！
巡逻归来，正月挂树梢，
抱一池湖水，我给您写信，
海风掀动我滚滚的心潮。
遥想您捧着粗糙的信封，
带着老花镜，左看右瞧，
您常常不愿先打开信笺，
总是说“让我猜猜是哪只小鸟？”

学生太多，您也许已经将我忘掉，
我说一个特点，您的记忆就会立即燃烧。
您可记得十年前，您的班里，
一个穿海魂衫的小淘气包？……

上几何课，我瞒着您，
偷偷地画军舰、铁锚。
您知道了，没有批评我，
亲切地抚着我头上的小海军帽。

您说：“想当人民海军，
理想多么美好！
可是现在必须学好几何，
那时才能准确地向敌人开炮……”

有一回我们几个匆匆赶完作业，
偷偷地跑进深山里逮鸟。

一直玩到半夜，才满载归来，
途中，经过咱们静悄悄的学校。

有一个伙伴忽然提议：
“去瞧瞧老师，好不好？”
我立即回答说：“早就睡了吧，
要不，每天总是起得那么早？”

我们不敢走校门，翻围墙进去了，
前面的同学急挥手：发现了目标。
吓得我们急忙趴在窗下，
我像侦察兵一样学蝈蝈叫。

亲爱的老师，您正坐在灯下，
一面批改作业，还腾出左手轻轻捶腰。
嘴里不时自言自语，
一点一滴，都被我听到：

“这几个孩子呵，怎么搞得？
每天的作业这样潦草！”
一上完课就跑了，
孩子们啊，真是群小鸟……

您摘下老花镜，擦了擦眼角，
久久地望着桌角上的怀表。
夜静极了，怀表的声音像响亮的马蹄，
敲得我心直疼，汗水直冒。

不知为什么，我的鼻子一酸，
悔恨的泪水像大江涨潮。
我真想扑到您的面前，以“小海军”的名义，
向您检讨，向您保证：“决不……
我要……”

回家的路上，我们谁也没有说话，
默默地打开竹笼，放出小鸟……
啊，也许我们比小鸟还淘气，
可老师的心，却是温暖的窝巢！

……这一切，亲爱的老师，
也许您现在都还不知道。
今天，我已是一只海上的鹰，
搏击着蓝天风云，万顷波涛。

亲爱的老师啊，雄鹰的窝巢，
您送雄鹰飞向天涯海角。
每天，我们用朝霞向您报喜，
祖国的未来，就是您的骄傲！

血染的风流

血流得够多了，可还在流，
三角带已扎不住我重创的伤口；
血流得太多了，可还要流，
急救包已难急救我垂危的战友。
方才在写家信，顷刻血染衣袖，
圆珠笔还夹在他被炸断的手；
刚刚在说北京，转眼弹裂身首，
此生不能去英雄碑前把影留……

我不愿意死，死不瞑目，
不甘心就这样被死神劫走！
我爱生活，爱得情深意厚，

我想亲人，想得心都颤抖。
战斗间隙，依在坑道闭目神游，
梦幻中有映出心上的镜头；
母亲瞩望着我，伫立在村口，
怎忍心让她的白发再添新愁；
妻子挂记着我，为我担忧，
我做河床，她的爱才能欢快地奔流。
刚出生的儿子不需要我的勋章，
有我，他才会有一个完整的中秋；
我看见了梁大娘，看见了玉秀，
一个花环，怎能罩住千百个坟丘。

猛然间，一阵枪声把我惊醒，
我转身抓起枪，投入战斗……
祖国需要我，她的领土要我坚守，
于是，我把自己的一切都抛在脑后；
以身排雷，为了胜利我敢粉身碎骨，
“向我开炮”，我像王成一样大声怒吼！
身绑手榴弹，与敌人同归于尽，
蜡像爆破筒，和阵地共存共留。
我死了，阵地上找不到我的尸首，
泥土中渗进了我的忠诚和血肉；
我死了，化作老山上白云悠悠，
死也搂着祖国的山峰不肯放手。

祖国，你看见我的遗书了吗！
血染的信封，装在血染的衣兜；
“年迈的妈妈，不要为我把泪流，
为国捐躯，江山不倒儿不朽；”
亲爱的妻子，不要为我把心揪，
愿你重获得幸福，在改嫁之后……
未见过面的儿子呀，别怨爸爸，
爸爸是军人，军人不能让祖国蒙羞；
爸爸我爱你，爱你妈妈和奶奶，
正由于爱，才使我血染荒丘……

历史，公正的法官

杨大矛

历史，是最公正的法官，
它对于任何人都不偏袒，
无论是统帅，或者士兵，
任你是女皇，还是演员……

是功，是过？是忠，是奸？
人民的慧眼自会明辨。
权力的朱笔纵能把史实篡改，
盖棺铁论，也终将彻底推翻。

秦桧像，早跪在岳王墓前，
川主庙，矗立在蜀人心间。
“海青天”为民请命又何罪？
老百姓窃窃私议，已二十年。

谎言的堤坝岂能永垂千古，
君不闻“防民之口，甚于防川”！

某公好花

池北偶

说是希望百花开，
花开他又摇脑袋。

万紫千红看不惯，
指手画脚乱指摘。
牡丹不够红，
玉兰过分白，
玫瑰太多刺，
罂粟有毒害，
并蒂莲色黄，
晚香玉古怪，
君子兰复古，
康乃馨媚外，
这个要取缔，
那个要剪裁。
花儿得按规格长，
否则刀斧砍过来。

战士的心声

中　流

母亲疼我，爱我，养育我，
又流着喜泪把我送进哨所。

祖国疼我，爱我，信赖我，
笑将万里江山全都交给我。

作为一个边防战士的我呵，
怎能在沉默中把青春度过？

并不幻想把名字载入史册，
只想不让祖国的英名辱没。

情愿站在烈士倒下的山坡，
让艰苦生活陶冶我的魂魄。

与风雪和寂寞轮番来拼搏，
两道目光化为擒敌的绳索……

小溪，我认识了你

苏文河

小溪，我认识了你。

水花，欢乐的音符，
波纹，轻盈的步履。

太阳是颗心儿，抱在怀里，
白云是块纱巾，随风轻移。

小溪，我认识了你。

谁说你没有痛苦，无忧无虑？
吟唱着轻松的歌，不歇不息。

谁说你缺乏情感，只爱自己！
踏着一个节奏，潺潺流去。

小溪，我认识了你。

严酷的日子，坚冰要把你窒息。
你凝聚力量，焦苦地期盼着春的消息。

你跳上岸，倾吐多少柔情蜜意。
青了杨柳，红了山花，绿了
草地……

呵，小溪，我真正认识了你。

种子的梦

柯　岩

在一个冰冰冷冷的世纪，
我藏身进褐色的土地，
像一条小小的沉默的鱼，
潜身在潜身在碧绿的海底。

鱼儿在大海里自由来去，
我却睡在母亲怀里；
让水分滋润着我的躯壳，
让梦儿孕育在我的心底。

梦儿伴着我甜蜜地叹息，
根须帮助我轻轻地吮吸，
为了冲破那土层的压力，
我一点一滴地积攒着力气。

我思念那明媚的阳光，
我思念那辽阔的大地；
我想他们也同样思念着我，
于是：降下了相思的雨滴……

我会长出两片绿油油的叶子，
去迎接春风悄悄地絮语，
我缓缓地伸展腰肢，
好慢慢挤碎冰雪的妒忌。

然后我要开出鲜鲜的花朵，
每一个花瓣都娇娇而又稚气；
蜜蜂会绕着我不倦地飞，
说我比世上的一切都美丽……
我愿意相信它的盟誓，
醉心于它忙碌的许诺里。
我把爱情倾心交付，
把生活酿造成金色透明的蜜。

风将摇落我的果实，
把它吹送到另一片土地。
于是我溶化在母亲的怀抱，
并且相信：明年的春天
会更加美丽……

我爱金色的秋天

碧空天高云淡，大地阳光灿烂。
山披红，水湛蓝，果满枝，瓜满园。
苹果像红花朵朵，葡萄像珍珠串串。

谷穗迎风起舞，棉桃绽开笑脸。
北国枫叶红，西湖菊花艳。
东海鱼儿肥，南疆荔枝甜。
我爱丰收的季节，我爱金色的秋天。

致橡树

舒　婷

我如果爱你——
绝不像攀援的凌霄花，
借你的高枝炫耀自己；
我如果爱你——
绝不学痴情的鸟儿，

为绿荫重复单调的歌曲；
也不止像泉源，
常年送来清凉的慰藉；
也不止像险峰，
增加你的高度，衬托你的威仪。
甚至日光。
甚至春雨。
不，这些都还不够！
我必须是你近旁的一株木棉，
作为树的形象和你站在一起。
根，紧握在地下，
叶，相触在云里。
每一阵风过，
我们都互相致意，
但没有人
听懂我们的言语。
你有你的铜枝铁干，
像刀、像剑，
也像戟；
我有我的红硕花朵，
像沉重的叹息，
又像英勇的火炬，
我们分担寒潮、风雷、霹雳；
我们共享雾霭、流岚、虹霓。
仿佛永远分离，
却又终身相依。
这才是伟大的爱情，
坚贞就在这里：
爱，不仅爱你伟岸的身躯，
也爱你坚持的位置，足下的土地。

爱情的故事

张天明

年轻的白杨，绿色的长椅，
湖畔上并肩坐着我和你。
我们的双脚埋在青草窝，
我们的影子映在明镜里。

你磨着我讲一个故事，
还指定要关于爱情的。
我猛然想起一对夫妻，
好像和我们差不多年纪。

他们的身边也有一排白杨，
可是白杨树上缠着铁蒺藜。
他们也坐过一条长椅，
是老虎凳啊，斑斑血迹！

他们的脚下没有青草萋萋，
只有那铁镣在沉重的叹息。
他们把爱人无邪的眼睛，
深深地印在那心窝里。

他们的情话是：坚持！
他们的誓言是：不屈，胜利！
放风的时候远远一望，
把万千情意彼此赠予。

就在他们第一个孩子降生时，
丈夫被拖到荒郊野地。

婴儿的呐喊是生命的破晓鸡啼，
“共产党万岁”的呼喊响彻在金鸡声里！

婴儿的周岁是母亲的刑期，
刑期前夜她把血书缝在婴儿衣襟里。
地下党的同志拆开血书，
闪烁着光芒的是坚强不屈！

有了他们的生死别离，
幸福和青春才有权坐这长椅。
如果建设需要我们爬冰卧雪，
分离那天让我们想想过去！

如果没有花朵

如果世界上没有花朵，
不会有甜蜜的果实，
更不会有酸啧啧的水果。
蜜蜂会从哪儿来？
孩子们哪知道甜蜜的生活？

如果世界上没有花朵，
当少男少女们唱着恋歌，
难道送给对方的永远是经典著作？
永远是巧克力饼干一盒？
呵，没有夜来香的爱情，
多么寂寞！

如果世界上没有花朵，
天涯比邻的友谊怎么说？
当你把樱花给我，
把金达莱给我，
把惠特曼的紫丁香给我，
而我没有牡丹，
没有出墙的红梅灼灼，
呵，没有鲜花的友谊，
多么寂寞！

我呼唤五风十雨，
让花朵有流风的轻拂，
淋雨的洗濯。
我呼唤花朵在天地间绽放，
让花朵送去温暖，
送去情意，
送去心灵的寄托。

男子汉的泪

决不是由于软弱，
也不曾有过后悔，
但我时时都想掉泪。
思索，再思索，
只因为品尝的太多，
那苦涩而又辛酸的滋味。

每一次沉默后的崛起，
每一次久别后的欢会，
饥渴时，朋友分我半杯粥，
寒冷时，亲人送我一床被，
得意时，那谆谆的教诲，
受伤时，那柔情的抚慰。

所以，我总在体会，

才知道什么是我一生的珍贵。
所以，我总在准备，
去潇潇洒洒地笑一回！
于是，
我仰天大笑，我热血鼎沸，
我长歌当哭，我撕心裂肺。

人生能有几回搏？
人生能有几回醉？
男子汉就要辛辛苦苦地拼搏，
男子汉就要痛痛快快地掉泪！

三、短文

练习要求：

1. 按普通话语音测试标准朗读短文。
2. 朗读时，依据语流音变规律处理音变及变调问题。
3. 从内容出发，准确、鲜明、生动、形象地朗读课文。

浅谈川剧艺术

四川，古称华阳，又名巴蜀，那里民风淳朴，物阜人康，被人们誉为“天府之国”。

人说：“奇山奇水有奇杰”。在四川这块沃野上，不仅涌现出无数雄才大略的政治家、军事家和一大批卓越的辞人才士，还造就出一批优秀的表演艺术家；它不仅磨砺出无数宏伟的诗篇佳作，同时，也孕育出一个独具特色的戏曲艺术形式——川剧。

川剧，这个被赞为“天府之花”的戏曲剧种，以它丰富的剧目、多样的声腔、独特的表演，在中国戏曲舞台上领尽了风骚，成为巴蜀之地的又一骄傲！

如果有人问川剧爱好者：“川剧到底有些什么戏？”那他会自豪地说：“唐三千、宋八百、数不清的三列国。”这话不免有些夸张，但是历史题材的川剧剧目确实相当丰富。光是列国戏、三国戏、东周故事戏就占有相当大的比例，里面凝聚着历史积淀下的最凝重的哲理，给观众以教益与启迪，人们从这一台台戏里，知道了春秋、了解了唐宋、懂得了朝代的更替。

另外，川剧还有“高腔四大本”，“弹戏四大本”和“五袍、四柱、江湖十八本”以及许多根据民间的传说和故事编写的剧目，它不仅涉及宫廷生活，且把触角伸进了长街短巷中的平民生活，反映了广大人民的生活和愿望，带有强烈的人民性。如《柳荫记》《拉郎配》《评雪辨踪》《秋江》《迎贤店》等，都被人们久久不忘。

川剧剧目大多富于浓厚的喜剧色彩。一些悲剧题材，往往也有一些诙谐的语言、幽默的细节，来反衬人物的悲剧命运，增强悲剧的力量。

四川悠久的历史，广袤的土地，深厚的社会生活，打开了艺术家的视野，他们从天子权贵写到黎民百姓，从落魄公子写到侠义小姐，从宫廷殿堂写到酒肆茶楼。从渔歌樵唱写到民情物俗，从细雨霏霏写到晴空丽日，就连那碧绿的稻秧、葱茂的篁竹、疏疏落落的花径茅舍，都被融进了川戏的剧目中，大概这便是川剧剧目丰富的原因吧。

爱，最大的力量（节选）

2004年7月19日，如注的暴雨袭击着湖南省通道县骆团寨的侗族寨子。第二天上午，随着一声轰然巨响，吴家房子后山撕开了一条约八十米高、十五米宽的的口子——山体滑坡了！巨大的泥石流，如一条恶龙汹涌而下，顷刻间便把准备撤离到安全地带的吴家十一口人全部吞噬了。灾难来得太突然，连呼喊声都没来得及叫出，十一条生命就被死神踩在了脚下。

突然，一个弱小的声音从泥石流下面的废墟中传了出来：“水……”，这弱小的声音令营救的群众兴奋的呼喊起来：“还有人活着！”当人们小心翼翼地扒开废墟后，被眼前的景象惊呆了：已经遇难的奶奶吴丙桃弯着腰，用两条手臂把年仅两岁的小孙子吴明安紧紧地护在怀里，她已经僵硬的手臂和身体合成一个空间，把吴明安与外面的泥石流分隔开来，吴明安恬静地躺在由两只手臂撑起的世界里，躲过了这场劫难。

孩子被救出来了，现场却没有欢呼声，有的只是一片沉寂，每个人的脸上都涕泪横流……

这场山体滑坡灾难夺走了吴明安七位亲人的生命，但两岁的吴明安却在奶奶用生命撑起的“天空”下奇迹般地生还了。

这是爱的绝唱！这是爱的颂歌！这是爱的延续！让我们记住这刻骨铭心的一刻，直到永远，永远！

北方的雪

北方的雪有着漫长的情怀，那是随着漫长的冬季编织出来的一曲风雪之歌。当雪花飞舞的时候，一个守望的季节，一个积攒能量的季节就会来到。当雪融化为水，水结为冰，然后雪花再次光临山野的时候，北方的大地便开始了漫长的冬眠旅行。

有雪的日子里空气格外透明，呼吸舒畅透彻，就连声音也异常空旷而辽远。雪的到来，使城市冲洗了一下灵魂，使乡村湿润了一下皮肤，使山野增添了几许灵性。仿佛又看到，那跳动着的童真在雪中曼舞，那收获的盼望挂满庄稼人的窗前，那围坐着的火热拥抱着冰冻的江河，那匆忙的赶路人又一次挽起了雪夜的手臂。雪，覆盖了秋天的最后一片落叶。雪，白皑皑地铺满了一条通向春天的路。

窗外，雪花曼舞，飘飘洒洒。屋内，蛰居的丝丝温暖正感受着北方的一片深情。

朋友，温一壶烈酒如何？是汉子的就坐下来，煮酒论个天地英雄，是壮士的就敞开胸膛，把凛冽的风，行走的雪装进整个北方。如北方的雪一样来得壮观豪情，来得从容大气，来得风沙不再翻卷、视野不再苍茫。这就是北方啊！这是动感的北方，粗犷的北方，更是野性的北方。

北方的雪飘了一年又一年，北方的心情好了一年又一年。朋友，今年冬季，你那里下雪了吗？

梅兰芳的学艺精神

梅兰芳是我国著名的京剧表演艺术家。

梅兰芳8岁就学戏，11岁登台表演。他学艺谦虚、认真，一丝不苟，不断探索，精益求精，具有良好的艺术道德。在长期的舞台实践中，形成了自己的艺术风格——“梅派”艺术，影响很广。

梅兰芳开始学艺的时候，老师和同辈都以为他有某些“先天不足”的地方，例如目光显得呆滞。但是，梅兰芳并不灰心丧气。为了锻炼眼神，他喂鸽子、养金鱼，练习“仰观俯视”、“跟踪循迹”的功夫。他坚持不懈，终于，他那双眼睛达到了“神采飞扬”的艺术高度。

梅兰芳有几个京剧界的知心朋友。他们常常对梅兰芳的演出横挑鼻子竖挑眼，哪点儿眼神不对，哪个字音倒了，哪个动作别扭，等等，梅兰芳都虚心地听取这些意见，认真思考，用心改正。

为了保持嗓音纯正圆润，高亢动听，梅兰芳一生从不喝酒，很少抽烟，养成了良好的生活习惯。他登台几十年，上演过几百出戏，在舞台上不用扩音器，他的嗓音亮得可以使最后一排观众，听得一清二楚。

不是天堂，胜似天堂（节选）

刘济民

九寨沟有五绝：翠海、叠瀑、彩林、雪峰、藏情。列五绝之首的翠海，堪称九寨沟之奇绝。在崇山峻岭环抱中的那些翡翠般的海子，五光十色，多姿多彩，水平如镜，纤尘不染。蓝天、白云、绿树、山花倒映在水中，形成色彩缤纷的水底世界，水天一色，扑朔迷离，如梦如幻。更有树枝、藤蔓、松果、岩石静卧水底，清澈可见，甚至在水中生长出微型杨柳、松柏、杉树、桦树，恰如一簇簇漂动在水中的树桩盆景，又形成了树在水中生，水在树间流的奇特景观。水是九寨沟的灵魂，九寨沟的山、树、花、草等一切静态的景物，因为有了那么多生机盎然的海子、瀑布、滩流，才有了灵气，才算得是人间天堂。

到了九寨沟，那里远离喧嚣的大城市，没有世俗的纷扰，没有沙尘的侵袭，没有水泥、岩石的蒸烤，没有汽车尾气的熏腾，人们沐浴在碧水绿浪之中，犹如接受圣洁的洗礼，确有一种被大自然融化了的感觉，有一种心灵为之净化了的感觉，有一种超凡脱俗的感觉。清新、纯洁、明媚、舒畅、心静如水、心净如水，这大抵就是置身天堂的感觉了！

雨中随笔——有时

有时，外面下着雨心却晴着；又有时，外面晴着心却下着雨。世界上许多东西在对比中让你品味。心晴的时候，雨也是晴；心雨的时候，晴也是雨。

不过，无论怎样的故事，一逢上下雨便难忘。雨有一种神奇，它能弥漫成一种情调，浸润成一种氛围，镌刻成一种记忆。当然，有时也能瓢泼成一种灾难。

春天的风沙，夏天的溽闷，秋天的干燥，都使人祈盼着下雨。一场雨还能使空气清新许多，街道明亮许多，“春雨贵如油”对雨的渴盼不独农人有。

有雨的时候既没有太阳也没有月亮，人们却多不以为然。或许因为有雨的季节气候不太冷，让太阳一边凉快会儿也好。有雨的夜晚则另有一番月夜所没有的韵味，有时不由让人想起李商隐：“何当共剪西窗烛，却话巴山夜雨时”的名句。

在小雨中漫步，更有一番难得的惬意。听着雨水轻轻叩击大叶杨或梧桐树那阔大的叶片时沙沙的声响，那种滋润到心底的美妙，即便是理查德·克莱德曼钢琴下流淌出来的《秋日私语》般雅致的旋律也难以比拟。大自然鬼斧神工般的造化，真是无与伦比。

寄个西瓜回老家(《猎人笔记》节选)

前几天到邮局寄贺卡，在排队的时候听见有一个西北口音很重的声音问邮局的工作人员："同志，能寄西瓜吗?"所有在场的人都笑了，那个问话的小伙子顿时很惶惑地望着大家，好像自己做错了什么似的，看样子他好像是外地民工。邮局的同志说："那是禁忌品!"小伙子不明白她说的什么，还在追问怎么寄西瓜。因为排队的人多，工作人员不再理会小伙子了。我告诉小伙子：她的意思是说西瓜是不让寄的物品。小伙子有点怅然地"噢"了一声。

我问他："你要往哪儿寄呀?"他说往山西老家。"山西会没有西瓜吗?"我问他。小伙子说："大山里哪有西瓜呀?"走出邮局，心里有一种说不出的滋味，想着大山里还有人没吃过西瓜，有点让人心酸；想着大山里出来的儿子还惦着在家的老父母，千里迢迢还念念不忘要让父母尝尝没吃过的西瓜，心中又有说不出的感动。这让我想起人们常常挂在嘴边的一句老话：生在福中不知福啊!其实，这不知福原本是身边缺了一些参照，觉得自己得到的一切都是理所当然的，也就不懂得珍惜了。想想看，当你习以为常的许多东西，在别人的眼里还是一种羡慕，甚至是一种期待，一种向往，你还会天天抱怨，为自己得到的太少，失去的太多而不开心吗?

领取生活

宗　璞

秋来了，玉簪花开了。

这花的生命力极强，随便种种，总会活的。不挑地方，不拣土壤，而且特别喜欢背荫处，把阳光让给别人，很是谦让。据说花瓣可以入药。还有人来讨那叶子，要捣烂了治脚气。我说它生活向下比，工作向上比，算得一种玉簪花精神罢。

在花的香气中，我却惶惶，为时光易逝而无成绩不安。

有人将朱敦儒那首《西江月》译成英文寄我。原文：日日深杯酒满，朝朝小圃花开，自歌自舞自开怀，且喜无拘无碍。青史几番春风，黄泉多少奇才，不须计较与安排，领取而今现在。

我把“领取而今现在”一句反复吟哦，觉得这是一种悠然自得的境界。领取自己那一份，也有品味把玩、获得的意思。那么，领取秋，领取冬，领取四季，领取生活吧。

水的歌

仁者乐山，智者乐水。山水不来近我，我自走向山水。我没有游览过祖国的奇山秀水，只是在一位位文人墨客的笔下，在想象的画卷中，用思绪勾勒出杭州西湖的秀气，奔腾长江的大气，抑或中华黄河的雄浑。

但无论如何，我喜欢流动的水，喜欢听那汩汩的水声，看水生生不息地在历史的长空上，在自然的孕育中，划过一道道画家永远无法临摹出来的悠远与深邃。然而最为神奇的，叫人瞠目结舌的还不是这。我纵然也喜欢那如镜面一般安静，柔和的水，或许那才是它应有的，但倘若真的如此，那水岂不成了一潭死水？又如何能书写水的壮丽悠扬的歌？无论是那“飞流直下三千尺，疑是银河落九天”的豪放不拘，酣畅淋漓，还是“明月松间照，清泉石上流”的婉约含蓄，清新自然，都展示着一种无与伦比的美与力量，因为他们在动，在呼吸，在向世界谱写一曲矫健顽强的生命之歌！他们虽然是水，但他们并不柔弱，那永不停歇的流淌，使他们永远鲜活。他们身上散发出来的无限的生机与活力，是自然界的奇迹！

生命永远不会停止，它就是流动的水，永远向前，顽强不屈，而那成了死水的，沉溺在个人情感中的生命，岂不如圈进堤坝中的死水？

说识鬼

手 石

人际交往中，最难的是识人，不到一定时候，人的最本质的一面不易显露。讲个人变鬼、鬼变人的故事吧。

那还是我遭囚禁、命难保的年月。“他们”（不必言明）在我身上榨不出油水，恨得咬牙切齿，无计可施。一天，我被押到一个地方，亲耳听到了我过去一位同事的声音。他对台下数百名干部说，他是戴着红领巾在红旗下长大的；党培养他进了一所名牌大学；但是，一个披着教授和文艺理论家外衣的××集团骨干分子把他由人变成了鬼；是党，把他由鬼变成人；可是，又有一个反革命把他再次变成鬼；又是党，第二次把他由鬼变成人。接下来，就是对那个第二次把他由人变成鬼的反革命的控诉。

我早就知道那位教授的事，而且准确地知道决无“变鬼”一事。至于那个反革命，此人非他，就是区区。我与这位同事的关系，可谓“淡如水”，他为何要凭空编造一个变鬼的故事呢？他编造这么一个故事，他变成了人，可我却险些因此而送命。我当时想，有朝一日我若见到那位教授，定要把他这位高足变人变鬼的故事也讲给他听听。后来，果然有一次我们两个“魔法师”坐在了一起。不过，时过境迁，我把到了嘴边的话又咽下去了。

不久前，电视里有一个专辑，专门介绍那位教授如何治学育人。其中有一个较长的片断，是教授的那位得意门生的讲话。这次他讲的当然不再是变鬼变人的故事，而是感激恩师使他成为比恩师当年还有名的教授。由此我相信，包括他的恩师在内，很多人不知道他变鬼的故事。但没多久，我却听到一件传闻，说是有关部门打算提拔这位变鬼、变人、最后变成名教授的朋友出任某大学的校长，找人听取意见，问到原先一位老领导时，这位领导面无表情，一声不吭，后来任命也未发表。变鬼，变人，变教授，最后没能变成大学校长，遗憾！

我吃了这位同事的苦头，常恨自己太无识鬼的本领。比我阅历多的朋友劝诫我：害人之心不可有，防人之心不可无。那年月人鬼难辨，防不胜防，有什么办法？我还是相信一句老话：不做亏心事，不怕鬼敲门。待人终须以诚。以不变（诚）应万变，鬼终究会现形。

绝版的周庄

入夜，乘一只小船，让桨轻轻划拨。时间刚过九点，周庄就早早睡了，是从没有电的明清时代养成的习惯？没有喧闹的声音，没有电视的声音，没有狗吠的声音。

周庄睡在水上。水便是周庄的床。床很柔软，有时轻微地晃荡两下，那是周庄变换了一下姿势。周庄睡得很沉实。一只只船儿，是周庄摆放的鞋子。鞋子多半旧了，沾满了岁月的征尘。我为周庄守夜，守夜的还有桥头一株粲然的樱花。这花原本不是周庄的，如同我。我知道，打着鼾息的周庄，民族味儿很浓。

忽就闻到了一股股沁心润肺的芳香。幽幽长长地经过斜风细雨的过滤，纯净而湿润，这是油菜花。早上来时，一片一片的黄花浓浓地包裹了古老的周庄。远远望去，色彩的反差那般强烈。现在这种香气正氤氲着周庄的梦境，那梦必也是有颜色的。

坐在桥上，我就这么定定地看着周庄，从一块石板、一株小树、一只灯笼，到一幢老屋、一道流水。这么看着的时候，就慢慢沉入进去，感到时间的走动。感到水巷深处，哪家屋门开启，走出一位苍髯老者或纤秀女子，那是沈万三还是迷楼的阿金姑娘？周庄的夜，太容易让人生出幻觉。

智慧填补不了道德的空白

中国台湾《网络小品文》

一个留学法国的小伙子，过着半工半读的生活。渐渐地，他发现当地的车站几乎都是开放式的，不设检票口，也没有检票员，甚至连随机性的抽查都非常少。凭着自己的聪明劲，他精确地估算了这样一个概率：逃票而被查到的比例大约仅为万分之三。他为自己的发现而沾沾自喜，此后他开始经常逃票。

4年过去了，名牌大学的金字招牌和优秀的学业成绩让他充满自信，他开始频频进入巴黎一些跨国公司的大门，踌躇满志地推销自己。然而，结局却是他始料不及的，这些公司都是先对他热情有加，而数日后，却又都是婉言相拒，真是莫名其妙。最后，他写了一封措辞恳切的电子邮件给人力资源部经理，烦请他告知不予录用的理由。当晚他收到了对方的回复：我们十分赏识您的才华，但我们调阅了您的信用记录后，遗憾地发现您有三次乘车逃票记录。我们认为此事至少证明了两点：1. 您不尊重规则。2. 您不值得信任。鉴于以上两点原因，敝公司不敢贸然地录用您，请见谅。直到此时，他才如梦初醒，懊悔不已。而真正一语惊心的还是回信中最后的一句话：道德常常能弥补智慧的缺陷，然而，智慧却永远弥补不了道德的空白。

因为我在这个位置上

几年前，美国著名的心理学博士艾尔森对世界100名各个领域的杰出人士作了一项问卷调查，结果让他十分惊讶——其中百分之六十一的人承认，他们所从事的职业不是他们最喜欢的，至少不是最理想的。一个人竟然能够在自己不太理想的领域里，取得那样辉煌的业绩，除了聪慧和勤奋，靠得还有什么呢？艾尔森博士又走访了多位商界英才，纽约证券公司的金领丽人苏珊给了他一个满意的答案。

苏珊出生于一个中国台北的音乐世家，她非常喜欢音乐，却阴差阳错地考进了大学的工商管理系。尽管不喜欢这一专业，但她学得很认真，每学期的成绩都是优异。毕业时，她被保送到麻省理工学院，并拿到了经济管理学博士学位。如今已是美国证券业界风云人物的她，依然心存遗憾地说："老实说，迄今为止我仍说不上喜欢自己所从事的工作。如果让我重新选择，我会毫不犹豫地选择音乐，但我知道，那只能是一个美好的假如了，我只能把手头的工作做好……"

艾尔森博士问她："你不喜欢你的专业，为何学得那样棒？你不喜欢眼下的工作，为何你又做得那么优秀？""因为我在这个位置上，那里有我应尽的职责，我必须认真对待。"苏珊的眼神闪着坚定，"不管喜不喜欢，那都是自己必须面对的，都没有理由草草应付，都必须尽心尽力，那是对工作的负责，也是对自己的负责。"

"人生不如意之事十之八九"，如何让自己如意？也许换个角度换个心态，"山重水复"才会"柳暗花明"，否则，只能加剧着不如意的程度，让生活失去固有的色彩。如苏珊一样，我们也许在从事着与自己的梦想大相径庭的事业，这份事业让我们不阳光、不快乐，如果确认无法改变，我们只能勇敢地去面对，坦然地去接受，让自己的心，在繁琐的工作中，慢慢去发现乐趣，去寻找幸福，并渐渐趋于平静恬淡。一味地陷在人为的漩涡中苦苦挣扎，那样只能让人生的天空更暗淡，只能让自己过得更迷惘、更痛苦，那样的人生，该是多么让人失意的旅程……

必须跨过这道坎儿

村支书挂了电话，又点起了一支烟，踱步到窗前，凝神望着村头那间房子，紧皱起眉头来，那是燕子的家。

燕子是村里人公认的好学生，为人大方，性格开朗，每次看见她，她都会冲你笑。你要是问她笑啥？她肯定说她自己也不知道。燕子家里不富裕，但也说得过去，爸妈都长期在外跑长途，也能挣些养家的钱，一来维持生计，二来供燕子上学。今年，燕子已经上高三了。

只可惜这一切的美好都被刚才的电话无情的终止了。电话是交通大队打来的，说燕子的父母在高速公路上发生了车祸，不幸双双身亡。这突如其来的消息让所有人都不知所措，更为关键的是，还有三天，燕子就要参加高考了，这可怕的噩耗必定会给她带来难以承受的打击。

村支书坐立不安，思来想去，最后认定，无论如何，一切都要等燕子高考完以后再说。然而，如此重大的交通事故，若想封锁消息，谈何容易？村支书明白，要想拯救燕子的未来，就必须跨过这道坎儿。他给交通大队打去电话，叫他们绝不能走漏风声。交警听到燕子的特殊情况后，也答应支书暂时不对外报道此事。可这全村的上上下下几千户村民又该怎么办呢？

但是，令人意想不到的是，村里所有的人，竟然一声不响地为燕子保守住了这个秘密。

备考的这几天也是很艰难的，燕子虽然成绩不差，但心里也还是有免不去的高度紧张。可是她做梦也想不到，此时的所有人都在默默地关注着她；村里的所有人，此时都为她保守着一个天大的秘密。

高考很快就过去了，她走出考场，向家中奔去，而当她推开门时，看到的却是父母的遗像。她跪倒在地上，陷入了极度悲痛之中……然而悲痛过后，燕子清楚地知道，是全村的人帮她跨过了这道坎儿，是全村的人给了她希望。

燕子考上了当地最好的师范大学，她一直都念念不忘村民们对她的恩情。她知道，自己的未来，都是父老乡亲们给她的。她发誓，毕业后要回到家乡，报答自己的父老乡亲们，她要用自己的努力支撑起这个破碎的家。

生命中，有着许多必须要跨过的坎儿。当你几乎陷入绝境时，不要怕，这世间的善良和真情总能给你无尽的希望和力量。

莫斯科：地铁站是人民的宫殿

莫斯科地铁站一直被公认为是世界上最漂亮的地铁，享有“地下的艺术宫殿”之美称。

莫斯科地铁是世界上规模最大的地铁之一。在近200个地铁站中，绝找不出两个相同的，每个地铁站都有自己独特的建筑风格。每座地铁站都由单独的建筑师设计，其中不乏享负盛誉的大师。每个地铁站内均铺以大理石的墙面和地面，选择来自苏联各地区二十多种不同产地的石材。而工艺精湛的塑像、浮雕、大型吊灯与彩画玻璃，以及马赛克镶嵌画则更是令地下交通枢纽成为一座又一座艺术陈列馆。莫斯科人每趟出行，都似经历一场美的洗礼。

《马雅可夫斯基》站名气最响，是为了纪念苏联革命诗人马雅可夫斯基而得名。地铁入口处立着诗人的头像，目光深邃。地铁前卫的设计理念融入了传统的装饰元素，别有一番诗人般的浪漫情怀。大厅两侧的每座大理石拱门都镶着不锈钢。一盏盏照明灯围成圆形，嵌在穹顶。地面中央的红色大理石“通道”，犹若一条红地毯，仿佛在欢迎每位乘客。地铁站最吸引人的地方是天花板。千万别以为只是灯饰围成圆形这么简单，其实每个圆圈里面都另有风光。这里镶嵌着苏联名画家杰伊涅卡的马赛克壁画，莫斯科人自豪地说，莫斯科，宫殿城堡多，那属于沙皇；而地铁，则是可让人民自由出入的人民宫殿。

天上的草原

阿木古郎

在儿时依稀的记忆中，我是出生在飘着炊烟的白色毡房，茫茫的大草原啊，是我熟睡时的摇篮、是我嬉戏时的玩伴、也是我学习时的殿堂。养育我的这片土地，我当作自己一样爱惜，沐浴我的这江河水啊，你为何总像母亲的乳汁一样纯香？

苍鹰在天穹中寻望，黑色的骏马在肆意飞奔，平顶山下，成群的牛羊，还有你，我天上的草原，还有你那悠扬的牧歌，夜夜伴我入梦乡。我喜欢纵马驰骋，放声歌唱，那就像是回到了传说中的时代，我向往着像我的祖辈那样成为一匹苍狼去周游世界，去看看祖父故事中那无边的海洋。

而现在，我是真的离开了你，来到这陌生的地方，不见了蒙古包，不见了牧场，只为心中一个小小的理想而不停地奔忙。其间，有欢笑也有泪水，曾经骄傲也曾经气馁。但是，但是我从未曾后悔呀，因为每当我拖着疲惫的身体入睡时，我发现你那悠扬的牧歌又在我的耳边回响；我发现我的那颗心啊，一直跳跃在绿宝石似的草原上，如水晶般清澈的河水啊。

我真的发现，那歌声就像是号角，而那颗心源源不断的给我力量与希望！

滕格里塔拉，我天上的草原，直到现在我才明白，为什么我的祖辈千回百转历经艰险，都要重回你的身旁，为什么我身在异乡总觉得你在不住地把我盼望！

蒙古人，是草原的儿子，草原的儿子就是这样的恋乡啊。

滕格里塔拉，我天上的草原，请你听我讲，我也是草原的儿子啊，我也是草原的儿子啊，我今日所做的一切，就是为了有朝一日，能够重回你的身旁，替你抚去脸上的皱纹，替你驱赶那肆虐的风暴，让你昔日的笑容重新绽放！

等着我呀，我天上的草原，我生长的地方，我的亲娘。

月牙儿（节选）

老　舍

刚八岁，我已经学会了去当东西。我知道，若是当不来钱，我们娘儿俩就不要吃晚饭；因为妈妈但凡有点儿主意，也不肯叫我去。我准知道她每逢交给我个小包，锅里必是连一点儿粥底儿也看不见了。我们的锅有时干净得像个体面的寡妇。

这一天，我拿的是一面镜子。只有这件东西似乎是不必要的，虽然妈妈天天得用它。这是个春天，我们的棉衣都刚脱下来就入了当铺。我拿着这面镜子，我知道怎样小心，小心而且要走得快，当铺是老早就上门的。我怕当铺的那个大红门，那个大高长柜台。一看见那个门，我就心跳。可是我必须进去，似乎是爬进去。那个高门槛儿是那么高，我得用尽了力量递上我的东西，还得喊："当当！"得了钱和当票，我知道怎样小心地拿着，快快回家，晓得妈妈不放心。可是这一次，当铺不要这面镜子，告诉我再添一号来。我懂得什么叫"一号"。把镜子搂在胸前，我拼命地往家跑。

妈妈哭了，她找不到第二件东西。我在那间小屋住惯了，总以为东西不少；及至帮着妈妈一找可当的衣物，我的小心里才明白过来，我们的东西很少，很少。妈妈哭着递给我她头上的银簪——只有这一件东西是银的。我知道，她拔下来过几回，都没肯交给我去当。这是妈妈出门子时，姥姥家给的一件首饰。现在，她把这么一件银器给了我，叫我把镜子放下。

我尽了我的力量赶回当铺，那可怕的大门已经严严地关好了。我坐在那门墩上，握着那根银簪。不敢高声地哭，我看着天，啊，又是月牙儿照着我的眼泪！

哭了好久，妈妈在黑影中来了，她拉住了我的手，呕，多么热的手，我忘了一切的苦处，连饿也忘了，只要有妈妈这支热手拉着我就好。我抽抽嗒嗒地说："妈，咱们回家睡觉吧，明儿早上再来！"妈一声没出。又走一会儿："妈！你看这个月牙儿；爸死的那天，它就是这么歪歪着。为什么它老是这么斜着呢？"妈还是一声没出，她的手有点儿颤。

卧　倒

您好，欢迎收看《心灵鸡汤》，今天我们要给您讲述的是一个发生在德国的真实故事。前不久，德国一家电视台提出高薪征集“十秒钟惊险镜头”活动。许多新闻工作者为此趋之若鹜，征集活动一时成为人们关注的焦点。在诸多参赛作品中，一个名叫“卧倒”的镜头以绝对的优势夺得了冠军。

拍摄这10秒钟镜头的作者是一位名不见经传刚刚踏入工作岗位的年轻人，对于这个作品，每个人都渴望一睹为快。

几个星期以后，获奖作品在电视台的强档节目中播出。

那天晚上，大部分人都坐在电视机前边观看了这组镜头，最初是等待，好奇或者议论纷纷，可10秒钟后，每一双眼睛里都是泪水。

可以毫不夸张地说，德国在那10秒钟后足足肃静了10分钟。

镜头是这样的：在一个火车站，一个扳道工正走向自己的工作岗位，去为一列徐徐而来的火车扳动道岔。这时在铁轨的另一头，还有一列火车从相反的方向驶进车站。假如他不及时扳岔，两列火车必定相撞。

这时，他无意中回过头一看，发现自己的儿子正在铁轨那一端玩耍，而那列开始进站的火车就行驶在这条铁轨上，是抢救儿子，还是扳道避免一场灾难？他可选择的时间太少了。那一刻，他威严地朝儿子喊了声“卧倒！”。同时，冲过去扳动了道岔。

一眨眼的工夫，这列火车进入了预定轨道。

那一边，火车也呼啸而过。

车上的旅客丝毫不知道，他们的生命曾经千钧一发；他们也丝毫不知道，一个小生命卧倒在铁轨边上，火车轰鸣驶过，孩子丝毫未伤。那一幕，刚好被一个从此经过的记者摄入镜头中。

人们猜测，那个扳道工一定是一个非常优秀的人。

后来，人们才渐渐知道，那个扳道工是一普普通通的人。

他唯一的优点就是忠于职守，没误工过一秒钟。

而更让人意想不到的是：他的儿子是一个弱智儿童。

他告诉记者，他曾一遍一遍地告诉儿子说：“你长大后能干的工作太少了，你必须有一样是出色的。”儿子听不懂父亲的话，依然傻乎乎的，但在生命攸关的那一秒钟，他却“卧倒”了。这就是他在跟父亲玩打仗游戏时，唯一听懂，并做得最出色的动作。

好，感谢您收看今天的《心灵鸡汤》，再见！

老师，我们嫁给您

记得那年我十岁，正读小学三年级。我们山村贫穷得很，老师就像走马灯似的来了又走，只有大李老师已经在我们这个穷山村里待了三年了。

男大当婚女大当嫁，时间一长，大李老师就成了有名的光棍。谁都知道他家里穷，没有姑娘愿意跟他过苦日子。

慢慢地，大李老师开始变得愁眉不展，有一次我们就听他在教室里偷偷地哭。不久我们听说，大力老师要到城里当工人，所有的同学都找到大李老师纷纷地说：老师，我们不让你走。大李老师拍拍我们的肩膀，只是叹了口气。

大李老师终于要走了，临走的那天上午，我们几个女生凑到一起叽叽喳喳地商量：快想个办法吧，快给李老师找个对象，要不这回真的要走了，我们可是真的没有老师了。说着说着，我们的眼泪都流了下来。

这时，忽然甜杏站了起来，她扑向大李老师，拽着他的衣服哭喊着："李老师你别走，我嫁给你，我和你过一辈子的苦日子。"

紧接着，所有的女生都站起来了，我们都在喊："李老师，我们嫁给您！我们和您过一辈子的苦日子！"

所有的大人都惊呆了，大力老师更是吃惊地发愣。慢慢地，他把肩上的铺盖卷扔到了潮湿的地上，蹲在那儿号啕大哭。

十年过去了，当我再次回到家乡，山脚伫立起一座二层的希望小学，大李老师担任了校长。

旧貌换新颜，看着大李老师浑身的书生气，我不禁想起十年前我们的那声："老师，我们嫁给您！"

清圣祖——康熙

张　斌

清圣祖爱新觉罗·玄烨（1654—1722），清世祖顺治皇帝第三子，享年69岁，在位61年，为历史上在位最长的皇帝。康熙在清朝十二帝中子女最多，其中子35人，女20人，共计55人。

顺治末年清宫流行天花，顺治暴病身亡，遗命索尼、苏克萨哈、遏必隆、鳌拜四大臣辅政，由年仅8岁的玄烨继位。民间传说顺治帝因董鄂妃之死而伤感过甚，遁居五台山为僧。有诗人吴梅村赞佛诗句“可怜千里草，萎落无颜色”之句暗指董鄂妃，又有“回首长安城，缁素惨不欢。房星竟未动，天降白玉降。”之句暗言顺治帝实未驾崩，而是遁居五台。

康熙于六年（1667年）亲政，八年智擒鳌拜，夺回大权。时年，康熙年仅16岁，而鳌拜战功卓著，权势熏天，亲信党羽遍布内外，康熙忍辱负重，一面不断给鳌拜加官晋爵，使其疏于防备，一面联结索尼孙子内大臣索额图等朝中重臣，挑选侍卫拜唐阿年少有力者伪为扑击之戏。待准备停当，招鳌拜入宫，令众人起而执之，十日后公布处理结果，鳌拜因战功卓著免死而永行圈禁，其核心党羽九人伏诛，其他协从之人概不追究，以快刀斩乱麻之法平息这件牵连甚广的大事，迅速稳定政局，显示出高超的政治艺术。

亲政后，康熙宣布永停圈禁；准许壮丁“出旗为民”；奖励耕荒；晚年更是规定“额外添丁永不加赋”为中国历史上绝无仅有。由于废除了人头税，人口增长迅速，据考证中国人口有可能于康熙晚年首次超过一亿。而后康熙任用靳辅、陈潢治理黄河，使黄河40余年没有大的灾患，为两千年封建史所少有。

在政治上，康熙通过设立南书房以加强皇权，随后平定长达8年的三藩（平西王吴三桂、平南王尚志信、靖南王耿精忠）之乱；二十年，重新起用降将施琅为将，二十二年收复台湾；而后两次发起雅克萨反击战，沉重打击沙俄东侵势力，签订《尼布楚条约》，划定中俄东段边界，使沙俄在100多年里不敢侵略中国；而后三次亲征，平定了青海准噶尔部噶尔丹的叛乱，巩固了多民族国家的统一。平三藩、收台湾、抗沙俄、亲政噶尔丹，为康熙朝武功鼎盛的集中体现。

康熙一生苦研儒学，表倡程朱理学、开博学鸿儒科，设馆纂修《明史》，编纂《古今图书集成》《全唐史》《佩文韵府》《康熙字典》等，他同时向西方传教士学习，精通拉丁文、算术、天文。但是康熙朝施行文字狱，镇压反清思想，其祸延及雍正、乾隆两朝。

康熙中期以后，出现了太子结党营私，密谋"胁帝让位于太子"，康熙废掉太子，未料此举开启诸皇子觊觎之心，不得已仅半年之隔即复立太子。数年后太子再废，并废诸君之制，但党争之乱愈演愈烈，时人称之"九子争嫡"，康熙因此心力交瘁，无力顾及政务，致使其晚年朝纲败坏，权臣结党营私，民间多有疾苦，出现数起武装起义，聚众达数万人之多。后来皇四子胤禛捷足先登，登基继位，遂留下雍正夺嫡的千古谜案。

四、新闻

练习要求：

1. 吐字清楚，实声播报。
2. 事实准确，重音鲜明。
3. 节奏明快，过心过脑，切忌过快。

1. 本台消息：5 月 13 日至 16 日，中国残疾人艺术团将在北京世纪剧院演出大型音乐晚会"我的梦"，这是该团建团 15 年来首次在京向社会公演。有关人士指出，从义演到卖票公演，通过票房收入养活自己，这是残疾人自强自立的一个重要表现。

2. 人民日报消息：4 月 21 日，俄罗斯喀山联邦大学孔子学院成立十周年庆典仪式在喀大主楼内举行。作为俄罗斯最古老的大学之一喀山联邦大学孔子学院的十年发展是在俄罗斯的孔子学院发展的一个缩影。伴随着孔子学院的不断发展，汉语和中国文化在俄罗斯受到越来越多人的喜爱。据不完全统计，目前在俄罗斯有 123 所中小学、约 200 所大学开设汉语课程，学习人数近 4 万人。

3. 香港记者报道：国际成衣展览会今天上午在香港举行。展品分别来自亚洲、欧洲和美洲的10多个国家和地区，中国服装工业总公司带来了十多个系列、三百多套服装参展。

香港是世界上最大的成衣制造中心之一，成衣出口量名列世界前茅。因此，这是举行成衣展览的理想场地。中国上海时装表演队10名女时装模特在展览会上表演了中国时装，这些富有东方韵味的时装，简练中见高雅，朴素中有华丽，受到了服装同行和观众的好评，有许多客商洽谈订货。

4. **本台消息**：五星红旗8日在意大利米兰世博会升旗广场冉冉升起，开启中国国家馆日。这一天，中国馆成为游客们心心念念的必去之地，中国元素在世博园随处可见。广场上飘扬着五星红旗，中国馆前竖起6.8米高的巨型中国结，中国馆内特别展出的中意建交45周年图片展，讲述着两国情谊的点滴往昔。意中商会主席斯特莱芭拉瓦接受新华社记者时说，意大利人对中国的兴趣日益增加，一方面因为中意贸易往来增加，一方面因为中国有着令人着迷的文化。中国在全球事务中扮演着积极角色，体现出中国责任心和智慧。

5. **天气预报**：各位观众，大家好！从气象云图上看，从今天起一周内，本市可能有三次雷阵雨天气过程，其中6月7日高考第一天将迎来一次雷阵雨天气。最近几天，本市持续烈日天气，最高气温仍在32度左右。希望考生和家长做好防雨防晒准备。天气预报就给大家播送到这里。

6. **本台消息**：明天出版的人民日报将发表社论，题目是《实现依法治国的历史跨越》。

文章说，社会主义现代化建设，离不开法制的引领和规范；中华民族的伟大复兴，离不开法制的保障和支撑。刚刚闭幕的党的十八届四中全会，审议通过了《中共中央关于全面推进依法治国若干重大问题的决定》，这是加快建设社会主义法治国家的纲领性文件，必将有力推进依法治国进程。

文章强调，全会明确提出了全面推进依法治国的指导思想、总体目标、基本原则；提出了关于依法治国的一系列新观点、新举措；回答了党的领导和依法治国关系等一系列重大理论和实践问题；向国内外鲜明宣示，我们将坚定不移走中国特色社会主义法治道路，以建设中国特色社会主义法制体系为总抓手，在法治轨道上推进国家治理体系和治理能力现代化，为建设法治中国而奋斗。

7. 光明日报消息： 共享单车领域信用信息共享签约仪式27日在北京举行。针对共享单车停放混乱以及被恶意损坏等现象，政府监管部门和共享单车企业将携手应对，把失信者纳入平台“黑名单”。

国家发展改革委财金司副司长陈洪宛表示，共享单车作为新业态的代表，在我国各大城市兴起，为解决交通出行“最后一公里”难题提供了新途径。但在快速发展的同时，也暴露了一些问题，特别是停放混乱、损坏车辆等现象普遍存在。要解决好这些问题，最重要的就是引入信用机制。

据了解，参加签约仪式的有北京摩拜科技有限公司、北京拜克洛克科技有限公司、天津鹿鼎科技有限公司、江苏永安行低碳科技有限公司、杭州骑呗科技有限公司、广州乐器信息科技有限公司、上海钧正网络科技有限公司、深圳市　兔智能科技有限公司等共享单车企业。

8. 北京日报消息：“自觉保护古都风貌，杜绝私搭乱建，保持本店外立面原貌，遵守广告牌匾和灯光照明等市容市貌相关规定。”昨天，历经半年时间大规模改造的簋街装饰一新，重新开街。为确保政治效果不反弹，当天，商户们签下了《自律公约》，自觉维护簋街的环境秩序。

马路宽敞整洁，大树下鲜花成片，树荫后一家家风格各异、特色鲜明的店铺都在打折促销，食客人来人往。昨天的簋街，喜庆热闹。开街仪式上，商户代表们在《北京市东城区北新桥街道簋街商户自律公约》上签下了自己的名字。“政府投钱，把簋街环境改造得这么好，作为在这里经营的商户，我们是最大的受益人，我们没有理由不好好维护这个环境。”

《自律公约》涉及风貌保护、安全生产、食品安全、门前三包、垃圾清运、有序竞争、规范停车、和睦邻里等方面。

9. 北京日报消息： 记者日前从清华大学获悉，该校今年高招将原有49个本科招生专业整合为16个大类，同时在人文与社会类社会科学学院新增国际事务与全球治理方向。

清华将在全国全面推行大类招生，将原有49个本科招生专业整合为16个大类，包括能源类、人文与社会类、经济金融和管理类、计算机类、建筑类等。学生志愿也将按照专业类来填报。

今年，清华还在人文与社会类社会科学学院新增国际事务与全球治理方向。人文与社会类外文系的世界文学与文化实验班加入“清华学堂人才计划”，成为清华第一个文科学堂班。

清华人文与社会类首席教授、社科学院党委书记刘涛教授介绍，我国国际事务和全球治理人才还存在较大缺口，清华增设国际事务和全球治理方向，弥补这个缺口，也服务于国家“一代一路”的需求。

10. **新华社消息：**英国王位第二顺位继承人、现年25岁的英国威廉王子从6月2日起将以海军中尉的军衔在英国海军服役两个月。

据报道，他将先赴达特茅斯皇家海军学院学习领海技术、海上安全及如何应对晕船等知识，然后在英海军陆战队接受数天两栖作战与生存技能培训，并将参加核潜艇实战演习，驾驶或乘坐英国海军飞机。

6月下旬，威廉王子将在“铁公爵号”护卫舰上接受五周训练。“铁公爵号”在加勒比海水域担负缉毒、打击海盗和救灾等任务。其间，王子可能参加对可疑船只的登船检查工作。威廉王子将住宿在4人一屋的舱室里，每天早上6点半起床，与其他年轻军官待遇相同。

11. **人民日报驻美国记者报道：**美国正孕育下一场制造业革命，确保经济的可持续增长。在这个大背景下，美国外交政策愈发显示出向促进经济发展，保护和拓展美国经济利益倾斜的趋势。

美国国务卿克里阐述其外交思路时曾说，美国如果希望继续成为领导全球的国家，就必须理顺自己的财政局面。“外交政策即为经济政策。”克里说，“国不强无以立足于世界之林。作为国务卿，我是否能赢得其他国家的信任，帮助他们建立秩序，首先在于我的政府是否能理清自身的财务。”

12. **人民日报消息：**行政决策不能任性，不能因领导变了就停止执行。行政执法要全程记录，公正要“看得见”；合法行政行为造成百姓损失，也应补偿……

5月1日起，《广州市依法行政条例》正式施行。记者从广州市人大获悉，这是首部对依法行政有关工作作出系统规定的地方性法规。

“以往立法规范的都是市场主体、公民法人、其他组织的行为，而这是一部规范政府部门的法规。”广州市人大常委会法制工委主任邓成明表示，全力自身有扩张的属性,《条例》尝试把行政权力关紧制度的笼子,防范权力任性。

《条例》分别对依法行政的基本原则、行政决策的程序、行政执法的规范、依法行政的监督、依法行政的保障机制等作了具体规定。

13. **人民日报消息:** 4月27日上午,枭龙双座战斗教练机成功首飞。这是枭龙飞机系列化发展的重大里程碑,丰富了枭龙飞机谱系,增强了枭龙系列飞机在国际军贸市场的竞争力。枭龙双座战机在研制过程中就已经获得了国外订单。这种我国外贸军机史少有的"代订单研制"方式,体现了国外用户对中国航空工业研制实力的高度信任。

枭龙双座战机是中国航空工业集团根据国外用户及军贸市场的需求,在枭龙单座飞机的基础上研制的同型双座战斗教练机。

14. **人民日报消息:** 凡是政府作出的书面承诺,必须按期兑现;新官须理旧账。记者从省政府获悉:近日,辽宁省政府办公厅印发了《关于贯彻落实〈辽宁省优化营商环境条例〉的实施意见》,将开展涉及政府诚信问题的专项整治,重点是涉及企业和投资者的政府承诺、承诺兑现及其承诺兑现计划、承诺因法定或重大事项调整处置等问题。

15. **人民日报消息:** 最近,西安交警微信服务号曝光了6起汽车天窗"晒娃"行为,其中3起都是两个孩子同时将头伸出天窗。西安交警呼吁:汽车天窗不是儿童玩耍的工具,切勿让孩子将身体任何部位探出天窗。对于忽视儿童安全的驾驶员,交警部门将逐一通过电话联系,并将会对这类事件进行严厉整治。

16. **光明日报消息:** 日前,由敦煌大剧院出品的旅游主场版《丝路花雨》在甘肃敦煌上演。五一期间,演出场场爆满,给敦煌游客奉献了一场文化盛宴。据敦煌大剧院导演组人员介绍,旅游驻场版《丝路花雨》在保持原剧情不变的基础上,继续突出千姿百态、飘逸奔放的敦煌舞特色,融入了丝路沿线国家和民族的舞蹈和文化元素,将丝绸之路上商贾往来的繁华、莫高窟内精美的壁画以及黄沙漫天的大漠戈壁等"逼真"景象"搬上舞台",让观众仿佛置身于丝路情境之中。

17. **光明日报消息:** 美国时间4月29日晚举行的第50届休斯敦国际电

影节颁奖典礼上，新疆拍摄制作的纪录片《新疆味道》《流动的盛宴》《原色——寻访东方毕加索》摘取了雷米大奖——休斯敦国际电影节文化类纪录片金奖和白金奖。这是新疆纪录片首次获得国际大奖。

休斯敦国际电影节以扶持独立电影、纪录片著称，旨在挖掘鼓励各国电影、纪录片新鲜力量为主旨，曾经为史蒂文·斯皮尔伯格、李安、乔治·卢卡斯、科恩兄弟等众多著名电影人颁发了人生第一个国际奖项。

参考书目

1.《现代汉语》，胡裕树主编，上海教育出版社，1979年9月。

2.《普通话语音学纲要》，罗常培、王均编著，商务印书馆，1981年。

3.《语言学百题》，王希杰编，上海教育出版社，1983年。

4.《汉语普通话语音辨正》，李明、石佩雯编著。

5.《汉语拼音方案基础知识》，周有光著，语文出版社，1993年。

6.《语言文字工作百题》，国家语言文字工作委员会政策法规室编，1995年7月。

7.《普通话语音训练教程》，宋欣桥主编，吉林人民出版社，1993年。

8.《汉语方言概要》，袁家骅等著，文字改革出版社，1989年。

9.《20世纪的中国语言学》，刘坚主编，北京大学出版社，1998年。

10.《现代汉语词典》，中国社会科学院语言研究所词典编辑室编，商务印书馆，1996年。

11.《普通话水平测试大纲》，刘照雄主编，吉林人民出版社，1996年7月。

后　　记

语音是枯燥的，如何把枯燥的语音知识和丰富多彩的鲜活语言现实结合起来？让读者在轻松愉快的氛围中学好普通话，一直是自己的一个愿望。希望此书能给想学普通话的人们带去切实的帮助。

在此书再版之际，我要再次感谢已故原国家语委副主任、著名语言学家王均教授，原中央人民广播电台播音部主任、播音指导方明老师和播音界学术权威、博士生导师张颂老师。是他们在百忙之中欣然为本书作序、题词，为拙作增光添色，令我心存感激，永不忘怀！

同时，我还要感谢本书再版责任编辑王丽丹同志和各位朋友们，是他们给予了我大力的支持和帮助，在此，让我深情地说一句：谢谢你们！

此次再版，依然本着理论性、实用性、趣味性为一体的原则再次作了一些修改和补充，希望更切实有效地帮助读者更快更好地掌握语音知识，学好普通话，也希望大家更加喜欢这本书。

杜青

2018 年 6 月 12 日

图书在版编目（CIP）数据

普通话语音学教程 / 杜青著. -- 3版. -- 北京 : 中国广播影视出版社, 2018.8（2024.3重印）
ISBN 978-7-5043-8124-8

Ⅰ. ①普… Ⅱ. ①杜… Ⅲ. ①普通话－语音－教材 Ⅳ. ①H116

中国版本图书馆CIP数据核字(2018)第088117号

普通话语音学教程（第三版）

杜青　著

责任编辑　王丽丹
封面设计　盈丰飞雪
责任校对　张　哲

出版发行　中国广播影视出版社
电　　话　010－86093580　010－86093583
社　　址　北京市西城区真武庙二条9号
邮　　编　100045
网　　址　www.crtp.com.cn
电子信箱　crtp8@sina.com

经　　销　全国各地新华书店
印　　刷　河北鑫兆源印刷有限公司

开　　本　710毫米×1000毫米　1/16
字　　数　321（千）字
印　　张　20.75
版　　次　2018年8月第3版　2024年3月第3次印刷

书　　号　ISBN 978－7－5043－8124－8
定　　价　48.00元